# 源氏物語と京都
# 六條院へ出かけよう

# はじめに

風俗博物館が「源氏物語―六條院の生活―」をテーマにリニューアルなってから、もうすぐ七年になろうとしています。物語に描かれた光源氏の豪奢な寝殿建築を四分の一の模型に造り、それに合わせて調度品から人形に着せる装束まですべてをその大きさに揃えて、物語の場面を具現化することで、平安時代の貴族の生活を紹介しようというこの壮大な試みは、大方の好評をもって受け入れられました。その後も改良を重ねて次々と新しい展示場面に挑戦されています。

そして今度は、リニューアル七周年をいちおうの区切りとして、その成果を京都の三条通に面する京都文化博物館別館で出張展示されることになりました。煉瓦造りの広いホールの空間を使って、『源氏物語』「藤の裏葉」の、天皇が上皇とともに六條院に行幸される有名な場面を、四分の一模型で華やかに、しかもできるだけ当時の生活を忠実に再現しよう、というものです。題して「六條院へ出かけよう」。多くの人に『源氏物語』を通して平安貴族の世界を体験していただき、日本文化や京都の文化に親しんでいただきたい、そんな趣旨です。

そしてこの展覧会の開催に合わせて同名の本も出版することになりました。それがこの本です。書名は展覧会のタイトルと同じですが、内容は展示解説にとどまらず、時間的には四季の移り変わり、空間的には六條院から外に出て、平安京とその周辺にも広がっています。独立した本として楽しめるよう工夫しました。

たとえば、本物の牛車を造って牛に牽かせて清水寺参詣がしたい、と

いうわたしのわがままを聞いていただいて、牛車を製作することになりました（展示が終わったらどこに置くんだろう）。饗宴の料理も料理研究家の奥村彪生先生の協力で作っていただきました（大きな鮑を六枚も使った超豪華料理！こっそりいただきました）。製作のスタッフと執筆者の奥様が出演という超豪華なモデル陣!?にはちょっとびっくりです（え〜っ、あんた誰？化粧してたらわからん、という会話が交わされました）。そうした努力のかいあって、楽しい本ができたと思っています。

本書の製作に当たっては、前回と同様さまざまな人の協力によってなりました。第一章の装束や染織については西陣織物館の藤井健三先生、第二章の年中行事については、池坊短期大学の小倉嘉夫先生、第三章の京都の史跡を歩く場面では花園大学の山田邦和先生に御執筆いただきました。また、文学の解説とコラムについては古代学研究所の西いおりさんにお願いしました。この六條院模型の設計図面を引かれた中部大学の池浩三先生にも建築と生活の面から解説を寄稿いただきました。

また写真は永田陽さんの協力を得、編集とデザインは杉浦一蛙堂印刷の杉浦久雄さんと藤原正孝さんと相談して決めました。

そして何よりも活躍されたのは、例によって井筒與兵衛館長を筆頭とする風俗博物館と井筒のスタッフの皆さんです。ああでもない、こうでもない、とみんなで工夫しながら問題を乗り越え、一緒になって和気藹々と楽しくこの本が製作できたことは、ほんとうに幸せでした。ありがとうございます。感謝の気持ちでいっぱいです。

平成十七年七月

五島邦治

# 目次

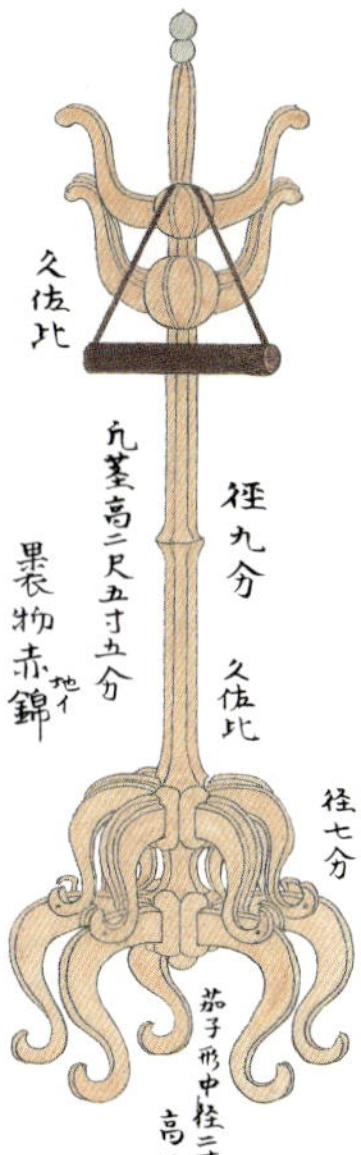


# 第一部　六條院拝見

## 雅やかな調度と室礼

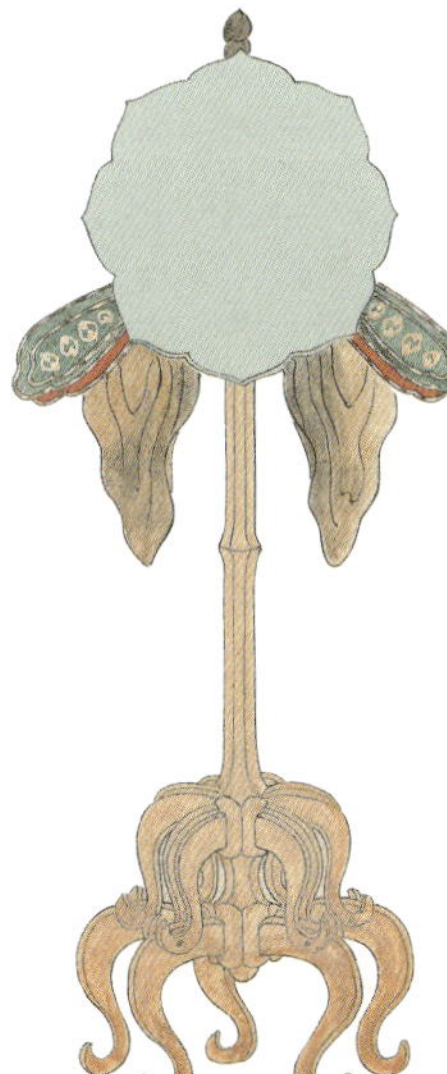

寶冠

# 六條院行幸

## お供して光源氏の邸宅を訪ねる

神無月（旧暦十月）の二十日すぎ、天皇は紅葉の美しいこの季節をお選びになり、朱雀院も誘われて、光源氏の六條院に行幸されました。

光源氏の家《うち》では、この夏のはじめにご子息の宰相中将（夕霧）の君が左大臣のお嬢様の雲居の雁の君との長い間の恋を成就されて御婚儀が相成り、つづいて明石の君様との間にもうけられた明石の姫君が東宮《とうぐう》に入内《じゅだい》され、さらに秋には源氏御自身も四十歳のお祝いを目前に、太上天皇《だじょうてんのう》に准《じゅん》ずる位を授けられるなど、おめでたがつづき、まさに栄華の絶頂ともいってよいご繁栄ぶりでございます。そんなめでたい極みの中で執り行われたこの行幸が、源氏の君の御威勢を受けて贅《ぜい》を尽くし、華やかなものになったことはいうまでもございません。帝にお仕えする女房のひとりとして、わたくしも院や帝に付き従って六條院を訪ね、行幸《ぎょうこう》のようすや院の雅《みやび》やかな生活を紹介することにいたしましょう。

天皇・朱雀院を迎える（東対・東廂）

鵜飼の様子をご覧に入れる（東対・南面）

## 行幸《ぎょうこう》と御幸《ごこう》

ともに和訓では「みゆき」と読むが、天皇が他所へ出行することを「行幸」、上皇の場合を「御幸」といって区別する。これに対して后や皇太子の出行を「行啓《ぎょうけい》」という。上皇の場合は比較的簡便に御幸ができるが、天皇ともなると細かい規式が伴い、大掛かりになるので、行幸は容易ではなかった。警備の手配、行列に付き従う陪従《べいじゅう》とよばれるお供の者の人数と服装、宮門の開閉などである。また、陪従に賜う禄物《ろくのもの》（褒美）も用意する必要がある。天皇は御鳳輦《ごほうれん》などの輿に乗り、天皇の象徴である剣と璽（玉）も一緒に赴いた。

正月三日に天皇が父母である太上天皇（上皇）や皇太后の御所へ赴き、新年の挨拶をすることを、朝覲行幸《ちょうきんぎょうこう》というが、六條院行幸をそれになぞらえる説もあり、『源氏物語』の注釈書である『河海抄』は村上天皇の朱雀院行幸を例に引いている。

## 「藤裏葉」の巻

「藤裏葉」の巻は、源氏三十九歳の三月から十月までの物語である。幼い頃から互いに惹かれあう夕霧と雲井雁との恋仲を、頑《かたく》なに許そうとしない内大臣であったが、自邸の藤の花の宴に夕霧を招き、漸《ようや》く二人の仲を許す。巻名の「藤裏葉」は、その折に内大臣が口ずさんだ古歌「春日さす藤の裏葉のうらとけて君し思はば我も頼まむ（あなたがすっかり打ち解けて私を思ってくださるのなら、私もあなたを頼って参りましょう）」（『後撰集』巻三・春下よみびとしらず）をふまえている。その夜夕霧は、公達に導かれ雲井雁の部屋を訪れる。庭の松にしだれかかる藤の花の情景は、藤氏《とうし》の娘との婚礼に相応《ふさわ》しい様子を物語っている。

源氏は、娘明石姫君の東宮《とうぐう》への入内を果たし、その年の秋、翌年に控えた四十歳の賀を前に、准太上天皇《じゅんだじょうてんのう》の位に進んだ。源氏の家は安泰であり明石一族の御願も成就され、めでたいことづくしである。さらに十月末、紅葉の盛りの中、朱雀院《すざくいん》と冷泉《れいぜい》天皇揃っての六條《ろくじょう》院行幸《いんぎょうこう》が盛大に行われた。それは往年の桐壺天皇の朱雀院行幸時の紅葉の賀を思い起こさせる盛儀であった。ここに源氏の栄華の頂点は、極まりを見せる。「桐壺」の巻の幼い源氏に高麗《こうらい》の相人《そうじん》が「帝にはなれないが、ただの臣下では終わらない」と告げた予言が、今まさに現実のものとなって達成された。准太上天皇という特異で曖昧《あいまい》な源氏の地位は、天皇の枠にも収まらず臣下を超越した存在であり、既存の形式に束縛されない自由で闊達《かったつ》かつ絶大な栄耀栄華《えいようえいが》を手に入れたといえよう。源氏の若い頃からの好敵手致仕《ちし》大臣（頭中将）は、もはや手の届かぬ存在となった源氏を雲上の人と賞賛し歌を詠む。ひとまずここで『源氏物語』の大団円を迎えたのである。

日がすっかり暮れると、室内には燈台《とうだい》に火が点《とも》され、庭には篝火《かがりび》が焚《た》かれます。今度は帝や院のお客さまがた、それに主人の源氏の君が、みずから楽器をお召しになり、お供の公卿《くぎょう》のみなさまとご一緒に、音楽の遊びがはじまりました。笏拍子《しゃくびょうし》や笙《しょう》などの伴奏楽器を演奏する楽人をほんの数人ばかり庭にお召しになります。御階には唱歌を得意とする殿上人《てんじょうびと》が控えて、演奏にあわせて催馬楽《さいばら》などを歌います。

楽器は宮中の書司《ふみのつかさ》に伝わる名器ばかりで、院も、かつて位にあった時には内裏《だいり》で慣れ親しんだ「宇陀の法師」の和琴の音色を、久しぶりに懐かしくお聞きになっている御様子です。院は、帝がこれほど源氏の君をたいせつにされ、また源氏御自身もそれを背景に栄華を誇っておられる様子をうらやましく見ておられました。

御簾《みす》の隙間から覗き見すると、琴を弾かれる源氏の君と帝のお顔はほんとうに瓜二つで、やはりうわさどおり実の親子であったのだと改めて感心いたしました。視線を横に移すとそこには源氏の君のご子息、夕霧中納言がお得意の横笛を吹いておられます。そのお顔がまた光源氏と似ているのは親子であるから当然のこととしても、帝ともそっくりなのは恐れ多いことです。御身分が違うという意識があるから天皇と夕霧の君の間には優劣があるように拝見しますが、なかなか男ぶりということでは、夕霧の君のほうが勝れているように見える、と感じるのは、わたしだけの偏見でしょうか。

御階で唱歌を得意とする弁少将の歌声が一段と聞こえてきました。この方も太政大臣の御子息であることを思うと、やっぱり源氏の君と太政大臣の両家の血筋は、ともにすぐれた人を輩出するお家柄なのだなあといまさらのように思われました。

# 登場人物の関係図

## 桐壺院

光源氏の父。桐壺更衣を溺愛、周りの嫉妬から更衣を病死させてしまう。更衣に酷似する藤壺を入内させ、寵愛する。藤壺所生の皇子（実は源氏の子）を皇太子に、藤壺を皇后にする。崩御後の霊は、源氏の危に救いの手を差し伸べる。

## 光源氏

桐壺院の第二皇子。母は桐壺更衣。超越的な美質と才能を持った絶対的な存在として描かれる物語の主人公。義母藤壺への実らぬ恋は、その面影を伝える紫上を引き取ることで慰められる。朧月夜との密会の露見から須磨へ退居、そこで出会った明石君との間には姫君が誕生し、その姫君は東宮妃さらに中宮となる。六條院落成後、准太上天皇という地位を極め、栄耀栄華の人生を送る。

## 藤壺

先帝の四の宮。亡き桐壺更衣に酷似するといわれ、入内する。幼い源氏に母親のように慕われるが、源氏の思慕はいつしか恋情に変ってゆく。逢瀬の後、やがて懐妊出産する。桐壺院崩御後、東宮を守り源氏を後見者とするために自らは出家の道を選ぶ賢明さには、政治家としての資質を窺うことができる。その生涯は、栄華と同時に憂愁の日々でもあった。

## 朱雀院

桐壺院の第一皇子。母は弘徽殿大后。光源氏の三歳上の兄。右大臣方の権勢を背景に立太子する。冷泉院の支援と源氏の重用を考えながらも、元来の気弱で柔和な性格から右大臣家に遠慮し、実行できない。源氏の資質を認め、自分は敗者であることを帝王でありながら認めている。

## 今上（冷泉院）

桐壺院の第十皇子。実は源氏と藤壺の子。夜居の僧都の奏上により真実を知る。そして源氏に准太上天皇という地位を贈り、朱雀院と共に六條院へ行幸する。この厚遇は、源氏に特別大きな繁栄をもたらす要因でもあった。

## 明石姫君

光源氏と明石君の娘。娘が中宮になると宿曜により予言されていた源氏の計らいから、それに相応しい環境で養育させるために三歳の時より紫上の養女として育てられる。後に東宮に入内し懐妊、中宮となる。明石一族の繁栄を実現させ、源氏の栄華をも支えることになる。

## 東宮

朱雀院の皇子。母は麗景殿女御。冷泉院の即位と共に三歳で東宮に立つ。十三歳で元服し源氏の娘、明石姫君を迎える。二十歳で即位するとともに明石姫君との間の第一皇子を東宮に立てる。朱雀院の願いから、女三宮の後見人としての役割を果たす。

## 大宮

左大臣北の方。桐壺院と同腹の妹。太政大臣（頭中将）・葵上の母。孫の夕霧と雲井雁との恋を見守ったり、源氏と太政大臣との仲立ちをしたり、一族の円満な和を育むための役割を果たしている。

## 葵上

左大臣と大宮のひとり娘。父大臣の勧めにより光源氏と結婚するが、気位の高さから打ち解けられない夫婦関係が続く。長男夕霧出産後、物の怪によって死去する。死の間際になり、ようやく源氏と心を通わせることができる。

## 太政大臣

左大臣の長男。母は大宮。柏木と雲井雁の父。源氏の正妻葵上は、同腹の妹であることから源氏とは特に親しい間柄であった。絶対的存在の源氏に対して、青年の頃より学問や音楽また恋の相手にと常に対抗心を燃やす良きライバルであり、その子だくさんを源氏は羨んでいた。政治家としての手腕に秀で、和琴の名手でもあった。

## 紫上

式部卿宮の娘。母按察大納言の娘とは幼くして死別。藤壺の姪。源氏に引き取られることによって、栄耀を手に入れる反面、晩年には苦しみこそがわが生きる支えという程、過酷な人生でもあった。六條院の秩序は紫上の忍従の上に成り立っていたといえよう。ついに源氏に見守られる中、露の消えるように世を去る。

## 明石君

明石入道のひとり娘。父入道の予知夢に従い、退居中の源氏と結婚、姫君をもうける。源氏帰京後は、常に身の程をわきまえた態度をとり続け苦渋の日々も送るが、やがて六條院冬の町の主として迎えられる。厳しい自己抑制によって、予知夢通りの幸運な人生を手にする。

## 柏木

太政大臣の息。母は元右大臣四の君。女三宮が光源氏に降嫁した後もその人を諦められない憂悶の恋慕の中、六條院の蹴鞠の日、偶然に宮の姿を垣間見る。思慕の念からついに逢瀬を遂げるが、源氏に対する恐惶から泡の消えるように世を去る。

## 雲井雁

太政大臣の外腹の娘。祖母大宮のもとで夕霧と共に育てられる。夕霧への幼い恋心は、父太政大臣の思惑とは異なり一時はその仲を裂かれるが、やがて結婚も許され多くの子供に囲まれた、幸せな家庭人となる。

## 夕霧

光源氏の長男。母葵上とは、誕生と共に死別。源氏の厳しい教育方針から、元服後、位を六位にとどめられ勉学に励む。常に秩序と良識を重んじ、源氏やそれをめぐる人々を客観的視野によって凝視する。

# 六條院とは

六條院は、政治家としての権力と地歩を固めていく光源氏が造営した大邸宅である。源氏三十四歳の秋に着工し、三十五歳の八月に落成した。この邸宅は、六条京極《きょうごく》辺に四町を占め、六条御息所《ろくじょうのみやすんどころ》の旧邸を西南の一郭に含み計画されたものであった。その敷地は約二百五十二メートル四方、総面積六万三千五百平方メートルである。この広大な邸を四町に区切り、春夏秋冬に配した各町に、四季を楽しめる庭と建物が工夫されていた。

そして光源氏は、それぞれの町の季節に、ゆかりある女性を主人として住まわせたのであった。すなわち東南（辰巳）の春の町の東対には紫上が住んでいた。この町は、寝殿《しんでん》・東対・西対・北対から成っていて、源氏四十歳の時に迎えた正妻女三宮は、寝殿の西面に住まいした。源氏自身もこの町に住み、六條院の中では一番華やいで賑わいをみせた町であった。

次いで東北（丑寅）の夏の町の東対には、花散里が住んでいた。この町の東面は、五月の競馬《くらべうま》の遊び場として馬場、馬《ば》場殿《ばどの》、厩舎《うまや》が設けられていて、馬場は一直線に東南の町にまで及んでいた。また源氏の養女として引き取られた玉鬘は、西対の文殿《ふどの》を移してこの町に住んだことが描かれている。

そして、元は六条御息所の旧邸のあった西南（未申）の秋の町には、その娘の秋好中宮が住んだ。この御殿の池は、春の町の池と続いていており、「胡蝶」には、二つの町を船で往き来する様子が描かれてる。双方の町の華やかな様子が、船楽の催しを通して華麗に描かれている。

また明石の君が住む西北（戌亥）の冬の町は、その北面が御倉町となっていて、大きな対二つに廊がめぐらされていた。「若菜上」には東宮妃になった明石姫君が、お産の時にこの町の二の対に移ってきたことが描かれている。

　このようにそれぞれの町は、風雅な情景を競って創造し、宮中に擬した建物として六條院は存続した。そこでは、宮中以上に自由な源氏好みの演出が可能であり、その中で光源氏は、理想郷の統監者となり准太上天皇《じゅんだじょうてんのう》という地位を極めたのである。六條院は、光源氏を取り巻く複雑な人間模様を凝視する舞台となっている。

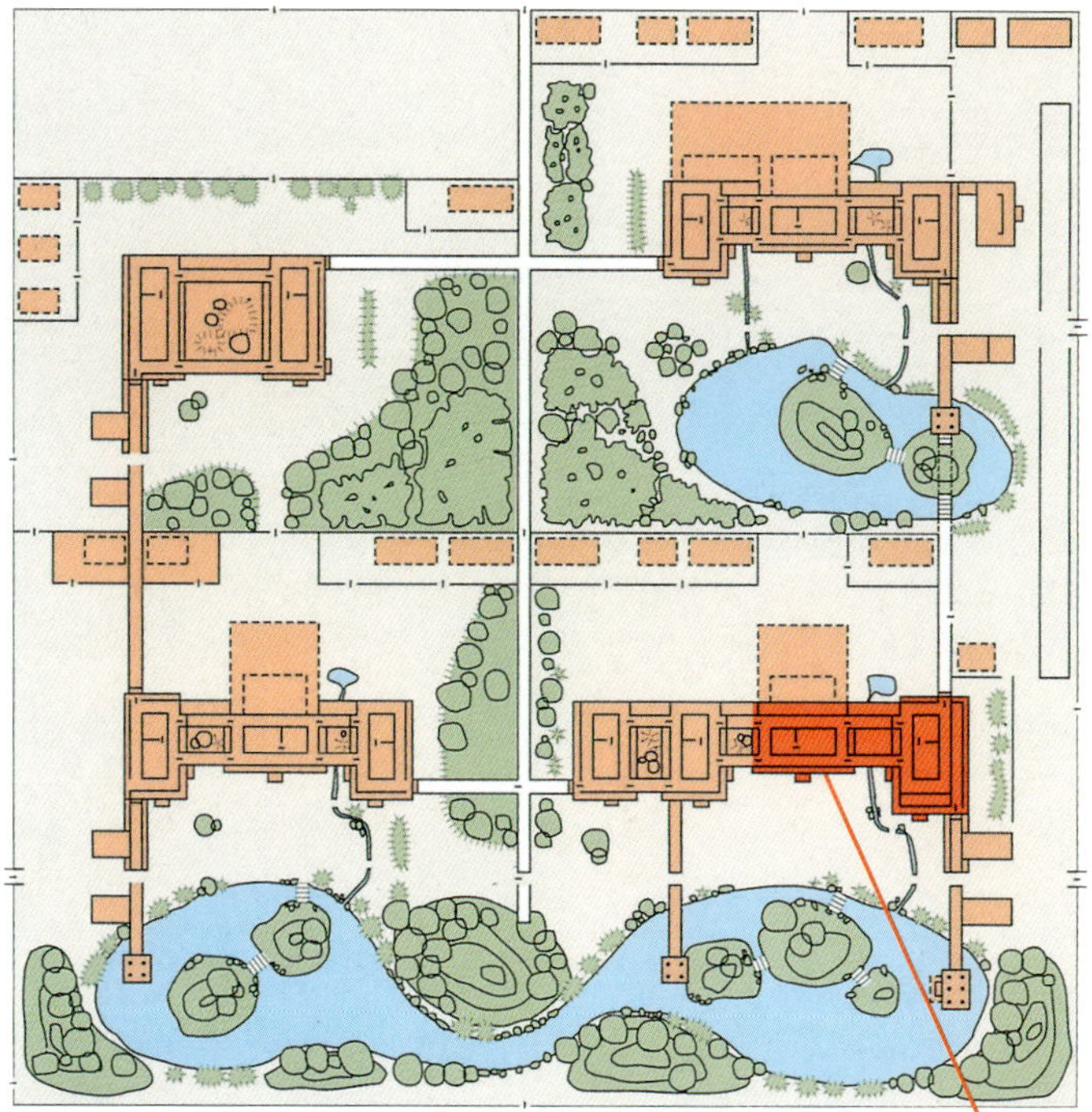

六條院全体平面図（池浩三）

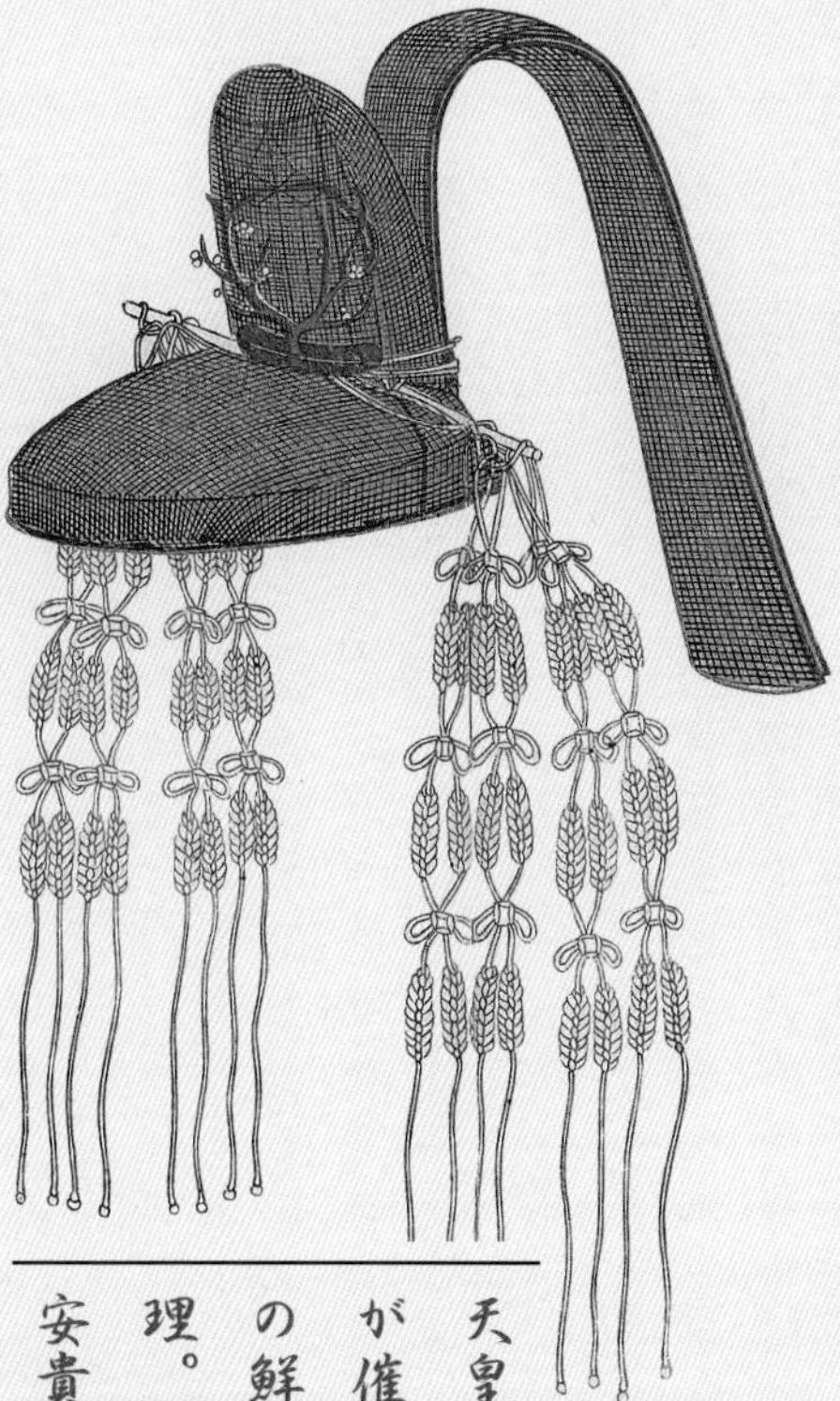


# 行幸の演出

天皇と上皇を迎えて、六條院ではさまざまな趣向を凝らして饗宴が催されました。渡殿での鵜飼見物、寝殿での舞楽。それに紅葉の鮮やかさが色を添えます。やがて豪華な膳に盛られた数々の料理。夜は燈火のもとで管絃の遊び。そうした内容をうかがい、平安貴族の晴れの儀式はどんなものだったのかをみてみましょう。

# 雅《が》楽《がく》

雅楽は、日本に律令制度《りつりょうせいど》が導入されて国家の体裁《ていさい》が整う七世紀後半以降、儀式の荘厳などを目的に大陸から輸入された音楽である。しかし、平安前期には尾張浜主《おわりのはまぬし》などの名人が出て、和風化の努力がなされ、日本固有の神楽《かぐら》をも含めて、体系化された。もともと律令では雅楽寮《ががくりょう》という役所で教習されていたが、のちに天皇に近侍する近衛の官人が舞や雅楽をもっぱら勤めるようになると、宮中に蔵人所の管轄として楽所《がくしょ》が設けられ、舞人や楽人がここに詰めて儀式や神事、饗宴などの音楽・舞に備えるようになった。

両部制といって、すべての楽曲は対応する左右に分けられている（番舞《つがいまい》）。すなわち左楽《さがく》は唐楽《からがく》といい、赤の装束を着用する。これに対して右楽《うがく》は高麗楽《こまがく》といい、緑の装束になる。唐楽と高麗楽は、それぞれ中国の音楽と朝鮮半島の音楽の意味であるが、実際は伝来した音楽の系譜をいうのではなく、日本で作曲されたものも含まれ、便宜上の感が強い。両者は、楽器編成も異なり、唐楽には笙《しょう》があるが、高麗楽には含まれない。また、唐楽の横笛は龍笛《りゅうてき》であるのに対して、高麗楽の場合は高麗笛《こまぶえ》となり、龍笛より少し小さく、音も高いのが特徴である。

雅楽に舞が伴ったものを舞楽といい、これが本来の形式であったが、いっぽうで宮中の饗宴のために、舞のない音楽だけの形式のものが整備された。これが管絃《かんげん》である。

正式の舞楽には、朱の高欄《こうらん》の付いた高舞台が使用される。高舞台上に、さらに萌黄色の緞子の打敷《うちしき》が敷かれた敷舞台を置く。舞人は、高舞台の前後に付いた階を昇降して、舞台に登場・退出する。

写真は振鉾。楽人は便宜上舞台上に座っているが本来は別の席で演奏する。

## 振鉾《えんぶ》

舞楽会の最初に舞台を鎮めるために行う舞楽。左方と右方から交互に鉾を持った舞人が舞台に登場し、笛と太鼓《たいこ》と鉦鼓《しょうこ》のみで舞い、最後に左右両方で舞い合わせて先霊に供するという。左右ともに襲《かさね》装束で右肩を脱ぎ、左方は金の帯、右方は銀の帯を締める。

## 蘭陵王《らんりょうおう》

左舞《さまい》。北斉の蘭陵王長恭は、武勇の誉れが高い将軍であったが、容貌《ようぼう》が美しかったので、味方の兵士が彼に見とれて戦さをしようとしなかった。そこで恐ろしい仮面を着て勝利したという。その故事に基づく。龍を頭に戴き、顎《あご》を吊った仮面が特徴。走舞《はしりまい》という勇壮な舞で、一人で舞う。

## 落蹲《らくそん》

右舞《うまい》。左舞の蘭陵王に対する答舞《とうぶ》。両者は番舞になっている。ふつうはふたりで舞い、「納曽利《なそり》」が正式な名称であるが、現行では一人で舞うときにかぎって「落蹲」とよぶ。雌雄の龍が遊ぶ姿といわれ、双龍舞の別称がある。

## 童《わらわ》舞《まい》

「藤裏葉」の六條院行幸では、公卿《くぎょう》の子弟が、順番に天皇らの前で舞楽を舞ってみせている。こうした元服以前の子どもが舞う舞楽を童舞という。童舞のための決まった曲目がとくにあるわけではないようである。この場面では、十歳ぐらいになる太政大臣《だじょうだいじん》の末子が「賀皇恩《がおうおん》」という舞楽を舞って、とくに誉められている。「賀皇恩」は唐楽として現在も曲は残っているが、舞は伝わっていない。曲名の由来である「王の恩を賀す」という意味から、貴人の賀などの場でよく舞われた。この場面設定にふさわしいので用いられたのであろう。

賀皇恩

### 迦陵頻《かりょうびん》

唐楽《からがく》（左舞《さまい》）。「不言楽」、あるいはその形から「鳥」ともよばれる。天竺《てんじく》の祇園精舎《ぎおんしょうじゃ》の供養《くよう》の日に飛来した迦陵頻伽《かりょうびんが》の姿を写したという。迦陵頻伽は、極楽浄土に住む人頭鳥身の動物で、美しい声で歌を歌うという。本来は序・破・急があったが、現在は急の部分だけを子どもが舞う代表的な童舞である。四人で舞い、彩色された鳥の羽を背中に負い、童髪で天冠《てんがん》を頭に付ける。銅拍子を両手にもって舞いながら打つのは、迦陵頻伽の鳴き声をまねたものという。

### 胡蝶《こちょう》

唐楽の迦陵頻《かりょうびん》に対応する高麗楽《こまがく》（右舞）の答舞が胡蝶になる。高麗楽の形式をとるが、実際は日本人の手になる楽曲で、延喜六年（九〇六）八月、宇多法皇の童相撲御覧《わらわすまいごらん》の際に、山城守藤原忠房が音楽を、敦実親王が舞を作ったという。舞人も迦陵頻と同様の四人で、童髪に天冠《てんがん》を着、山吹の挿頭花《かざし》を付け、手にも山吹《やまぶき》を持って舞う。背には彩色された蝶の羽を負う。

# 船楽《ふながく》

天皇や上皇、あるいは大臣などの貴人を迎えての饗宴では、寝殿《しんでん》の前池に船を浮かべて、その上で雅楽《ががく》を奏したり、ときには童舞《わらわまい》をさせたりすることがよく行われる。船は、河川や池に浮かべるための底の平らないわゆる高瀬舟《たかせぶね》を用い、想像上の動物である龍や鷁《げき》の頭部を舳先《へさき》に飾り、朱の高欄《こうらん》を回したものが多い。いわゆる龍頭《りゅうとう》鷁首《げきす》である。龍頭には唐楽《からがく》が、鷁首には高麗楽《こまがく》が乗船した。

藤原頼長の日記『台記』によると桂川の鵜船二艘を並べた双胴船《そうどうせん》であったという。後一条天皇が藤原頼長の高陽院《かやのいん》での競馬《くらべうま》に行幸《ぎょうこう》した場面を描いた『駒競行幸絵巻《こまくらべぎょうこう》』では、それぞれ四人の棹差しの童が漕ぎ出す龍頭鷁首に、左右の楽人を乗せている。『紫式部日記絵巻』には新造した龍頭鷁首を池に浮かべ、藤原道長が検分している場面が描かれるが、これはいくぶん小さい船である。一度の船楽に用いられる龍頭鷁首は必ずしも一対とは限らず、龍頭鷁首がおのおの三艘というような例もあった。一艘には十数人程度が乗る。

楽書には、船楽として「海青楽《かいせいらく》」「鳥向楽《ちょうこうらく》」「放鷹楽《ほうようらく》」や「万歳楽《まんざいらく》」「千秋楽《せんしゅうらく》」といった曲目があがっており、かつては特定の曲が決まっていたらしい。

## 龍頭と鷁首

龍は、水を支配すると考えられた。また鷁《げき》は鵜《う》に似た鳥で、よく風に耐えて飛ぶとされ、そのために水難よけとして船首に飾られた。

# 楽器

古来からあった「こと」や「ふえ」などの素朴な楽器に加えて、中国大陸から雅楽とともに多くの種類の楽器が入ってくると、演奏方法も音色も豊富になった。神楽や舞楽の舞の伴奏音楽としても使われたが、貴族の遊びとして楽器だけの合奏が重視されるようになると、個々の楽器がたいせつに扱われるようになり、名器が生まれ、名前がつけられた。そして、たとえば羅城門の鬼が弾いたという琵琶「玄象《げんじょう》」のような伝説も生まれるようになった。

## 和琴《わごん》

日本古来の六絃の琴で、倭琴《やまとごと》ともいう。右手に琴軋《ことさき》というへらのようなものを持ち、掻《か》き鳴らす。古くは楽曲にも用いられることがあったが、現在では神楽《かぐら》、東遊《あずまあそび》、久米歌《くめうた》などに用いられる。写真は古い形式の鵄尾琴《とびのおのこと》。

## 琴《きん》

七絃の琴。日本では、長い胴に水平に糸を張った弦楽器を総称して「こと」といい、中国から伝来した琴に「こと」の読みを当てたが、琴《きん》という場合はこの楽器を限定して指す。左手で絃を押さえ、右手で弾く。平安中期までは貴族に愛用されたが、その後廃絶し、現在の雅楽では用いられない。

## 箏《そう》

現在のいわゆる十三絃の「お琴」（箏）と基本的に同じであるが、とくに雅楽の箏を楽箏《がくそう》とよぶ。細長い胴に水平に糸を張り、柱を立てて調律する。古くは左手を使って音を高くしたり装飾したりしたが、現在では右手のみで、爪をはめて弾く。

## 横笛《よこぶえ》

雅楽の横笛には、神楽笛《かぐらぶえ》・龍笛《りゅうてき》・高麗笛《こまぶえ》の三種があるが、とくに唐楽に用いる龍笛を横笛《ようじょう》という。吹き口を歌口《うたくち》といい、指穴は七孔ある。「葉二《はふたつ》」「小枝《さえだ》」「柯亭《かてい》」などと名づけられた名器が伝えられた。

## 笙《しょう》

吹き口がついた頭に十七本の長短の竹管を立て、銀の帯で束ねた楽器。息を吹き込み、小穴を指で押さえることによって、同時に複数の竹管の元についた砂張《さはり》のリードを鳴らす（合竹）。吹いても吸っても音が出る。朗詠《ろうえい》・催馬楽《さいばら》の時は単音で奏するが、楽曲の時は篳篥《ひちりき》や横笛《よこぶえ》の旋律に対し、和音を演奏する。

## 笏拍子《しゃくびょうし》

笏を二つに割った形の打楽器。神楽《かぐら》・東遊《あずまあそび》や催馬楽《さいばら》などで唱歌の音頭がこれを用いる。管絃の御遊では、太鼓・鞨鼓《かっこ》・鉦鼓《しょうこ》などの打物の代わりに笏拍子を使うことが多い。

## 琵琶《びわ》

果物の枇杷を半分に割ったような四絃の楽器で、腕に抱えて撥《ばち》で弾く。頸《くび》がほぼ直角に背側に曲がり糸巻きで絃を張る。のちには平家琵琶なども生まれるが、雅楽の琵琶をとくに楽琵琶《がくびわ》とよぶ。王朝貴族の愛した楽器のひとつで、古来より名器になまえがつけられ、皇室や各家に伝来した。

### 宇陀の法師

宇陀院が愛したと言われる和琴の名器の名前であるが、一条院の時、内裏焼亡《だいりしょうぼう》と共に焼失した。『枕草子』には、数多くの名器の中にその名が見えることから、宮中にはさまざまな名の通った楽器が存在したようである。特にこの和琴は、実際の宴遊の際の楽器の中でも最も格式の高いものとして重んじられていた（『新儀式』、『小右記』長保二年十一月十五日条）。平安中期の官人源博雅は、村上天皇から「宇多の法師」を授けられ「賀殿《かてん》」と「此殿《このとの》」という曲を演奏したことがあったらしい（『政事要略』）。『源氏物語』の「藤裏葉」の六條院行幸《ろくじょういんぎょうこう》の際には、宮中の書司《ふみのつかさ》からさまざまな名器が集められ演奏されたことが描かれているが、和琴の奏でる音色に朱雀院の心には自らの在位時代が鮮やかに蘇り、しみじみとした懐旧の念を抱くのである。

# 晴れの室礼

## 一日晴れ《いちにちばれ》

束帯《そくたい》の袍《ほう》の下に着る、すその部分（裾《きょ》）の長い下襲《したがさね》を、特殊な行事や儀式、行《ぎょう》幸《こう》・行啓《ぎょうけい》の折に、その日一日だけ、特別な色や染め物、唐織物にすることが許されることがあった。これを「一日晴れ」という。通常は身分や年齢で織文や色目《いろめ》に決まりがあったため、この日は、それぞれが競って華麗なものを用いたようである。上達部《かんだちめ》や殿上人《てんじょうびと》が、寝殿《しんでん》の簀子《すのこ》の高欄《こうらん》に、その下襲の華やかな裾を掛けて居並んでいる様子が『駒競行幸絵巻』に描かれており、当時の様子がうかがえる。

ちなみに、裾は、平安時代初期までは等身大であったが、次第に長くなり、官位の高さに応じて長く引きずるようになった。また、後には「別裾《べっきょ》」といって、裾の部分のみが下襲から独立し、二部式となって腰に紐で縛るようにもなった。

## 打出《うちいで》

行幸《ぎょうこう》や大饗《たいきょう》、その他の晴儀の際に、母《も》屋《や》や対屋《たいのや》の御簾《みす》の下から女房装束の袖口の重ね色目を見せて、華やかさを演出する装飾を「打出」という。実際に着飾った女房が居並んでいるように見えるが、本当は、重ねた装束を几帳《きちょう》の柱を支えにして、人が着ているように形作って置いたもの。帳《とばり》ごと几帳を抱え込むようにして絞り、左右の袖口から出した裳《も》の紐（小腰《ごごし》）で結んでとめてある。

『満佐須計装束抄《まさすけしょうぞくしょう》』には、一間に二具の割合で置くとあるが、『駒競行幸絵巻』で描かれている打出は一間に一具である。

なお、女房が向かい合って座っているように見える、二具を一度に用いて行う打出の場合は、左右から二組の装束を併せて絞りとめる、御簾の正面から見ると一具であるのに、左右、別々の袖口と色目がのぞくことになる。

左の写真はこの、二種類による打出。

上から見た一具による打出

正面から見た一具による打出

正面から見た二具による打出

上から見た二具による打出

# 鵜飼《うかい》と鷹飼《たかがい》

「藤裏葉」の六條院行幸《ろくじょういんぎょうこう》の場面では、「過ぎさせ給ふ道の興」として東の池に舟を浮かべ、「御厨子《みずし》所《どころ》の鵜飼」と「院の鵜飼」が鵜を使って魚を獲るところを天皇らに見せている。さらにそのあとでは、そこで獲れた鵜飼の魚と、「蔵人所《くろうどどころ》の鷹飼」が北野で狩した鳥一番《ひとつがい》を、それぞれ御階《おんきざはし》の下の左右から天皇に献上した。このいくぶん儀礼的な魚と鳥の献上は、天皇に食物を捧げることによって服属の印とする贄《にえ》の伝統を引くもので、それによって国家の秩序が満たされていることを示しているのである。太上天皇《だじょうてんのう》に准ずる位を与えられ、栄華の極みに達した光源氏を象徴する情景である。

## 御厨子所《みずしどころ》の鵜飼

鵜飼は飼い馴らした鵜に鮎《あゆ》や鮒《ふな》などの川魚を捕食させ、それを吐き出させて獲る漁法である。ふつうは鵜の首に綱をつけて遣うが、綱をつけない放《はな》ち遣《つか》いもある。また六條院行幸《ろくじょういんぎょうこう》の場面では船の上から鵜を使っているが、船を用いない徒《かち》遣いの場合もある。

鵜飼は、すでに律令制以前の日本で、天皇に貢上する贄《にえ》の漁として行われていた。その後の官制では、宮内省大膳職《だいぜんしき》に所属する雑供戸《ざつくこ》となった。平安時代になると、内膳司《ないぜんのつかさ》の御厨子所《みずしどころ》の管轄となる。御厨子所は、天皇の朝夕の御膳を調進するところである。宇治川や桂川、さらにその上流の保津川などの鵜飼は供御人《くごにん》として、御厨子所に所属して鮎などを貢進するとともに、その見返りとして京内での鮎の販売を許されていた。

嵐山の鵜飼

### 桂《かつら》の供御人《くごにん》と桂女《かつらめ》

京都の西を流れる桂川には御厨子所に所属する鵜飼《うかい》がいた。平安時代には、天皇の食膳に鮎《あゆ》を供するという意味で、供御人といわれた。そのいっぽう、京内での川魚の販売権をもっており、一家の男性が鵜飼として捕った鮎を、女性は頭に鮎を泳がせた桶を載せて、京内に売りに出たのである。その独特の風俗が後世までも愛され、「桂女《かつらめ》」とよばれている。

桂供御人は、桂川の川魚漁だけでなくその後は水上交通も占有するようになる。平安京南部西側の祭礼である松尾祭では、桂川の西岸にある松尾大社の神輿を、船で対岸の平安京に渡す役割を担っていた。

## 蔵人所《くろうどどころ》の鷹飼《たかがい》

鷹飼は、飼い馴らした鷹《たか》を野に放って鳥や小獣を捕らえさせる、いわゆる「鷹狩《たかがり》」の職掌で、古代から鵜飼と同じく天皇に貢上する贄《にえ》のための猟を行った。本来は中央アジアの遊牧民によってはじめられたもので、日本では仁徳天皇四十三年に、百済の王孫酒君が調教した鷹を百舌鳥野に遣い、雉を得たのがはじまりであるという。これにより鷹甘部《たかかいべ》を設置した。官制では兵《ひょう》部省《ぶしょう》の主鷹司《たかつかさ》で鷹犬の調教が行われ、鷹飼に従事する鷹戸が付属した。のち鷹飼は、民部省《みんぶしょう》に移管されたりしたが、平安時代には蔵人所の管轄となって、もっぱら天皇の私的な鷹狩に従事した。

清涼殿《せいりょうでん》では、天皇が諸国から献上された鷹を見る鷹御覧《たかごらん》があり、その後親王らに鷹が下賜された。また、私的に鷹を飼うことは禁じられていて、特別な者にだけ許された。

猟場は、河内国の交野《かたの》のほか、近江国の栗太郡や伊香郡にもあったが、禁野として一般の狩猟が禁じられている。六條院行幸《ろくじょういんぎょうこう》で献じられた鳥は「北野」で狩られたとあるから、平安京北郊の北野周辺などで狩られることもあったらしい。獲物は、鶴・雁《かり》・白鳥・鴨《かも》・雉《きじ》などの鳥類や、兎《うさぎ》・狐・狸などの小獣である。

正月の大臣大饗では、鷹を手にした鷹飼が、犬を引き連れた犬飼《いぬかい》を伴って庭上に登場し、鳥を献上する慣わしがある。その装束は天皇に供奉して放鷹する狩装束で、帽子を着し、布衣と袴に腹纏《はらまき》をつけ、脚には脛巾《はばき》を巻き、腰に餌袋《えぶくろ》をつけるという独特の風俗である。

### 神饌《しんせん》の鳥

神社で神に供える食物と酒を神饌という。和訓では「御食《みけ》」と訓んでいる。上下賀茂社・石清水社・春日社・日吉社などの古社では、現在も古くから伝わる特殊な神饌があり、これらは古代の食事や料理の内容を伝えていると考えられている。食材そのものを供える場合もあるが（生饌《せいせん》）、調理をして供える場合もある（熟饌《じゅくせん》）。

殺生《せっしょう》を禁ずる仏教の伝来によって、その後、神社の神饌も魚類や鳥獣を避ける傾向にはなったが、こうした古社では伝統的な神饌が比較的良好に保存されたと考えられる。長野県の諏訪大社では、狩猟で得た鹿や猪、兎などが供えられるのは好例であるが、畿内の神社でも、鴨や雉などの神饌を供えることはきわめて一般的である。

①

②

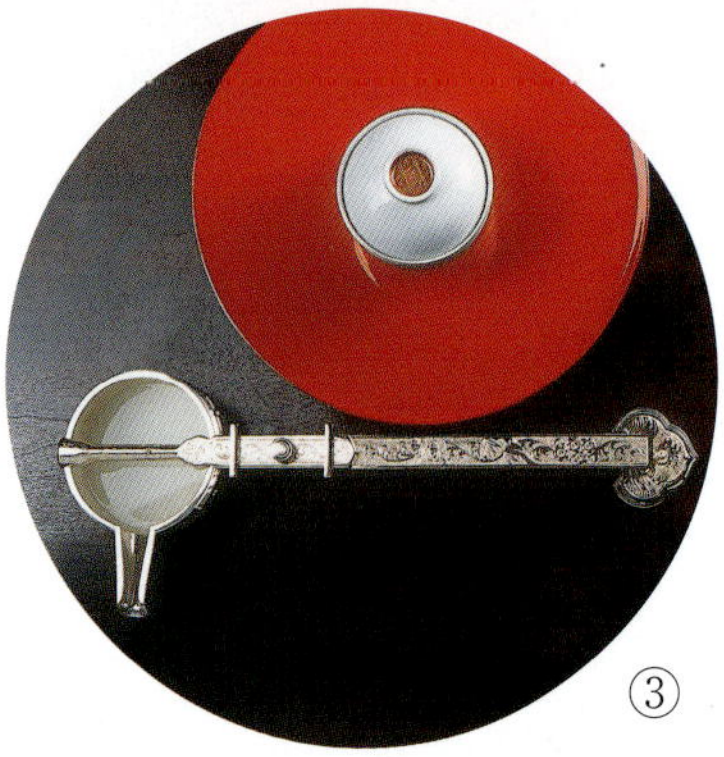
③

# 行幸の饗宴—平安時代のご馳走—

六條院行幸では、その華やかな室礼とともに盛大な饗宴が開かれ、豪華な料理が出たはずであるが、その内容は物語には一切書かれず、不明というしかない。一般に、日本人は伝統的に食事や料理について関心が薄く、むしろそれに執着したり、是非することをいやしいとする傾向があった。したがって、食物や料理について正面から述べた文学や史料はほとんどない。ただ、有職故実の世界では、儀礼としての先例が重んじられていたので、わずかに儀式書や日記の中に、行幸や御幸あるいは節会や大饗などの、饗宴における献立が記録されているばかりである。

ここでは、『類聚雑要抄《るいじゅうざつようしょう》』という平安末期に成立した故実書をもとにして、江戸時代に絵図に起こした『類聚雑要抄《るいじゅうざつようしょう》指図《さしず》巻《かん》』から、保延三年（一一三七）九月、崇徳天皇が仁和寺法金剛院御所に行幸して競馬を御覧になったときの酒肴と御膳の献立を紹介する。『類聚雑要抄』には、天皇、関白、大臣、公卿、とそれぞれの膳が順に描かれる。

料理はどちらかといえば素材主義で、素材を合わせたり、調味料を加えたりして調理するということはあまりなかった。足の付いた高《たか》坏《つき》、大盤・中盤等の膳類は、すべて紫檀製の螺鈿蒔絵を施したりっぱなものである。

④

⑤

⑥

## 天皇の御膳

膳具には、紫檀地の螺鈿蒔絵が施された御台、大盤、中盤を用いる、とある。御台二つには伏輪があった。ここでは、漆塗りの高坏を用いている。

**①四種の菓子と酢・塩**

右上・松の実、左上・柏の実（栢《かや》の実）、右下・干し棗《なつめ》、左下・柘榴《ざくろ》。箸は二組で、木製と銀製のもの。銀の箸台の上に置かれている。それに匙がつく。調味料は右・酢、左・塩。

菓子は文字どおり果物の干した実である。現在の神饌と同様の高盛りであるが、たぶんに儀礼的で、実際に食されたのかはわからない。箸は、上下の折れ曲がった耳のある箸台の上に置かれる。箸と匙、それに塩と酢は、このあとにつづく料理にも使用される。料理は単純な素材が基本で、原則的に味がついていない。実際に食べる時になってはじめて塩や酢の調味料をつけて食べる。ときにはこれに醤《ひしお》や未醤《みしょう》、酒といった調味料が付く。

**②四種の干物**

右上・蒸し鮑、左上・鮭楚割、右下・雉脯、左下・干鯛。蒸し鮑は、鮑を蒸して干したもの。とくに耳を切った鮑の場合は「放耳鮑」とよぶ。楚割《すわやり》は鮭の肉を細く削って干したもので、ほかにも鮫やえいなどの楚割もあった。雉は鳥肉の代表格で、脯《ほじし》はその肉を干したもの。あとの干鯛も含めて、いずれも堅いものばかりで、実際にどのようにして食べたのであろうか。

⑦

⑧

⑨

**③酒盞《しゅさん》と銚子**

銀の酒杯と銀の片口銚子。酒杯は蓋擎子《がいけいし》という蓋と皿の間に入っている。

**④五種の酒肴**

右上・鮑、左上・干し鳥、中央・クラゲ、右下・小鳥、左下・蛸。それに酒器（深草土器《かわらけ》）がつく。干し鳥は雉の干し肉であろう。クラゲは乾燥させて細くきったものを水に戻して食べる。蛸は焼いて干した焼き蛸であろう。深草土器は、京都の南郊紀伊郡深草（現伏見区）で生産されたかわらけの盃。「深草」の地を嵯峨野などの他の場所に求める説もある。

**⑤二種の酒肴と一種の菓子**

右下・鮑、左下ガザミと一種の菓子（上・生栗）。ガザミはわたりがにのこと。酒器（深草土器）がつく。

**⑥一種の酒肴と二種の菓子**

『類聚雑要抄』では内容を記さない。復元では酒肴に鮭、二種の菓子に唐菓子を使った。唐菓子は、糫餅《まがり》、伏菟《ぶと》、桂心などの中国から伝来した菓子で、小麦を練って形を整え、油であげたもの。現在も滋賀県の日吉大社などで神饌として残っている。

## 殿下の御膳

殿下の膳は、関白に供せられたもの。彩色された高坏の上に折敷を置いたものである。復元では四角の高坏を使用した。皿にはとりどりの色紙を重ねた皆敷《かいしき》を敷き、その上に料理を載せている。

**⑦酒肴五種と酢・塩**

『類聚雑要抄』では内容を記さない。復元では、仮に中央・鱸《すずき》、

⑩

⑪

⑫

右上・ガザミ、右下・焼き鯛、左上・雉の干し肉、左下・鯉を置いた。箸台に銀の箸が一組置かれ、天皇の御膳と同様、調味料として塩と酢が左右に置かれる。

**⑧盛菓子六種**

⑦と同様、『類聚雑要抄』では内容を記さない。ここでは、唐菓子六種を置いた。

## 大臣の御膳

左右大臣、内大臣のための御膳。殿下の御膳と同じ高坏に置かれる。

**⑨酒肴四種と酢・塩**

『類聚雑要抄』では内容を記さない。復元では、右上・鮑、右下・生鯛、左上・干し鳥、右下・鮭を並べた。箸と調味料は、殿下の御膳と同じ。

**⑩交菓子《まぜくだもの》**

『類聚雑要抄』の記述がないので、ここでは栗・棗《なつめ》・栢《かや》の実を盛った。

## 上達部《かんだちめ》の御膳

公卿の膳である。殿下の御膳と同じ高坏に置かれる。殿下・大臣の御膳に比べると簡略で、一つの高坏にすべてが置いてある。

**⑪酒肴四種**

同じく『類聚雑要抄』の記述がない。中央に交菓子、その周囲に、右上・鱸、右下・鯉、左上・焼き鯛、左下・蛸を設定してみた。

**⑫酒盃と提《ひさげ》**

土器の酒盃は折敷に置かれる。提は酒を注ぐためのもので、銀製。参会するすべての客人に回される。

# 貴族の生活

日蔭蔓　生草

『源氏物語』では、そのかなりの部分が貴族の邸宅、いわゆる寝殿を舞台にしています。丸い柱に囲まれ、板の間の限られた空間の生活は、現在のわたしたちが想像するより、単調だったかもしれません。それでも、部屋の模様替えをしたり、鏡の前で化粧したり、衣裳の色や柄を楽しんだり、仲間と遊びに興じたり、生活に工夫を凝らし、それなりに忙しく暮らしていました。ここでは、そんな貴族の日常生活をみてみましょう。

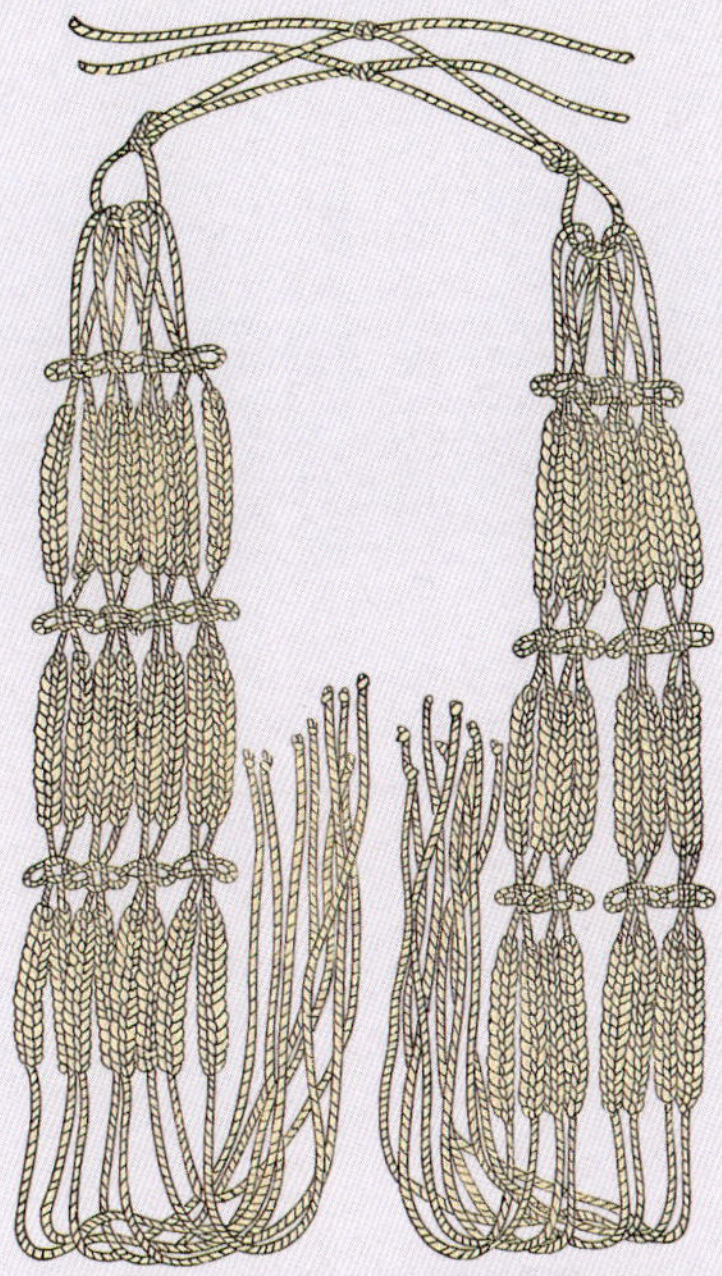

日蔭蔓　糸

# 寝殿造《しんでんづくり》 ―貴族の住空間―

貴族の邸宅は寝殿造《しんでんづくり》とよばれるもので、正式なものは一町四方の築地塀《ついじべい》に囲まれた敷地の真中に、東西棟の寝殿《しんでん》（主殿）を中心に建て、その東西にそれぞれ南北棟の対《たい》の屋《や》を配置して、その間を渡殿《わたどの》や透渡殿《すきわたどの》でつないでいる。さらにふつう南側には池のある庭園が広がっており、東西の対の屋から南へ延びる廊が、泉殿《いずみどの》や釣殿《つりどの》とよばれる池に接する建物へつながる、というように池に向かって「コ」の字型の建物群を作っている。六條院春の御殿もこの構成に準じている。

## 塗籠《ぬりごめ》

昼の御座の西側の、土壁で囲まれた二間の部屋である。ここは寝殿で最も神聖な場所とされ、先祖伝来の宝物を収納したり、寝所にあてたりした。後期になると神聖視が薄れ、物置きとしても使われだした。

## 昼《ひ》の御座《おまし》

寝殿の母屋、東西五間（柱間）・南北二間のうち、東側三間を昼の御座と呼び主人の御座とする。奥に御《み》帳台《ちょうだい》を構え、前方に二帖の畳を敷き茵《しとね》を置いて座を設える。背後には屏風《びょうぶ》を立て、二階厨子《にかいずし》や二階棚《にかいだな》など、調度の品々を並べた。

## 寝殿《しんでん》

寝殿は、主人の住む寝殿造の主殿で、六條院の春の御殿の場合、正面の柱間（桁行）が五間、側面の柱間（梁間）が二間の母屋《もや》を中心に、周囲に一間づつの廂《ひさし》が付いている。廂の外にさらに簀子《すのこ》の濡れ縁が付いて、廂と簀子の間に格子《こうし》が降りるから、廂の部分までが屋内ということになる。建物の内部は丸柱が露出した吹き放ちの空間で、塗籠《ぬりごめ》などの特殊な部屋は例外として固定された間仕切りの部屋がなく、必要に応じて御簾《みす》を垂らしたり、あるいは屏風《びょうぶ》・几帳《きちょう》などを立てて、適当に仕切って使用した。また、床は白木の板の間で、座る場所には、畳やときにはさらにその上に茵《しとね》を敷いたり、簡単な場合には円座《わろうざ》を用いたりした。

## 寝殿《しんでん》の正面

寝殿は基本的に主人と家族の限られた私的な居住空間であった。「藤裏葉」の冷泉帝《れいぜいてい》と朱雀院《すざくいん》の行幸《ぎょうこう》・御幸《ごこう》のように、身分の高い賓客《ひんきゃく》は別として、ふつうの訪問者は廂《ひさし》の外側、つまり簀子《すのこ》縁で寝殿内の主人と応対した。寝殿の内部に入れるのはよほど親しい訪問者に限られる。

簀子より一段母屋側に入った廂の間は、屋内と屋外の中間的な位置にある場所である。簀子と廂の間の格子《こうし》を上げて御簾《みす》も巻き上げれば、屋外と連続した空間になる。母屋《もや》と廂の間の御簾も巻き上げて、主人が奥から廂にまで出れば、外の景色を望むことができるし、母屋と廂の間の御簾を降ろして、簀子にいる訪問者との空間を広げることもできる。

### 階《きざはし》

寝殿の南面中央に位置する五級《こしな》（段）の階段で、高欄《こうらん》が付く。上部には階隠と呼ぶ庇が張り出していて、賓客はここに車や輿を寄せて昇降した。

### 階隠《はしがくし》の間《ま》

南廂の階の上にあたる中央一間のことで、平常は畳二帖と地鋪《じしき》を敷き、几帳を立てて御座を設える。側には衝立障子を背に、二階棚《にかいだな》・鏡台などが飾られた。

### 簀子《すのこ》

廂の外側をめぐる濡れ縁で、高欄が付く。通路としての役割のほか、廂との境の御簾や几帳を挟んでの応接の場としても使われた。また、南庭で儀式や行事が行われる際には、物見の席ともなった。

## 対《たい》の屋《や》

東西棟の寝殿《しんでん》（正殿）の東西両側に配置して建てられた、南北棟の建物が対の屋である。東側にあるのを東の対、西側にあるのを西の対という。東西対の屋が必ずしも揃うことはなく、東三条殿のように、東の対だけという場合もある。規模は寝殿と同じか少し小さい程度であるが、寝殿が東西に長いのに対して南北に長い平面となり、また寝殿が入母屋造《いりもやづくり》なのに対して、切妻造《きりづまづくり》に縋破風《すがるはふう》を付けるという軽快な様式になることが多い。

寝殿を儀式的な場に用いて対の屋を日常の住居に使ったり、寝殿の主人の住居に対して妻子や一族の住居にする場合もある。また、南面の広廂《ひろびさし》を利用して儀式や饗宴、管絃《かんげん》に用いる場合もある。

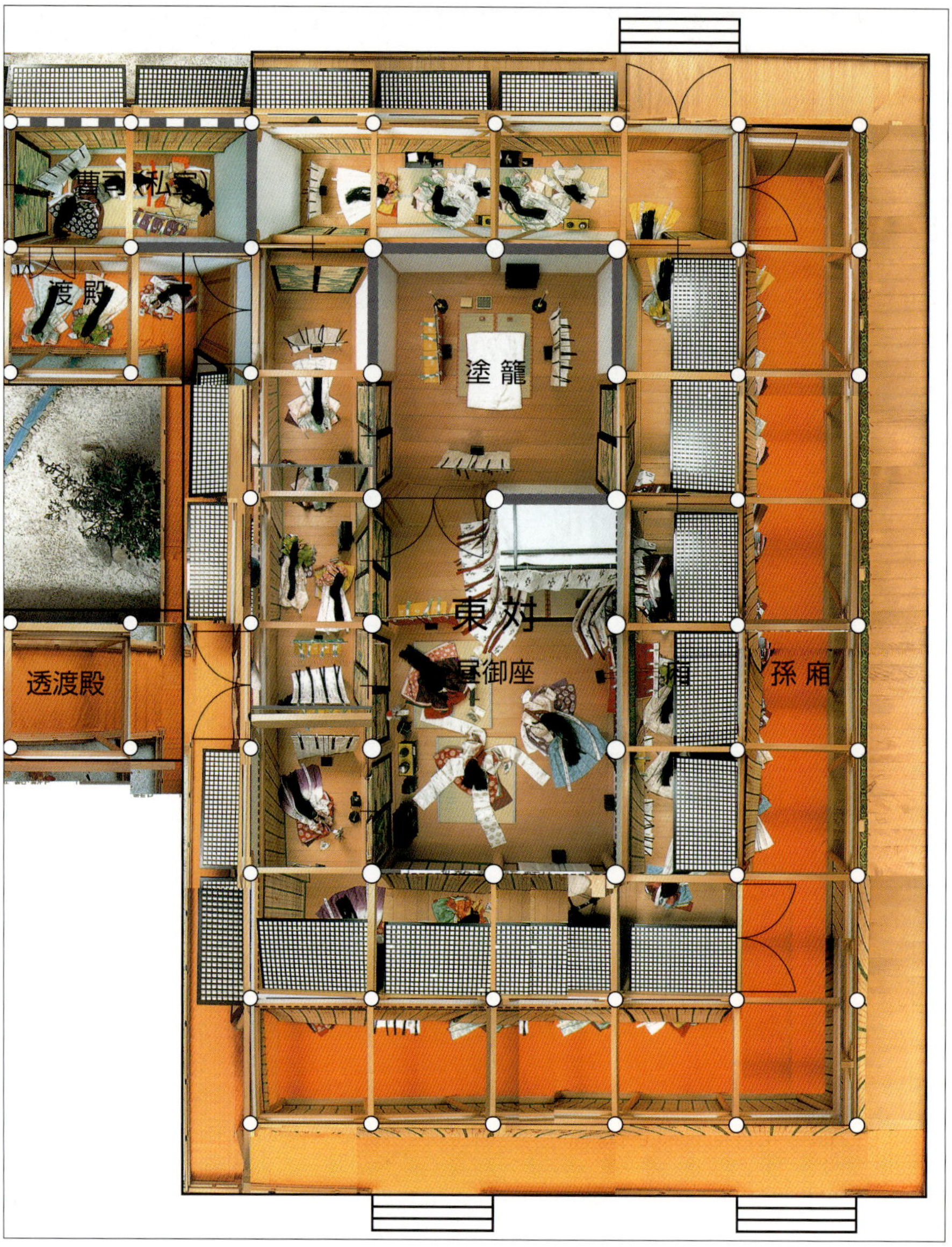


## 広廂《ひろびさし》

対《たい》の屋の南面は縋破風《すがるはふう》を付けて軒《のき》を深くし、廂の外側にさらに一段低い廂の間を一間分設けてある。これを広廂とか孫廂《まごびさし》という。格子《こうし》は廂と孫廂の間に設けられ、さらに孫廂の外側に簀子《すのこ》が付くことになるから、広廂から簀子に至る外に突き出た吹き放ちのかなり広い空間ができる。寝殿《しんでん》の母屋《もや》の内にまで来客を招き入れる風習のなかった当時は、この場所を用いて饗宴や管絃《かんげん》などがよく催された。

## 廂

母屋の四周を取り囲む、廊下を幅広くしたような細長いスペースで、場所によって南廂、東廂などと呼ぶ。この細長い場所を障子（襖）や棚で仕切り、畳を適宜に敷いて、部屋として使うこともあった。ちなみに、「女房」とはこの廂の間に部屋を与えられた女官という意味である。

## 壺《つぼ》

寝殿《しんでん》（正殿）と対の屋との間は、北側の渡殿と南側の透渡殿《すきわたどの》の二本の橋廊で結ばれているが、この四つの建物で囲まれた空間が壺《つぼ》（壺庭）である。壺には花の咲く樹木が植えられたり、あるいは季節の草花が植えられたり、石が置かれたりして、小さな自然の情景を作っている。六條院の寝殿と東の対の間の壺の場合では、南の池に流れ込む遣水《やりみず》という小流が、渡殿の下から現れて壺を蛇行し、再び透渡殿の下へと流れている。

当時の貴族に仕える女房は、大半の時間を寝殿の建物の中で過ごした。そうした彼女たちにとって、壺の小さな自然は、季節を感じ取り、気分を晴らす貴重な空間であったに違いない。

### 透渡殿《すきわたどの》

寝殿と東西の対を結ぶ建物を渡殿と呼ぶが、通常南と北に二つあり、南側の、梁間一間が吹放しの通路となっているものを、透渡殿という。高欄《こうらん》付きの反り橋に作られており、当主に対面する来客は、ここを渡って寝殿へ参上した。

### 壺《つぼ》

壺庭ともいう。寝殿・対・渡殿などの建物に囲まれた庭で、樹木や草花が植えられ、中央に遣水《やりみず》が流れる。泉が設けられたり、川から引き入れた水がここから涌出するように仕掛けられていることもあった。

### 遣水《やりみず》

邸内の涌泉や邸外からの導水を、地形の傾斜に応じて流すもの。敷地の北方から寝殿《しんでん》の東の渡殿《わたどの》の下・壺・透渡殿《すきわたどの》の下を経て、東の対の前面を迂曲し、南庭の池に注ぐようにするのが定法であった。

### 渡殿《わたどの》

透渡殿《すきわたどの》と並んで北側にある通路で、梁間二間と幅が広く、そのうちの北側一間には局《つぼね》（部屋）が設けられる。残る南側一間が通路となり、局と通路の間には格子《こうし》や枢戸《くるるど》がはめられた。局は主に女房などの日常の部屋に当てられた。

# 『源氏物語』の住まい

文／池　浩三

## ■寝殿造の構成

十世紀の初めごろ平安京で完成した貴族住宅の様式を寝殿造《しんでんづくり》と呼んでいる。公卿といわれる上級貴族の邸宅の敷地は一町（方四〇丈、約一二〇m四方、面積一万四四〇〇平方m）を基準としたが、摂関家の東三条殿《ひがしさんじょうどの》や京極土御門殿《きょうごくつちみかどどの》は二町、『源紙物語』の主人公・光源氏の六條院《ろくじょういん》は四町を占める。この敷地四辺には築地《ついじ》（土塀）がめぐり、東西および北に門を開く。南は園池となるので門を設けない。東西の正門は四足門《よつあしもん》という格式の高い構えで、おおむね大路に面する側が表向きである。邸内の東西ほぼ中央に東西棟（棟《むね》の方向が東西）の寝殿が南面して建ち、その左右に南北棟の対《たい》（対屋《たいのや》）があって、透渡《すきわた》殿《どの》という吹放しの廊や渡殿《わたどの》で連絡される。寝殿は儀礼上主人の正式の居所であって、日常の家庭生活の場はむしろ対ということもあった。対という漢字は「向い合った一対《いっつい》」を意味するように、対は寝殿を中にして左右対称に建てられるのを原則としたが、大邸宅では寝殿や東西の対の北側などにもいくつかの対や廊があった。また渡殿には曹司《ぞうし》（部屋）があって、女房たちの私室にあてられる。湯殿《ゆどの》や樋殿《ひどの》（厠《かわや》）もこの近くにあったらしい。そして、東西の対からは廊が延びて南庭を囲む。東西の廊には中門《ちゅうもん》・侍《さむらい》所《どころ》・車宿《くるまやどり》などを設け、普通表向きの廊の南端には池にのぞんで納涼・遊宴のための釣殿がある。西廊には光源氏の二条院のように小さな仏堂を設けることもあった。南庭には白砂が敷きつめてあって、さまざまな儀式や舞楽が行われた。遣水《やりみず》は東の渡殿の下から前栽《せんざい》のなかを縫うように流れて南の池に注ぐ。池には築山《つきやま》をなす中島があって、その島々の間に丹塗《にぬり》の唐橋《からはし》が架けられていた。『紫式部日記』や『源氏物語』の「胡蝶」の巻には、池に龍頭鷁首《りゅうとうげきす》の船を浮かべて、詩歌管絃《しいかかんげん》の遊びに興じたようすが美しく描かれている。

　ところで、寝殿という名称は古代中国において冠婚葬祭の儀式が行われた正寝《せいしん》に由来するもので、神聖殿を意味する。つまり正寝の建築形式をその祭祀儀礼とともに取り入れ、これを国風化したものといえるが、中国の正寝は牆《しょう》（土塀）に囲まれた庭《てい》に南面して建ち、庭の南正面に中門、さらにその外に大門を設けるという構成で、殿舎の軸線は南北を貫く。ところが、儒教はそもそも専制君主・父系制社会の思想であるから、婿取婚《むことりこん》（招婿婚《しょうせいこん》）が行われていた平安前・中期の母系制貴族社会には、その中国の住宅形式も儀礼もそのままではなじまないものであった。そこで当時の婚姻制に示される家族形態に合うように、東西の大門・中門という東西軸を折衷した。それが寝殿造成立の理由だと考えられる。東西の対に娘たちが住んでいて、そこへ婿が通ってきたり同居したりするわけで、「住む」とは本来そのことを意味した。寝殿造の構成にはそういう婚姻制が反映しているといえる。内裏の場合は、正寝としての紫宸殿が南庭に面し、その南正面に中門にあたる承明門《しょうめいもん》、大門にあたる建礼門を設ける。そして対に相当する清涼殿《せいりょうでん》、綾綺殿《りょうきでん》、その他後宮の諸殿舎の全体的構成は南北軸に配置するが、これはその内実はともかく、天皇家が父系制をとっていたことと関連があろう。

## ■殿舎の構造

敷地一町の上級貴族の邸宅では、寝殿は桁行《けたゆき》（東西）五間、梁間《はりま》（南北）二間の母屋《もや》を中心とし、その四周に一間の廂《ひさし》をめぐらす。

　このような平面構成を「五間四面《ごけんしめん》」というが、普通梁間は二間と定まっているので省略する。一間の柱間寸法は三mぐらいである。柱は丸柱、床は板敷、廂の外側は簀子《すのこ》で、高欄《こうらん》がめぐり、南正面に五級《しな》（段）の階段があって、階隠《はしがくし》という庇屋根をかける。廂と簀子の境には建具が入るが、まず寝殿の東西面の南と北の端に妻戸《つまど》（両開きの枢戸《くるるど》）を設けて通常の出入口とする。そのほかは格子《こうし》に簾《すだれ》をかける。南正面は儀式上の都合から一枚格子、ほかは二枚格子であったようだ。一枚格子は京都御所の紫宸殿や清涼殿のそれのように内側に吊り上げるもので、簾は格子の外にかけられる。二枚格子は社寺建築によくみられるもので、上方一枚を外側へ吊り上げ、下方は掛金《かけがね》で固定する。そして内に簾をかける。東西の対も、棟の方向が南北となるだけで、平面規模など内部の構成はほぼ同様である。これら殿舎の屋根は檜皮葺《ひわだぶき》であって、寝殿は入《いり》母屋《もや》造、対は切妻屋根の妻側に庇を付けた縋破《すがるは》風《ふう》という形式であったらしい。寝殿と対の屋根構えに格差を付けたのであろう。このような優美な檜皮葺の殿舎群の俯瞰《ふかん》的景観を、当時の人びとは「三つ葉四葉の殿《との》造り」と、枝分かれした草の葉の姿にたとえている。このほか、北の築地沿いには下屋《しものや》とよぶ板葺の雑舎や瓦葺の倉などが多く建ち並んでいたようである。『枕草子』は、「雪は檜皮葺、とても美しい。雪が少し消えかかったとき、または少し降って瓦のつぎ目に雪が入った、その瓦の黒と白の取り合わせ、これもいい。時雨《しぐれ》・霰《あられ》・霜は板屋」と、自然現象のなかの屋根の異なる情趣を見事にとらえている。

　さて、組入《くみいれ》（格子状の天井）のある寝殿の母屋の西または東の二間、対では北の二間は土壁で囲んだ塗籠《ぬりごめ》という部屋である。その出入口は元来は一か所であったが、のちには日常生活や儀式の都合から数か所に設けられるようになった。扉は両開きの枢戸《くるるど》である。柱だけのがらんとした空間のなかにこういう密室があったことは寝殿造の注目すべき特質といえよう。長和五年（一〇一六）の京の大火で、藤原道長の京極土御門殿が焼失したことを、『栄花物語』の「玉の村菊」の巻は記しているが、その記述に「年《とし》来《ごろ》の御伝り物ども、数知らず塗籠にて焼けぬ」とあるように、塗籠には先祖伝来の宝物が唐櫃《からびつ》や厨子《ずし》に納められて置いてあった。また、天皇の常御所《つねのごしょ》である清涼殿の塗籠（夜御殿《よるのおとど》）には、御帳台《みちょうだい》（寝台）のかたわらに剣璽案《けんじのあん》が安置してある。剣璽とはいわゆる三種の神器のうち草薙《くさなぎの》剣《つるぎ》と八坂瓊曲玉《やさかにのまがたま》のことであって、天皇はこの皇位の象徴である神器と共に寝ることが任務であった。塗籠とはそういう神聖な部屋なのである。当時、貴族が寝ることを「大殿籠り《おおとのごもり》」といっているが、それは本来大殿すなわち夜御殿に籠《こも》って寝ることであった。つまり、貴族は家宝に宿る祖先の霊に守護されて眠り、またその霊と交感することによって、新しい精気を養う、という古代的な意義があったのであろう。

　平安時代の人びとは物怪《もののけ》という存在を本気で信じていた。生霊《いきりょう》・死霊《しりょう》などの物怪は病人や産婦の衰弱した体にとり憑《つ》いて苦しめ、ときには死に至らしめるものと考えられていたから、これを打ち破るための加持祈祷が盛んに行われた。この物怪を避けるために、塗籠に籠ることもあって、紫式部の仕えた中宮彰子が敦成《あつひら》親王（後一条天皇）を出産した際、その産前産後の御座所は土御門殿の寝殿の塗籠であった。また婚礼において、「衾覆い《ふすまおおい》」という夫婦の共寝する儀式が行われるのも塗籠であるし、貴族が臨終を迎える場所もまた塗籠であった。例えば『権記《ごんき》』には、一条天皇の遺骸は里内裏《さとだいり》一条院の塗籠「夜御殿《よるのおとど》」に安置されたとあるし、『讃岐典侍日記《さぬきのすけにっき》』にも、堀河天皇が清涼殿として使われた堀河院の西対の塗籠で亡くなったようすが詳しく書かれている。こうした作法はだいたい中国の儒教の教典から学んだものである。

## ■調度と室礼

寝殿造では、塗籠のほかは柱が立ち並ぶだけで、固定した壁がないから、殿舎の中を簾・障子・壁代《かべしろ》で仕切って生活した。障子は今日の襖《ふすま》、壁代は簾や障子に添えるいわばカーテンである。屋内をこのように間仕切りをして、さらに身辺を几帳《きちょう》・屏風・衝立《ついたて》障子・帳台で隔て、畳・茵《しとね》（座ぶとん）・地鋪《じしき》（ござの類）を敷き、厨子・二階棚《にかいだな》・衣架《いか》・机、その他さまざまな箱などの調度を設け整える、あるいは飾りつけること、それを室礼《しつらい》とよんだ。古く塗籠を「室」といったようであるから、室礼とはその神聖な室内の調度類を礼法にしたがって整備することが原義であろう。『源氏物語』にしばしば出てくる「しつらひ」「しつらふ」という言葉はこのことを指しているが、その「薄雲《うすぐも》」の巻に、斎宮の女御（秋好む中宮）が光源氏の二条院に里下《さとさ》がりした際、寝殿の室礼を光り輝くばかりにして迎えたとある。その優美華麗なようすがしのばれる。また「蓬生《よもぎふ》」の巻に、荒れはてた末摘花《すえつむはな》の邸では、寝殿のなかだけは塵が積もっても、在るべきものをきちんと備えた室礼がしてあると書いているが、源氏は昔どおりの礼儀作法を堅く守っている姫君の貴族としての気概を大いに賞賛している。いずれにしても貴族の生活というのは、日常においても、つねに折り目正しいものであった。

当時の陰暦四月一日と十月一日は更衣《ころもがえ》であって、衣服と同じく室礼も時節に合わせて夏物、冬物と装いを改めた。「明石」の巻に「四月になりぬ。衣《ころも》がへの御装束、御帳《みちょう》の帷子《かたびら》など、よしあるさまにし出づ」とあるのはこのことで、御帳（寝台）や几帳の帷子（絹布）を冬物の練絹《ねりぎぬ》（羽二重《はぶたえ》）から生絹《すずし》にかえ、畳も新調された。また室礼はいろいろな年中行事、大饗《たいきょう》・臨時客などの公儀、さらに出産・元服・裳着《もぎ》・婚礼・賀《が》の祝《いわい》・葬送・服喪といった人生儀礼に際して、その場にふさわしい装いがなされた。例えば、お産のときには、その産室は、帳台・壁代・几帳・屏風から畳の縁《へり》にいたるまで白一色にされ、産婦や側近の女房も白装束となる。『紫式部日記』は、女房の黒髪が白無垢《しろむく》の室礼に映えるさまを「墨絵のようだ」と評している。そして服喪中は、重服《ちょうぶく》（父母・夫・主人）は黒または鈍色《にびいろ》（濃いねずみ色）、軽服《きょうぶく》（妻子・兄弟姉妹）は薄鈍色に衣裳や室礼を改めるが、喪が明けて平常の色物になおされることを「服直《ぶくなお》し」「色直《いろなお》し」といった。重服のあとしばらく軽服に服すこともあって、この場合には、墨色の室礼がしだいに薄くなっていくわけで、そのようすも平安朝の雅《みやび》の世界であろう。『源氏物語』は登場人物の多くの死を語るなかで、この鈍色の美を描きつくしている。

寝殿造の住宅で生活する人たちは、寝殿や対のなかを東面《ひがしおもて》、西面《にしおもて》というように各自のプライベートな空間を定めて住み分けるとともに、儀式に際しては、母屋と廂を続き部屋とする放出《はなちいで》とよぶ場所を臨時に設けることによって、殿舎内を豊かに住みこなした。その際大いに役立ったのが几帳・屏風・畳などの移動可能な調度であった。ともあれ、四季の移ろい、慶弔に応じて、さま変わる色彩の豊麗さこそ寝殿造の真面目である。平安貴族はいみじくも室礼のことを装束ともいったように、住まいの装いを自身の衣裳と同じに考えていた。したがってそこには住む人の心ばえ、つまり人柄や趣味や教養といった全人格的なものが反映される。その心ばえいかんによって、住まいは上品にもなるし、卑しくもなると『源氏物語』の作者は主張している。

※この文章は平成六年京都市発行の『平安建都一二〇〇年記念　蘇る平安京』より一部再録した。

## 『源氏物語』の二条院の想定平面図

公卿と呼ばれる上級貴族の典型的な寝殿造。敷地は一町（約120m四方、面積14,400平方m）、寝殿と東西の対および中門を備える。光源氏は東対、紫上は西対に住んだ。そのほか念誦《ねんず》堂《どう》、御倉《みくら》、下屋《しものや》と呼ぶ雑舎《ぞうしゃ》があった。

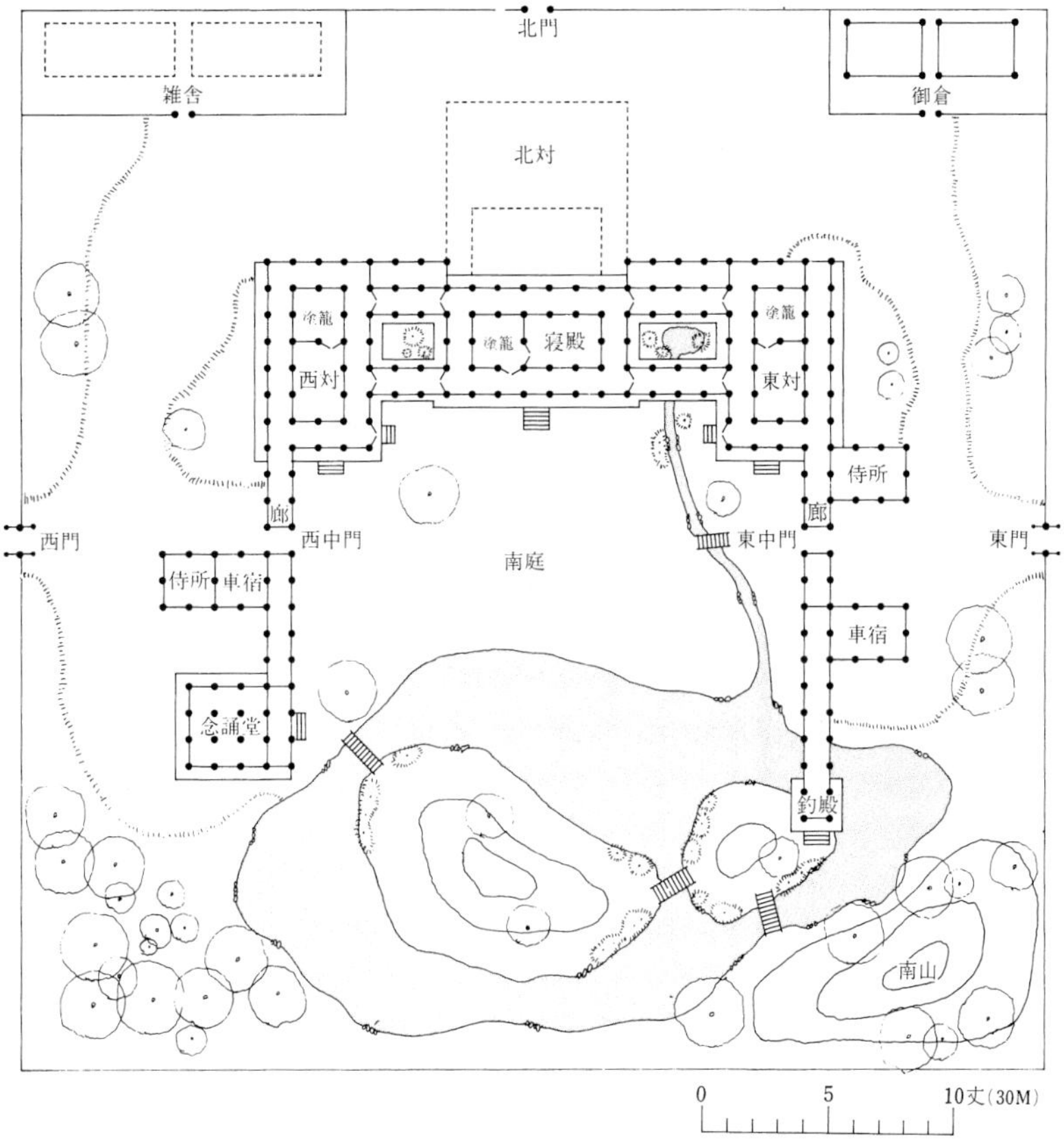


## 『源氏物語』の六條院の想定平面図

六条京極あたりに四町を占める光源氏の大邸宅。敷地のなかには小路を含むから、約252m四方で、全面積63,500平方mとなる。その地所をほぼ四等分した各町に、それぞれ春夏秋冬の趣向をこらした庭園をつくり、その季節にゆかりのある女人たちが住んだ。東南の町は源氏と紫上の春の住まい。のちに女三宮が同居する。早春のようすは「生ける仏の御国」のようであった。西南の町は秋好む中宮の里邸。築山には紅葉の木々を植え、秋の野山の風情を求めた。この町の池は東南の町の池に続いていて、龍頭鷁首の船を行き来させ舞楽を楽しんだ。東北の町は花散里の夏の住まい。泉があり、森のように木立が深く、山里の趣がある。御殿の東側は端午《たんご》の節句の遊び所として、東南の町まで続く馬場とした。西北の町は明石の君の冬の住まい。寝殿を設けず、大きな対が二つあった。御殿の北側は築地で境をして御倉町とし、この垣に沿って松の木を植え、冬の雪景を楽しんだ。

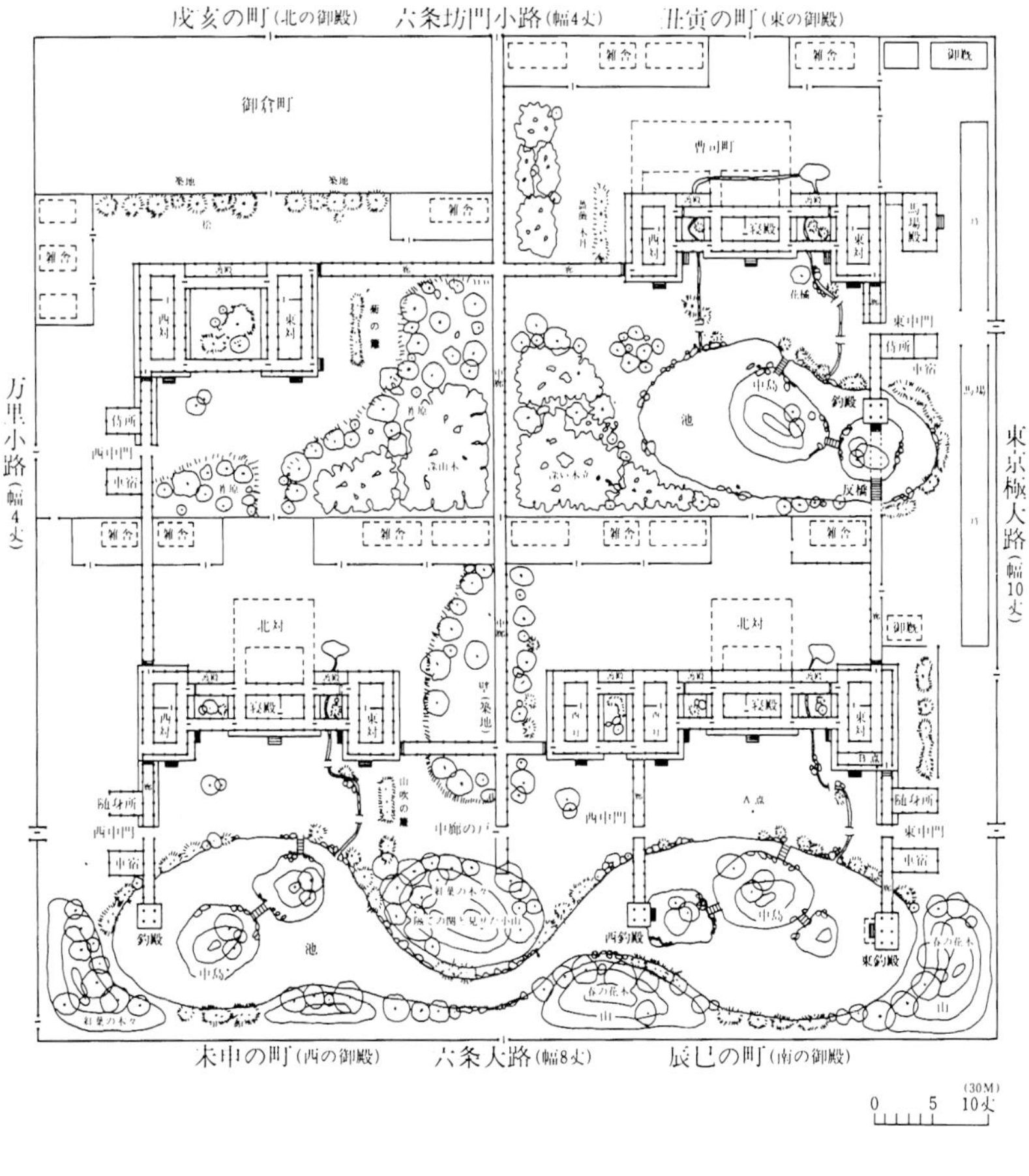

# 彩る調度の品々

## 障屏具《しょうへいぐ》

基本的に間仕切りのない、板の間に丸柱が並ぶだけの寝殿造《しんでんづくり》では、利用の仕方により適宜さまざまな障屏具（仕切り具）を用いた。儀式や饗宴《きょうえん》のように広い空間が必要なときは、障屏具を取り払い、プライベートな場合には、御簾《みす》や几帳《きちょう》を用いて空間を仕切るのである。ここでは、寝殿に設置された戸類を含めて、こうした障屏具の種類と用い方についてみてみよう。

### 几帳《きちょう》

移動可能な室内障屏具のひとつで、土居《つちい》（木製の四角い台）の中央に二本の細い円柱を立て、その上に横木を渡し、帳《とばり》を垂らしたものである。帳は幅が縫い合わされたもので、縫い合わせる時に真中を縫わずに風穴《かざあな》としてあけておき、そこから外が垣間見《かいまみ》られるようになっていた。帳の一幅ごとに幅筋《のすじ》という布の帯が付けられ、裏で折り返して、表に二条になるように下げられる。下部の台から上部の横木までの高さによって「四尺几帳《よんしゃくきちょう》」「三尺几帳《さんじゃくきちょう》」とよばれ、帳の長さもそれによって長短があった。女性が人と対面する場合には、親しい間柄であっても几帳を隔てることが多かった。

## 壁代《かべしろ》

文字どおり壁の代わりに吊るした布製の帳《とばり》で、上長押《うわなげし》から下長押《しもなげし》に垂らして用いる。人目を防ぐためのもので、夏用と冬用がある。表には幅筋《のすじ》という布を垂らし、殿内の御簾《みす》の内側に懸ける。

## 御簾《みす》

細かく割った竹を編んだ障屏具で、母屋《もや》ならびに廂《ひさし》の間《ま》、また廂と簀子《すのこ》の柱間や妻戸口《つまどぐち》などに垂らし、日光の遮断や外部から見通されないための隔てとして使われる。内裏《だいり》や貴人の殿舎では、文《もん》を染めた絹で縁取り、上部に「帽額《もこう》」という絹を引き渡した。簾を巻き上げる際には、「鉤丸緒《こまるお》」という飾り房のついた半円形の「鉤《こ》」という金具に懸けるが、『源氏物語絵巻』には鉤も鉤丸緒も描かれていないので、模型では紐のみとした。

## 軟障《ぜじょう》

壁代《かべしろ》の高級なものが軟障である。絹製で四方に紫の縁をつけ、高松に唐人などの絵を彩色した。「藤裏葉」の六條院行幸の場面でも、「あらはなるべき所には軟障を引き」とあって、晴れのしつらえに用いられている。『年中行事絵巻』には、五節《ごせち》に際して綾綺殿《りょうきでん》で音楽を奏する女楽人の部屋の周囲に軟障が描かれている。

寝殿東側南の妻戸

## 妻戸《つまど》と遣戸《やりど》

妻戸は両開きの板扉であり、遣戸は敷居《しきい》と鴨《かも》居《い》の溝にはめられた引戸、という構造上の違いがある。

寝殿《しんでん》では、固定して設置された建具といえば、塗籠《ぬりごめ》のように密閉された部屋は別として、母屋《もや》と北廂などを仕切る襖《ふすま》、廂《ひさし》と簀子《すのこ》の間にあって室内と室外を仕切る格子《こうし》ということになるが、室内の出入りのために東西両側妻の南北には両開きの扉が設けられた。これが妻戸で、もともとは妻側に設置されたことによる名称であるが、後にはほかの場所にも設けられた。対《たい》の屋《や》から渡殿《わたどの》や透渡殿《すきわたどの》を通って寝殿《しんでん》（正殿）に行く場合、ちょうど正面に当たり、寝殿への便利のためにこの位置に設けられたのである。「野分」では、源氏の長男の夕霧が、渡殿を通って紫の上のいる春の御殿《おとど》の寝殿に行く際、折からの野分《のわき》（台風）の風で開いた妻戸の隙間から、彼女の美しい姿を垣間見《かいまみ》る、という情景が描かれている。

いっぽう、遣戸《やりど》はこの時代にはまだあまり使用されず、平安後期になって用いられた。細い横桟を密に取り付けた舞良戸《まいらど》が一般的で、内側には障壁画を貼り付けたりした。

二枚格子（左）と一枚格子（右）

## 格子《こうし》

廂《ひさし》の周囲の柱間に設ける建具で、多くは廂と簀子《すのこ》の間にはめられる。格子は場所によって一枚格子と二枚格子があり、表裏ともに黒塗で、その間に薄い板が挟んであるのが正式である。格子の一こま、一こまは「壺《つぼ》」と呼ばれ、胡粉《ごふん》の白塗となっている。格子の上げ下げは女房の朝夕の仕事の一つであった。

## 屏風《びょうぶ》

室内に立てて物の隔《へだ》てとして使われた。室内装飾としての役割も高く、表面には山水《せんずい》などの絵が描かれ、色紙形という空白部に詩歌が書かれることもあった。使用しない時は畳み寄せたり、袋に入れて保管した。

## 障子《しょうじ》

襖《ふすま》・衝立《ついたて》・屏風《びょうぶ》などの総称だが、『源氏物語』では、ほとんど「襖障子《ふすましょうじ》」のことをさす。「襖障子」は今日いう襖に当たるもので、左右引き違い戸になっていて、鹿皮《しかがわ》の取っ手がついている。ふつう、母屋《もや》と廂《ひさし》の間などに隔てとして用いられたが、柱間に嵌《は》め込み、不用時にははずす立障子もあった。そのほかに下に台がついている移動可能な襖張りの「衝立障子《ついたてしょうじ》」がある。現在の障子は「明障子《あかりしょうじ》」といわれ、平安時代末期に現われた。

衝立障子

## 文学と史書の名場面 1

# 香爐峯《こうろほう》の雪は簾《すだれ》を撥《かか》げてみる

# 『枕草子』

雪のたくさん降り積もった朝、格子《こうし》を降ろし、炭櫃《すびつ》に火をおこして、みんなで物語をしていると、皇后の定子が、お側の清少納言に「香爐峯の雪、いかならん」（香爐峯の雪はどのようでしょうか）とお尋ねになった。唐の詩人白居易の詩に「遺愛寺《いあいじ》の鐘は枕をそばだてて聞き、香爐峯の雪は簾を撥《かか》げてみる」という有名な一節があって、皇后は清少納言になぞかけをされたのである。清少納言は黙って女房に格子を上げさせ、みずから御簾《みす》を高く巻き上げてみせたので、皇后は微笑まれた、というエピソードである。

清少納言の才知ぶりを示したこの話は、教科書にも紹介されて有名なものであるが、『枕草子』にはそのあと、みんなが「詩そのものは知っていたけれど、そんなこと思いも寄らなかった、やっぱりこの皇后にお仕えするのにふさわしい人だ」と評価した、とみずから書いている。そんなところが紫式部にいわせると「したり顔にいみじう侍りける人」（高慢ちきな人）ということになるのかもしれない。

この場面を再現するとき、寝殿のどちら側の格子を開けるかによって状況が変わってくる。南面の格子は一枚格子であるから、格子を内側に引き上げ、その外にかかる御簾を巻き上げることになるだろう。東西の壺に面している側では上下二枚格子になるから、外側の格子の上半分を外に引き上げ（下半分はそのまま残すか撤去するか）、内側にかかる御簾を巻き上げる。文面からではどちらとも判断できないが、どちらにしても風流は寒いことではある。

東面の二枚格子の場合

南面の一枚格子の場合

## 御帳台《みちょうだい》

寝殿《しんでん》の母屋《もや》にすえる天蓋《てんがい》付《つ》きのベッド。本来は座臥のための施設であったが、のちには権威の象徴となった。皇后などの場合には、浜床《はまゆか》という黒漆の台を置くが、ふつうには板敷きの上に、繧繝縁《うんげんべり》の畳二帖を並べて敷き、四隅に柱を立て、その上に、白絹張《きぬばり》の明障子《あかりしょうじ》をのせる。四隅と前後左右正面に帳《とばり》を垂らし、上部四方の外側に帽額《もこう》（横幅の裂）をめぐらす。帳の中は、日中は三方に几帳《きちょう》を立て、その高さまで帳を巻き上げる。畳の上には、中敷の畳・表筵《おもてむしろ》・龍鬢地《りゅうびんち》鋪《しき》・茵《しとね》を重ねる。前面の左右の柱には、水気除けに犀《さい》の角または木で作られた角形をかけ、後方の左右の柱には、魔除けの八《はち》稜鏡《りょうきょう》をかけた。

『公事十二月繪巻物』（井筒家蔵）

## 御《み》帳台《ちょうだい》の中に入る

母屋《もや》の中にそびえたつ、ひときわ大きな調度、御帳台。こんなに堂々とした施設が部屋の中にあるのは驚きだが、日本の、しかも平安時代に天蓋《てんがい》付《つ》きのベッドがあるなんて、本当に不思議。このベッド、起源は西アジアのよう。日本固有の文化が育ち始めた時代。でも、その根底には世界の文化がある…。中に入ると、意外とこじんまり。帳《とばり》を下ろすと個室のようで、落ち着いた空間が広がる。天井は高く、圧迫感はない。柱にかかった鏡は、夜は怖くて覗けないが、大切な御守りなのだという。入り口の柱にかかった犀角《さいかく》もそう。この中にいるだけで安心出来るのは、これのおかげかな。毎日ここで寝るのは窮屈《きゅうくつ》な感じがするかもしれないけれど、しばしまどろんだ時間を過ごすにはちょうど良い。思った以上に心地良い空間だ。

## 二階棚《にかいだな》

高脚の二段の棚で、黒漆に蒔絵《まきえ》や螺鈿《らでん》の細工が施されている。棚の上には青地唐花文錦の敷物を敷き、火取《ひとり》、泔坏《ゆするつき》、唾壺《だこ》、打乱筥《うちみだりのはこ》などの調度が置かれる。通常、置く調度とその場所は決められているが、『類聚雑要抄』では建物の場所によって調度の置き方が多少異なっている。

## 火取《ひとり》

火取香炉《ひとりこうろ》のことで、薫物《たきもの》をくゆらすための道具である。木製の火取母《ひとりも》という器の内側に、銅や陶器で作られた香炉を置き、その上に銀製の火取籠《ひとりご》を被せて使う。火取籠には灰を抑える匙形《さじがた》や箸形《はしがた》が懸《か》けられる。写真は実際に香炉に灰を入れ、お香を焚く準備をしているところ。

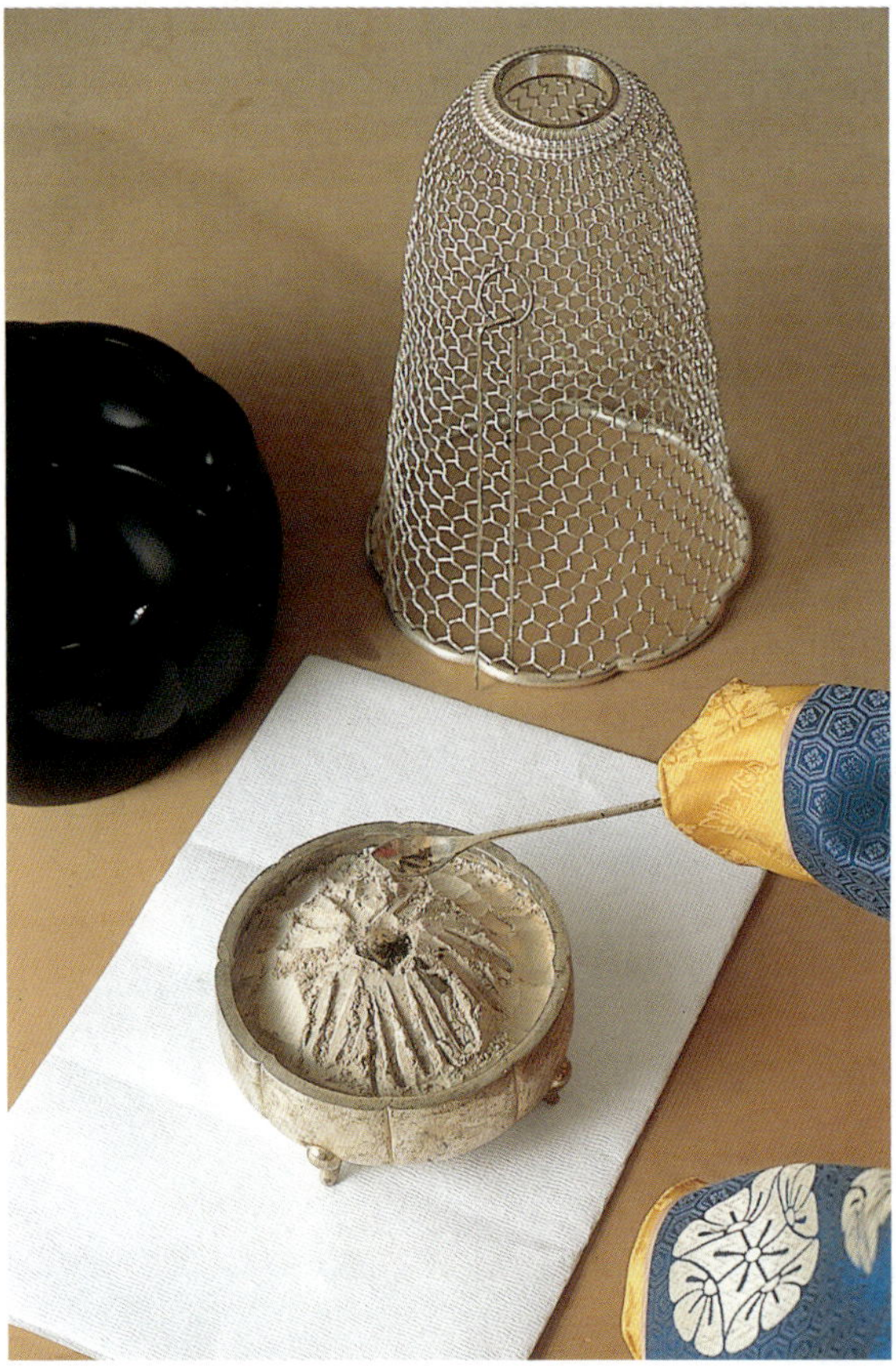

## 打乱筥《うちみだりのはこ》

木製で作られた長方形の浅い筥で、理髪《りはつ》の具《ぐ》や生地などを納める。『類聚雑要抄』では、蓋裏には蒔絵《まきえ》がほどこされ、身の内側には錦が貼られている。通常、蓋を裏返しにして身と重ねて置いた。『源氏物語』では、入内《じゅだい》のために調えられた調度品の中のひとつに描かれている。

## 泔坏《ゆするつき》

髪を洗ったり梳《す》いたりする時に必要な、米のとぎ汁を入れるための銀や漆塗りの器で、蓋・坏・尻の三つからなっている。棚に置く時は、錦張りの、唐組の紐を総角《あげまき》に垂らした五脚の台の上に載せられる。

## 唾壺《だこ》

唾を吐き入れる用具。多くは銀製のもので、唾壺といわれる下部の壺形の部分に、杯形の唾壺羽を載せたもの。内側に錦を張った浅い筥《はこ》に入れる。中国では実用的であったが、日本に入ってからは装飾的なものになった。

## 根《ね》古《こ》志《じ》形《がた》鏡《きょう》台《だい》

鏡を懸《か》けるための台で、名前の通り木の根のような形をしている。鷺足《さぎあし》五本に茎といわれる心木が軸となって、その上部に上手《うわて》があり、差出の枝が左右に出ている。頂上には宝珠《ほうじゅ》を置く。鏡を懸ける場合は、鏡の枕と入帷《いりかたびら》（鏡の包み）を懸け、その上に二枚の羅紐《らひも》を重ねて軸に結び、鏡の鈕《ちゅう》に紐を通して軸に懸ける。

## 鏡筥《かがみばこ》

鏡台に懸ける鏡と、鏡を懸けるために必要な羅紐《らひも》・入帷《いりかたびら》・枕などを納める筥。形は、収納する鏡に合わせた円形や八稜《はちりょう》形で、同形の蓋をとりあわせて、鷺足《さぎあし》の台の上に置いた。筥と蓋の表面は、蒔絵《まきえ》で趣向を凝らしたもので、内側には錦を張った。

## 角盥《つのだらい》

盥は中に水や湯を入れ、顔や手足を洗う器である。「角盥」は平安時代にもっとも一般的に使われていた木製の盥で、漆が塗られ蒔絵が施される。左右に持ち運びのための角状の取っ手が二本ずつ付いている。同じように左右に小さな半円状の丸い取っ手が付いたものは「耳盥」と呼ばれる。

## 脇息《きょうそく》

座った時に、身を寄せかける木製の台で、細長い肱付の板の両端に脚がつく。材質には紫檀や沈が用いられ、螺鈿蒔絵の装飾が施された。

『源氏物語』には、「脇息の上に経巻を置いて読経する」という場面があって、文机にもなる。

## 畳《たたみ》

座臥のときに敷く道具で厚薄長短は一定せず、板敷きの室内で必要な場所に必要な枚数だけ使用した。縁は身分に応じて種類があり、天皇・上皇は繧繝縁《うんげんべり》、親王・大臣は高麗縁《こうらいべり》、公家は高麗小紋、殿上人は紫、六位は黄色を用いた。重ねて使用することもあり、『源氏物語絵巻』「宿木一」には、薫を相手に碁を打つ帝が、高麗縁の畳の上に繧繝縁の畳を重ねてその上に座している姿が描かれている。

## 文台《ぶんだい》

書籍や硯箱などをのせ、読書や写経に用いた長方形の低い台。詩歌会では、創作した詩歌をこれに置いて献上した。『源氏物語』には、藤花の宴の折に、列席した人々が祝賀の和歌を書きつけた料紙を置いているようすが描かれている。

## 硯箱《すずりばこ》

硯、墨、水滴、筆、小刀など、書き物に必要なものを入れる箱で、現在のものより大きく、重硯箱といって二段重ねのものもあった。本来の用途のほかに、贈り物や手紙などを入れて、贈答にも用いられた。蓋も、料紙や草木の折枝を入れたり、食べ物を盛るのに用いられることがあった。

## 返事の手紙を書く明石姫君（初音）

母の明石の君から娘の姫君のところに来ていた手紙を源氏は御覧になって、親子なのに会うことのできない明石の君の身の上を思い、硯を引き寄せて姫君に返事を書くように勧める。硯箱は、文房具というよりひとつの調度の類で、現在のものよりかなり大きい。文台の上には載せず、直接床に置いて用いる。二段になっているものもある。

手紙などを書く場合は、料紙を机の上に置かずに左手にもち、右手の筆で書き付ける。

文台の上の小松は母の手紙に添えられていたもの。

# 照明具

## 燈台《とうだい》

室内の照明具で、油を入れた燈盞《とうさん》に点燈心を浸して火をつけ、明かりとする。

平安時代に一般的に使われたのは、菊の花を意匠した台座や牛糞型と呼ばれる台座の中心に柱を立て、その上に金属製の台の燈械《とうがい》、そして燈盞を置いた「高燈台」で、書見や書き物の際には、高燈台よりも高さの低い「切燈台」を用いた。

## 燭台《しょくだい》

蝋燭を立て、火を灯す室内用燈火具。主に寺院で用いられた。一般には燈台と燭台が兼用できる木製・鉄製の燈台形が用いられた。写真のものは持ち運びのできる手燭《てしょく》である。

## 燈籠《とうろう》

油によって点火する照明具。宮中では鉄製のもの、貴族邸では木製のものが用いられた。母屋の天井や軒先に吊るして使う方形で屋根の付いた「釣燈籠」、台座があって下に置く「台燈籠」、庭上に立てる「石燈籠」、「金燈籠」などがある。

# 平安時代のあそび

## 双六《すごろく》

双六は現在にもみられるが、現在の双六とは異なり、バックギャモンのようなゲームに近い。双六盤の区画の上に黒白各十五個の駒を置き、二人が交互にサイコロを振ってその目数によって駒を進める。サイコロは現在と同じく各面に一個から六個の点を打つ。白河法皇が白分の意にならないいわゆる「三不如意」に、賀茂川の水・山法師とともにサイの目をあげたのはあまりにも有名。

## 貝合《かいあわ》せ

「貝合せ」とは、本来は同じ種類の貝の姿の優劣を競う物合せのひとつである。

写真はこの「貝合せ」の様子である。これに対して「貝覆《かいおお》い」は平安末期以後の遊びで、蛤の貝殻の左右を地貝と出貝とに分け、地貝を並べて置き、出貝をひとつずつ出して地貝と合っているものを取り、多く取った方を勝ちとする遊びである。後世、一組の貝の内側に同じ絵を美しく描くようになった。後に、「貝合せ」と「貝覆い」は混同されるようになり、現在は「貝合せ」の名のみが残っている。

## 囲碁《いご》

囲碁は奈良時代に唐から輸入されたもので、正倉院御物の中にも見事な碁盤と碁石をみることができる。『養老令』に、僧侶の音楽・遊戯を禁じて琴と碁を例外にしているのは、両者が高尚なものと見られたからであろう。『源氏物語絵巻』「竹河二」には桜の下で囲碁に興じる姫君の姿が描かれている。

## 偏《へん》つぎ

偏つぎとは漢字の偏と旁《つくり》を使っての文字遊戯で、主に女性や子供が漢字の知識を競うために行った遊びである。その方法は未明であるが、旁に偏を付けて文字を完成させる、詩文の漢字の偏を隠し、旁だけを見せてその偏を当てさせる、また逆に偏だけ見せてその字を当てさせる、一つの偏を取り上げてその偏の付く漢字をいくつ書けるか競う、などと思われる。

## 袿姿《うちきすがた》

公家《くげ》の女性や女官は、袿姿で日常を過ごしていた。小袖《こそで》と張袴《はりばかま》、単《ひとえ》、そして袷《あわせ》の袿を数枚着重ねて重《かさ》ね袿《うちき》とし、やや改まった時にはその上に小袿《こうちき》を着た。小袿は唐衣や表着に準じて有文の錦織物で作り、表着より短かく仕立てて高位婦人の略装とした。また晴の場や礼節を正す時は、裳《も》や表着《うわぎ》をその下に着込めることもあった。古くは、表と裏地の間に別裂の中倍《なかべ》を入れて三重の袿とし、外におめらずに仕立てた。

## 細長《ほそなが》

細長は、唐衣《からぎぬ》の裾を長く伸ばしたような衣服で、裄《ゆき》が短く単《ひとえ》仕立で衽《おくみ》がなく、著しく裾が細長いためにそう呼ばれた。袿姿《うちきすがた》の上に重ねて、未婚の女性が着たといわれる。『源氏物語』「若菜上」で「几帳《きちょう》のきは少し入りたる程　袿姿にて立ち給へる人あり　…　紅梅にやあらむ　濃き薄きすぎすぎに　数重ねたるけぢめはなやかに　草紙のつまのように見えて　櫻の織物の細長なるべし」と女三宮が、また「宿木」で「君はなよやかなる薄色共に　撫子《なでしこ》の細長かさねてうち乱れ給へる御様の」と中の君の、袿姿に細長を襲《かさね》る様子が綴られている。しかし鎌倉期以降の細長は、盤領《あげくび》で闕腋《けってき》の水《すい》干《かん》に似た嬰児用の産着《うぶぎ》や、方領で衽のない立襟の童女用の衣裳、また汗衫《かざみ》に似て年長女子が衵《あこめ》に重ねた闕腋の三重衣《みえぎぬ》を呼んでいて、古制と異なっている。

# 唐衣裳《からぎぬも》　女房装束《にょうぼうしょうぞく》（十二単）

女房装束とは、朝廷に出仕する高位女官の奉仕姿をいう。袴《はかま》に単《ひとえ》、重《かさ》ね袿《うちき》に裳《も》と唐衣《からぎぬ》を着けた姿を唐衣裳と称し、主上の不在時は唐衣ばかりは略することも許されたが、裳は必ず着けねばならなかった。平安中期、内に着込める重ね袿の風が極めて華美となって多数枚を着るようになるが、平安末期から鎌倉時代には重ね袿を五領までとする「五衣《いつつぎぬ》の制」が定められる。この五衣の上に、砧打ちをした打衣《うちぎぬ》と二陪《ふたえ》織物の表着を着込め、さらに張袴《はりばかま》を穿いて「物《もの》の具《ぐ》」と称して晴の正装とした。

後世、女官の朝服姿を十二単と一般に呼ぶが、元来の十二単とは袿を幾枚も着重ねた装束の表現であり、唐衣や裳を着けない寛いだ袿姿を指していたと思われる。

## 着付

①

②

③

④

⑤

⑥

⑦

⑧

⑨

①肌着の小袖《こそで》に緋の張袴《はりばかま》をつけ、濃き単《ひとえ》を着る。襲《かさね》着をして表から見える単は、上に着る袿《うちき》や表着《うわぎ》よりも一段と大きく作られる。単に裏地をつけず、色は紅、青、白、紫、紅梅、蘇芳《すおう》などを用いる。

②重ね袿（五衣）の一枚目を着る。（白）

③重ね袿（五衣）の二枚目を着る。（薄青）

④重ね袿（五衣）の三枚目を着る。（青）

⑤重ね袿（五衣）の四枚目を着る。（山吹）襟と袖口を美しく襲《かさね》る。

⑥重ね袿（五衣）の五枚目を着る。（濃山吹）。唐衣裳に用いる袿は、表地に浮文または固文の綾織物を用い、裏地をつけて袷仕立とする。裏地は「襲色目」に従って美しい色の平絹をつける。

⑦袿の上に濃き蘇芳の打衣《うちぎぬ》を着る。本来打衣は生絹《すずし》を砧《きぬた》で打って柔らかくした生地で、表面に穏やかな光沢がみられた。後世は、漆塗りの板に糊を引いて平絹を張り、乾かして剥ぎ、光沢のでた板引《いたびき》と呼ばれる布地を用いる。

⑧濃き色の表着《うわぎ》を着る。内着類の最上衣である表着は錦織物で作られ、地紋様と共に華麗な色糸で上文を織り表した二陪《ふたえ》織物が用いられ

る。表着を含めて装束の色目が美しく配されるように、衣裳は上になる程小さく作られている。

⑨最後に唐衣《からぎぬ》を着て、裳《も》をつける。襟に帖紙《たとうし》を挟んで手に袙扇《あこめおおぎ》(檜扇《ひおおぎ》)を持つ。袿の襟は一枚づつ打ち合わせて着るのが正装だが、五枚を一重ねにして着る単重ねの襟が略装として行われた。

# 代表的な襲《かさね》色目《いろめ》

貴族の男性が直衣《のうし》や狩衣《かりぎぬ》の合せ色を楽しみ、また高位の女性が重《かさ》ね袿《うちき》に配色の妙を競い、和様美の極致である襲色目が完成していった。平安後期に著された『満佐須計装束抄』にはそうした女房装束や狩衣の色目が、「いろいろやうやう」として詳細に記されている。

京都には昔から四季を表現する見事な色彩の世界があった。季節に咲き誇る草花や風物の配色を倣って、年中折々の行事に取り入れて雅な生活と立ち居振舞《ふるま》いが艶やかに彩られてきたのである。

しかし、その色彩についてみると、古代の人々の色彩と現代の色彩とが少し違っているのが識れる。例えば古代の緑色は、早春の新芽の黄色、春の若苗色、また初夏の若葉の萌葱《もえぎ》色、真夏の緑の葉色、さらに秋の森林の青緑に、冬の山端の濃青色と、季節を追って変化する木々や風景の色調が基本にあ

## こうばいのにほひ　紫の上

「うへはうすくて　したへこくて　あをきひとへ　またまさりたるひとへをもきる」（『満須計装束抄』）。「紅梅のいといたく文浮きたるに葡萄染《えびぞめ》の御小袿今様《こうちきいまよう》色のすぐれたるはこの御料」

## むらさきのうすやう　明石上

「うへよりしたへうすくて三　しろき二　しろきひとへ」（『満須計装束抄』）。「梅の折枝蝶鳥飛びちがひ　唐《から》めきたる白き浮文に　濃きがつややかなる具して明石の御方に　思ひやりけだかきをうへは目ざましう見給ふ」

り、濃青緑から薄い黄緑色への複雑な色階だったのが識れる。そんな繊細な自然の色表現が襲色目に巧まれていたのであり、紅や縹《はなだ》、黄色も同様に複雑な色調を持っていたといえる。また襲色目では、濃色から薄色へ暈《ぼか》して配色をする「匂《にお》い」や、白色まで薄くして暈《ぼか》し彩色をする「薄様《うすよう》」といった多様な配色手法があった。

『源氏物語』に、「かの末摘花の御料に柳の織物に　よしある唐草を乱り織りたるもいとなまめきたれば」や、「桜の細長につややかなる掻練《かいねり》とりそろへて　ひめ君の御料なり」（明石の姫）、また「くもりなく赤き山吹《やまぶき》の花の細長は　かのにしの對にたてまつれ給ふをうへは見ぬやうにておぼしあはす」（玉鬘）と綴られている。

## くれなゐのうすやう　花散里

「くれなゐにほひて三　しろき二　しろきひとへ」（『満須計装束抄』）。「浅縹《あさきはなだ》の海賦《かいふ》の文織様なまめきたれど匂ひやかならぬに　いと濃き掻練《かいねり》具しては夏の御方」

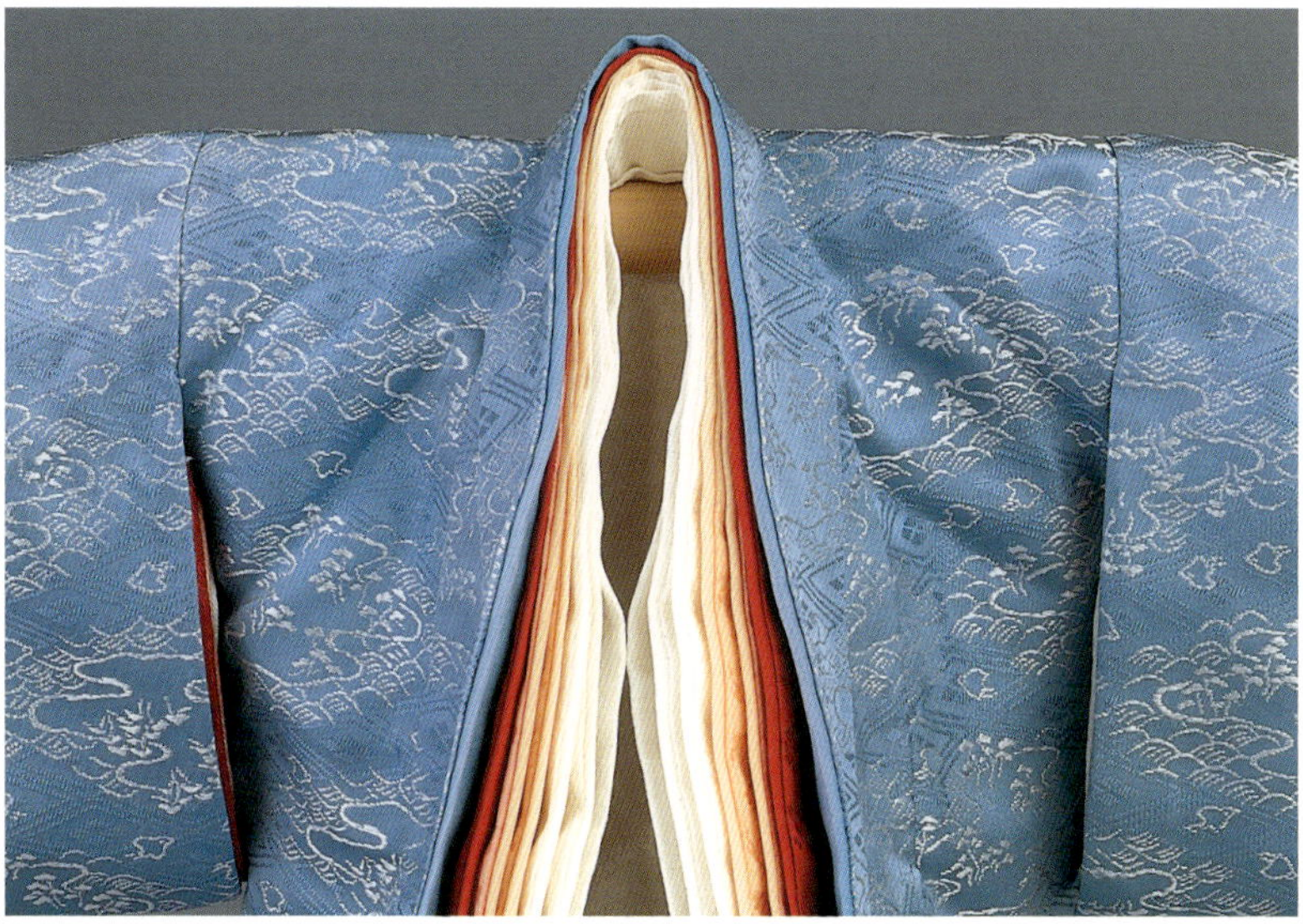

## いろいろ　空蝉

「うすいろ一　もえぎ一　こうばい一　うらやまぶき一　うらこきすほう一　くれなゐのひとへ」（『満須計装束抄』）。「空蝉の尼君に青鈍《あおにび》の織物のいと心ばせあるを見つけ給ひて　御料にあるくちなしの御衣《おんぞ》聴色《ゆるしいろ》なるそへて」

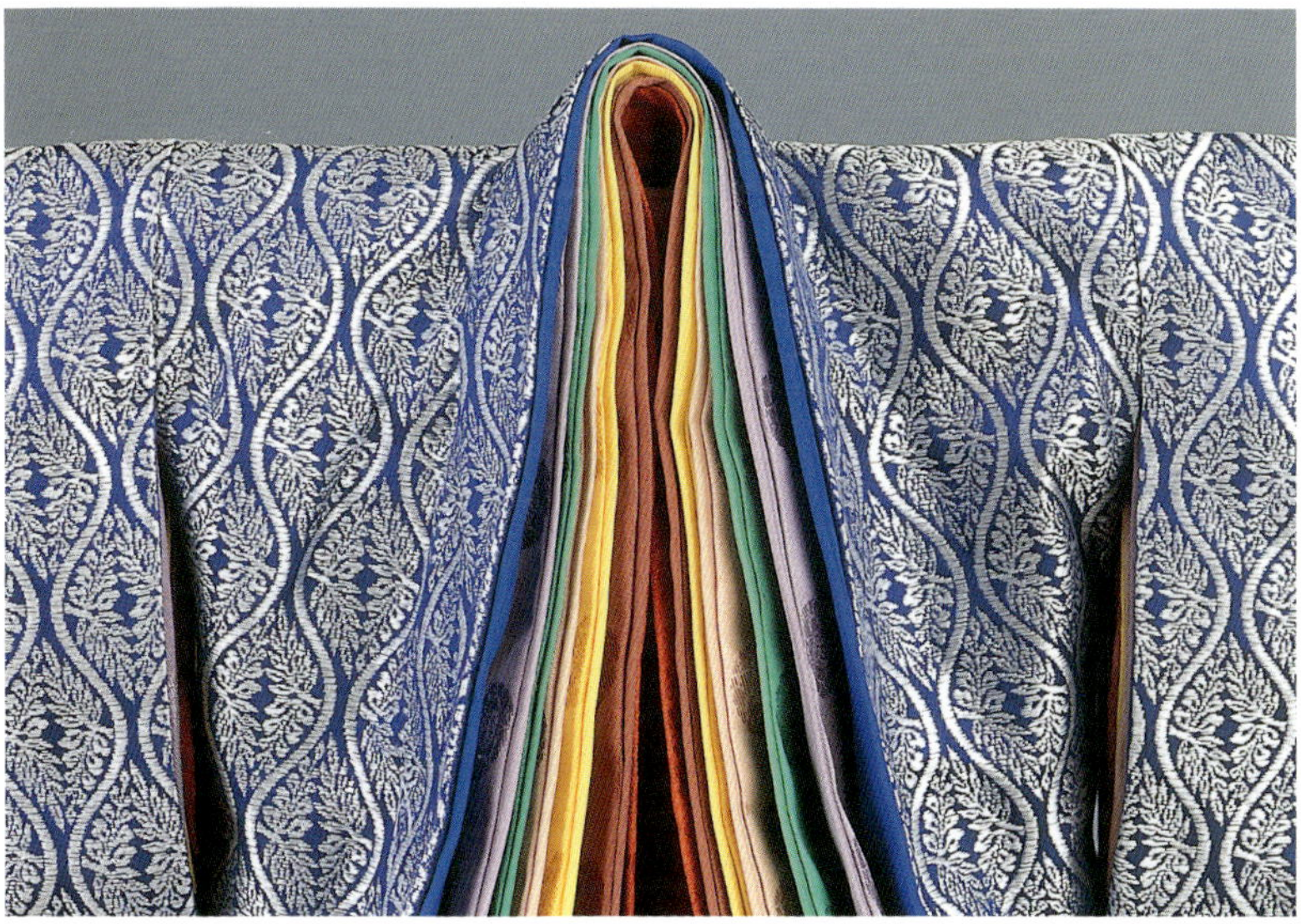

# 代表的な文様

## 雲鶴《うんかく》

雲中に高く飛ぶ鶴《つる》は、凡人より抜きんでた人格を表している。

平安前期には公卿《くぎょう》や殿上人《てんじょうびと》の間で広く使われた文様だったが、平安後期から親王《しんのう》の袍《ほう》の専用文として用いられるようになる。また摂家《せっけ》が太閤《たいこう》に任じられた時も使用が許された。

## 桐竹鳳凰《きりたけほうおう》

天皇の袍《ほう》に織り表される文様。泰平の世を治めた君主を褒め、天上から鳳凰《ほうおう》が舞い降りてくるとされる。その鳳凰は地上の梧桐《あおぎり》に栖《す》み、六十年に一度稔る竹の実を食して現世に栖まうとする。しかし、乱世と共にたちまち天上へ還るとされ、善君の世の証しとして天皇の袍に織り表されてきた。大儀には黄櫨染《こうろぜん》の袍を、小儀や行幸《ぎょうこう》には麹塵染《きくじんぞめ》の桐竹鳳凰文の袍が用いられた。後代、麒麟《きりん》を加えて桐竹鳳凰麒麟文とし、筥形の構図に纏められる。

## 小葵《こあおい》

平安時代に広く使用された文様で、天皇の衵《あこめ》や東宮《とうぐう》の下襲《したがさね》、女御《にょうご》の五衣《いつつぎぬ》など皇族の装束に使われ、また宮中の衾《ふすま》や几帳《きちょう》など調度にも利用された。

植物の冬葵《ふゆあおい》の花葉を象ったものとされ、後世に銭葵《ぜにあおい》の花が舶載されてそれと区別するため、古葵と称したことからおこったとする。

袿《うちき》や単、衵など綾織物に、また二陪《ふたえ》織物の地文様として広くみられる。

## 臥蝶丸《ふせちょうのまる》

男子束帯《そくたい》の直衣《のうし》や下襲《したがさね》、指貫《さしぬき》、また女房装束の唐衣《からぎぬ》、表着《うわぎ》、小袿《こうちき》に広くみられる織文で、冬の直衣の文様としてもよく知られる。

四羽の蝶が羽根を広げ、臥せて向かうようなので臥蝶文と呼ばれるが、本来は宝想華文《ほうそうかもん》を並べた埋文様の一部分を切り取って拡大した図様である。

下襲や指貫に浮文綾で織りだされたことから、一名に浮線綾《ふせんりょう》と呼ばれ、それが今日では一般的な呼称となっている。

## 窠《か》に霰《あられ》

小型の格子文様である古代の霰文様を地紋様とし、その上に水鳥の巣を真上から見た窠文様を配した図柄である。

平安時代では若い人の用いる文様として、表袴《うえのはかま》に浮織で表して晴の儀式に使われた。女房装束の唐衣などにも多くみられる。

## 雲立涌《くもたてわく》

格式ある有職文様で、天皇をはじめ高位者が用いた。平安時代では摂《せっ》政《しょう》や関白《かんぱく》位の五十歳以上の人が袍《ほう》に用いた。

立涌は陽性の大気が立ち上ぼる様子で、それが形になったのが雲である。

近衛《このえ》家では中納言で雲立涌を用い、関白で大雲立涌を用いるとする。近世では、一条家も雲立涌文様を用いた。

## 鳥多須岐《とりだすき》

鳥襷文様は紫や二藍《ふたあい》の地色に、白色で浮織物に表して織られることが多く、若い高位の公達が用いる指貫《さしぬき》にみられる。

奈良時代に完成した唐花飛鳥文様の、鳥部分を強調して襷《たすき》様に繋《つな》いだ文様である。

## 幸菱《さいわいびし》

大と小、また陰と日向で表した唐花菱文様を巧みに配列した華やかな文様。

一群に纏めた唐花菱の、その先と先の間が離れているので先間菱《さきあいびし》、またその間隙に小菱を埋めて先合菱《さきあいびし》、それが見事に満開の様子で幸菱と呼んだ。さらに先間菱を音読して千剣《せんけん》菱《びし》などと称する諸説がある。

衵《あこめ》や単《ひとえ》、五衣《いつつぎぬ》などの綾織物の地文様に広く用いられた。

# 染め色の様々

## 黄櫨染《こうろぜん》

天皇が大儀の際に着た袍《ほう》の服色。平安前期に纏められた『延喜式』によると、黄櫨染は蘇芳《すほう》と櫨《はぜ》、または紫根《しこん》で染めるとあって濃い黄褐《かっしょく》色の色彩である。

夏の土用《どよう》に南中する太陽の燃え盛る色彩だといわれ、古代中国の五行思想の中軸をなす色彩でもある。隋朝で登用された制度だが、平安前期の『西宮記』に我が国ですでに用いられていたのが記される。天皇以外は禁色《きんじき》であった。

## 濃《こ》き・薄《うす》き

紫色は高貴な色とされ、それゆえに諸色の代表として扱われて「濃き」や「薄き」とのみ称して紫色を表した。

古代の五行思想では全ての色彩を含んだ重要な黒色を代行するのが紫色であり、北の中心に座して天空の回転軸である北極星の色彩だとされた。天皇が政務をとる紫宸殿《ししんでん》もそうした意味をもつ。

濃きは黒みがかるほどに濃く、薄きは明るいの意の鮮やかな紫色を表す。

## 蘇芳《すほう》

南方から蘇芳の木を輸入して、奈良時代から染められた色彩である。

共に輸入した明礬《みょうばん》で発色させ、美しい赤紫色が平安時代の貴重な色相として位置され、貴族男性の狩衣《かりぎぬ》を始め、襲色目など殊に女性装束の配色に欠かせない重要な色彩であった。

## 紅梅《こうばい》

紅は大陸から来た色彩で、紅染と藍染《あいぞめ》の染色法が通じることから呉藍《くれない》と呼ばれた。

紅花の花弁から抽出した赤色から黄色を除いて染めた美しい濃い桃色は、奈良時代には朱華《はねず》、平安時代では朝鮮や中国渡来の色彩の意で韓紅《からくれない》と呼ばれた。また群れ咲く梅の花色に例えて紅梅とも称された。

## 萌葱《あを》

近世以前の緑色を表した色名で、春の野に萌えるような葱《ねぎ》の茎の緑色を指し、黄味の強い緑色である。別に青味の緑色を藍色や虫襖《むしあお》などと呼び、豊かな自然環境があった日本の緑色を識別し、驚くほど多彩に表現していた。

## 二藍《ふたあい》

宮中での夏の直衣《のうし》は、三重襷《みえだすき》文様の縠織《こめおり》を二藍に染めて用いた。二藍は藍と呉藍《くれない》（紅）で交染した明るい紫色で、若向は赤味に、また宿老は青味に使い分け、紅染の持つ蛍光《けいこう》色が表面に輝いて実に華やかな紫色である。

## 朽葉《くちば》

木の葉が落葉する色彩をいう。老いた枯葉の朽葉をはじめ、銀杏《いちょう》の黄朽葉、楓《かえで》や漆《うるし》の赤朽葉、青葉のまま落葉する楠《くすのき》の青朽葉と種々の朽葉色があった。奈良時代は秋の山の黄色が喜ばれ、また平安時代は里の紅葉の色が愛でられ、多様な日本の落葉の色彩が賞された。

太陽の下での麹塵

燭下の麹塵

## あを・あか

平安時代の服色にみる「あを」「あか」とは、青白橡《あおしろつるばみ》、赤白橡《あかしろつるばみ》の略称である。青白橡は後に麹塵《きくじん》や山鳩《やまばと》色とも呼ばれ、天皇が小儀や行幸《ぎょうこう》の際に用いた袍《ほう》の色で、昼間は青黴《あおかび》の糀《こうじ》色に、また夜の燭下で赤茶色に変って見える二色性を持つ色彩である。上皇の袍の色とされる赤白橡も赤黴《あかかび》の紅糀《べにこうじ》で輝いた色彩である。

## 縹《はなだ》

青色の総称で、奈良朝以前に青色料として用いた露草《つゆくさ》の花を栽培した田の色を表している。古代の藍染は少し黄味がある冴えた青色だったが、近世以降は藍種が変って、赤味のある青色となる。

# 織物の種類

## 綾織物《あやおりもの》

地経糸《たて》または地緯糸《ぬき》で地文様を織った紋織物の総称。朝服などの袍《ほう》に、また女官の儀礼服の生地として織られる。公家各家の袍や狩衣《かりぎぬ》に、また用途に従った専用の織文が作られ、それらが有職文様として成立していった。白生地で織上げ、後染をした。

## 織物

地紋織物の経糸《たて》と緯糸《ぬき》に、異なる色糸を使用して織りあげた織物のこと。綾織物の一種だが、地色と文様とが違った色で明快に表現される。二陪織物《ふたえおりもの》の地紋様などに用いられる。

## 浮線綾《ふせんりょう》・浮織物《うきおりもの》

文様部の糸を表面に浮かして織り上げたのが浮織で、綾織物の地文様として浮織にしたものを古代では浮線綾と呼んだ。また地組織と別の色糸で文様を浮織に表したのが浮織物である。柔らかな表現で、狩衣《かりぎぬ》や指貫《さしぬき》、表着《うわぎ》など儀式や晴の時に用いられる。浮線綾はまた、特定の文様の名称としても使用されている。

## 顕紋紗《けんもんしゃ》

羅を簡略にした織物で、経糸《たて》三本を一組にして捩り織りをしたもの。私服の狩衣《かりぎぬ》に多用され、透けた地合いに不透明な文様を織りだして、裏地と対照的な配色で文様を浮き立たせて表現した。平安時代、羅で複雑な文様が織れなくなり、以降この顕紋紗が盛行する。

## 二陪織物《ふたえおりもの》

地文様を織りだした織物の上に、さらに地文様とは別の鮮やかな色糸で浮織をして、二重に文様を織りだした豪華な錦織物。そのことから二陪織物と呼ばれた。女性の正装の唐衣裳や物《もの》の具《ぐ》装束に用いられ、唐衣や表着に用いられた織物である。地文様を浮織にした浮文と、浮糸を綴じた固文がみられる。近世で唐綾（唐綺）と呼ばれる。

## 縠《こめ》

捩り織物の一種で我が国では奈良時代からみられる。表面に米粒のような点描で表された織物で、全面にあるのを無文縠《むもんのこめ》、文様部に表したのを文縠《もんこめ》と呼ぶ。経緯ともに生絹《すずし》で織って張を持たせ、夏の料とした。殿中での夏の直衣《のうし》は三重襷《みえだすき》紋に織った文縠を用い、二藍《ふたあい》に染めた。

# 色彩と文様の雅な思想

文／藤井健三

　我が国は八三八年の渡唐を最後に九世紀末には遣唐使を廃止し、政情不安となった唐との外交を絶つこととなる。その結果、平安時代は一時的に中国文化の移入が途絶えてしまった時期だったといわれ、外来文化に頼ることなく本来に立ち戻って、独自な国風文化を創り上げた時代だとされる。しかし、九世紀後半以降も朝鮮半島の新羅《しらぎ》やその後の高麗国、また渤海《ぼっかい》や遼《りょう》そして中国の民間商船を介して、唐や宋との交易が九州沿岸で活発に行われていたのが知られており、そうした民間の便を利用して中国への学僧の渡航も続けられていた。公式外交ではないが、民間力によって以前と同様に大陸文化の舶載が積極的に行われていたのである。

　また仏教が伝来する飛鳥時代以前、中国の道教や儒教思想に基づく蓬莱信仰や北斗信仰、そして五行思想などが伝えられていて、そんな多様な思想を混在させて仏教を建前とした律令政権が古代に創建されていたのである。世界文化を結集した華麗な唐様式や仏教様式に支えられて花開いた奈良文化の底流に、古代中国の思想が深く根付いていたといえる。平安初期の空海や最澄によって伝えられた真言や天台密教も、印度で発した仏教が中国の思想を取り入れて再編体系化されたものであり、平安の貴族達の政務や日常の生活、庶民の拠り所であった信仰そのものも基盤が大陸の思想にあった。それらが、唐風の装いを解いて前面に現れてきたのが平安時代であった。

## 五行の色彩

　古代の中国では、大陸の広大な地理的環境を包括して、全国土を治世できる理論を編み出す必要があった。そうした東南西北の地域における環境の違いを春夏秋冬の季節に置き換え、あらゆる気象条件を備えた地を揚げて、都として中央に据えた。五行思想の根本がそこにあり、大国設立を旨として南北民族の統一を図り、人の徳たる道を導く北の儒教と、神に至る術を説く南の道教との思想の習合が試みられた。

　そんな空想と理想の論理が我が国にも伝えられ、実践地として満足させたのが美しい四季を持っていた京都だった。以来、権勢が京の地から離れることはあっても、四季文化を厳密に踏襲して執り行れてきた年中行事や儀式典礼をして、王城の地が京都から離れることはなかった。

　このように、美しい四季の表情が政治と生活を彩り、ことごとくの物事と所作に五行思想の根本である色彩と文様が象られていった。さらに自然の道理を基とした規範が恒常化し、時代と共に様式化されて和風が完成していく。優美華麗に描かれる王朝文化と、貴族達が没頭する浄土教の華厳世界を飾る「和の雅」の色彩と文様世界に、中国古代の思想表現が明確に読みとれるといえよう。

　平安の人達にとって色とはどのようなものだったろうか。五行思想では全ての物事の進化と後退の輪廻を五つの形に集約して説き、各々に黒・青・赤・黄・白の色を該当させて表している。その内容の充実を示して色彩は濃いほど貴ばれた。また紫・緑・紅・瑠黄・縹の清色と淡色を各々に従色として加え、全ての諸事の運行と表象に五色を配列してあてがった。そこに北と南の異なる環境事情を習合させて人事と政務の運用をしたのである。貴族達の位階に応じた服色や、朝廷での公私の色の別、日常における晴と褻《け》の色を使い分けて五行色彩の道理で綴られた。

　また平安人は、こうした規律に従った色彩観念を通用させると共に、現実の微妙な自然界の色調をも物の本質として捉えて重要視した。四季・十二月・二十四節気・七十二候の微細な気候環境に呼応した多彩な色彩を観察して生活の中に採用していた。例えば、早春の草の芽生えから初夏の低木、夏の高木、そして秋の森林、冬の山端へと木々の成長と時間の経過、また人の視点を移して、黄色の苗色から萌葱、深森《みどり》、遠覆《あを》色と濃青に変化していく自然界の緑色の世界があり、これが平安時代から江戸時代までの日本の緑色の色調だった。自然の植物から得られる天然色素の色が単一色相の範囲に納まっていないのも東洋の色彩の特質である。西洋色体系の教育を受けてきた現在の私達が知らない色調の世界が存在していた。

十二世紀に記された『雅佐須計《まさすけ》装束抄』の「かりぎぬのいろいろやうやう」や「女ばうのさうぞくのいろ」に見るように、平安時代の服飾は五色の法則を基本としつつ、四季に移ろう自然の理に適った色彩の調和を模索して、雅な配色が創意されている。後世に称賛される「襲の色目」や「合せ色目」の配色が完成していた。

## ■神仙と和様の文様

平安時代の文様もまた、五行思想や蓬莱、北斗信仰、そして仏教文化に大きく影響されていた。漢の武帝が蓬莱の地を東海の日本に求めて徐福を遣しめて以来、蓬莱山の具現地として我が国で種々の伝説が創作されてきた。竜宮城や浦島信仰、羽衣、高砂、翁信仰とその形を変えながら図に表して神仙の文様が語られ、東海中に支える蓬莱山の嶋が洲浜《すはま》文様に、そしてそれが松皮菱文様ともなった。天界の霊山に生える沙棠《さとう》や琅玕、碧樹、絳樹、搖樹、玉樹、珠樹といった霊樹が李や竹、松、梅、藤、橘、桐の木で表され、荒海を渡る龍と天に昇る鳳凰が、亀と鶴に置き換えられて和様の形が整えられていく。それが単に島や海、波だけを描いて語られることもあり、また天地の境界線のみを記して神仙と現世を暗示して片身替り文様とされた。仏教における須弥山《しゅみせん》の表現もこの蓬莱山の基となる崑崙山《こんろんざん》から発しており、宝尽しや松竹梅、鶴亀などの吉祥文様の源がここにあった。

また、有職文様として括られる一類の文様が平安時代に形成されていった。宮中で行われる儀礼や所作の次第とその進捗状況、そして皇族や貴族の挙動を故実として記録し、後のために伝え記して儀式典礼の規範とした。有職文様はそれらに用いられた用具や衣類に付けた文様のことであり、こうした故実を詳細に纏めた有識者が後に専業となって有職故実を伝えた。

有職文様には地位や資格を表した公の文様、そして各用具に常套に用いられた様式文様などがある。また皇族や公家が用いた牛車《ぎっしゃ》の居紋や、聴しを得て各家が衣料に用いた異紋などがある。なかでも、宮中の正装だった男性の袍や女性の唐衣裳に用いられた織文は、階級のある色目に次いで皇族や公家達の出自、身分、権勢を表して重要な標識であった。有職文様の多くが牛車につけた各家の居紋から発展したといわれ、代々子孫に伝えて多様な有職文様が作られていった。桐竹鳳凰文や孔雀唐草の天皇の専用文様をはじめ、皇太子の窠鴛鴦《かにおしどり》と丁字唐草、親王の雲鶴、上皇の桐木瓜や菊木瓜、皇后の二陪《ふたえ》織物の亀甲臥蝶《ふせちょう》と小袿《こうちぎ》の花蜀江、異紋では近衛家の躑躅《つつじ》立涌、一条家や鷹司家の龍胆窠《りんどうかに》唐草、中院の笹立涌、そして轡《くつわ》唐草に輪無《わなし》唐草と枚挙に限りない。

さらに有職文様の内、亀甲や七宝、輪繋ぎ、青海波、菱文、蜀江、咋鳥《さくちょう》、葵などの文様は、その発生を古代中近東近辺に辿れるものが多く、図象の伝承経路や民族の諸問題と共に日本文化の発生を探る重要な課題としても注目されている。

しかし、武家を中心とした世に移ると、次第に為政的な内容を濃く持った儒教論理が唱えられて重きに採用されていく。それまでの五行信仰や道教的な解釈の強かった文様が、新しい儒教精神を通して君主の清廉潔白な精神や挙動に譬えて説明されていく。

# 第二部 六條院 四季の移ろい

## 京都の年中行事

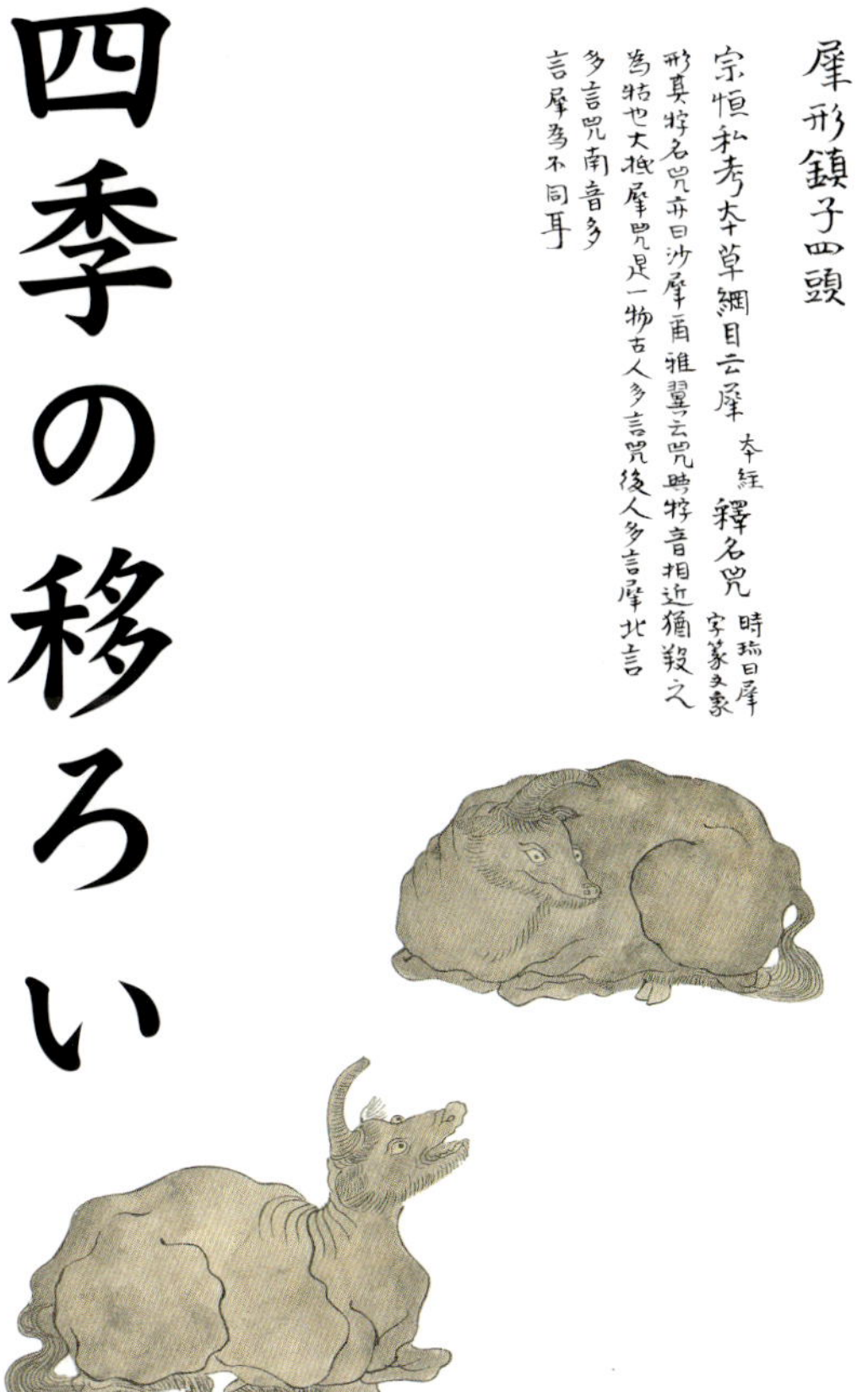

# 睦月《むつき》

—一月—

ウメ

アセビ

ミツマタ

ツバキ

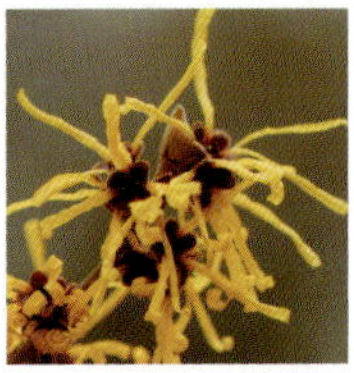

マンサク

ネコヤナギ

## 餅鏡《もちかがみ》　一日～

平安時代には「もちひかがみ（餅鏡）」もしくはたんに「鏡」といった。正月、餅を丸く平たく作り、二重、または三重に重ねて、飾り置く。歯固《はがため》の餅は食するが、餅鏡は食さずに見て安寧《あんねい》を祈るものであり、別物である。『栄花物語』「つぼみ花」の巻に、三条天皇皇女禎子内親王が生まれた翌年の正月条に、餅鏡を見せるくだりがある。また『源氏物語』「初音」の巻にも、「ここかしこに群れ居つつ、歯固の祝ひして、餅鏡をさへ取り寄せて、千年のかげにしるき、年の内の祝ひ事どもして…」とある。現在も鏡餅としてつづく風習である。

## 歯固《はがため》　三が日

「歯」は「齢《よはひ》」のこと。年頭にあたって、齢を固めて健康と長寿を祈る行事。元日からの三日間、餅とともに大根、瓜、芋、雉《きじ》の肉、押鮎《おしあゆ》（塩漬けにして、おもしで押した鮎）等々を食する。『枕草子』は、その食材について、「齢を延ぶる歯固の具」と書いている。宮廷では御厨子《みずし》所《どころ》より天皇に献ぜられ、膳には譲葉《ゆずりは》が敷かれた。紀貫之の『土佐日記』に、船中で正月を迎えたために歯固もなく、土佐の名物である押鮎の口のみを吸った、というところがある。

## 供御薬《みくすりをくうず》　三が日

歯固《はがため》の後に行われる行事で、歯固と一連の行事として行われる。正月三が日に、御薬《みくすり》が典薬《てんやく》寮《りょう》より天皇に供せられる儀式で、清涼殿《せいりょうでん》で行われた。御薬とはここでは屠蘇《とそ》をさす。大黄、桔梗等、何種類もの薬草を調合したもので、効験の高い霊薬とされた。典薬頭《てんやくのかみ》、侍医がまず嘗め、あらかじめ薬子《くすりこ》として定められた未婚の少女に毒味《どくみ》として飲ませる。ついで、女官を通じて天皇に献上された。三日目には、それがすむと膏《こう》薬《やく》が天皇に供せられた。

## 子《ね》の日遊び　最初の子の日

正月の子の日、とくに最初の子の日に、人々は野に出て、小松を根から引き抜いて健康と長寿を祈った。「ねのび」（「根延び」を掛ける）とも言う。松は常緑であり長生の木とされたため、それにあやかろうとした行事である。平安時代の歌人、壬生忠岑の歌に「子の日する野辺に小松のなかりせば千代のためしに何をひかまし

（子の日の遊びをする野辺に、小松がなかったならば、千代も生きる長寿の例として、何を引いたらよいのだろうか）」がある。またこの日、若菜も共に摘んで食した。『源氏物語』「若菜」の巻にも、小松を引き、若菜を摘む様子が登場する。

## 白馬《あおうま》の節会《せちえ》　七日

正月七日、天皇が豊楽殿《ぶらくでん》（後に紫宸殿《ししんでん》）に出御、庭に引き出される白馬を御覧になり、群臣と宴を催す行事が白馬の節会である。中国の陰陽五行説に基いたもので、春に陽のものを見るとその年の邪気を避けることができるとされた。春は青色（ちなみに夏は赤、秋は白、冬は黒）、馬は陽の動物とされ、両者が結びついて春に青馬を見るようになったと考えられる。

上賀茂神社「白馬奏覧神事」

天暦の頃、村上天皇の時代に、「青馬」は文献の上で「白馬」と書かれはじめる。中国では青を高貴の色とし、日本でもこれに倣ったが、国風文化の発展とともにこの頃白を最上位に置くようになり、また穢《けが》れを払う意味においては白がよりふさわしいという思想によるものと考えられている。元来、「青」の語がさし示す色は幅広かったらしく、「青馬」とはぼんやりとした灰色のような馬であって、それに「白馬」の字を、後に先述の理由によってあて換えたとも考えられる。しかし「あおうま」の読み方は変わることがなかった。

藤原定家の和歌に「いつしかと春のけしきにひきかへて雲井の庭にいづる白馬（早くも春の様子になってきたなあ。宮廷の庭に、白馬が引き出されたことだよ）」という、この行事を詠んだものがある。『源氏物語』「少女」の巻では、藤原良房が私宅で白馬節会を行った例に倣うとし、光源氏が自邸である二条邸において行っているが、当時貴族の私邸で白馬節会が行われたかどうかはわからない。

現在、京都の上賀茂神社や大阪の住吉大社などの神社で、神事として行われている。

### 平安時代の「あお」

平安時代の人々が概念としてもっている色の種類は、現代のわたしたちに比べてかなり少ない。そのなかでも特徴的なのがアオである。アオはアカ（赤）とクロ（黒）の中間にある幅広い色を指したらしい。黄・緑・茶・灰などの色がすべてアオと表現される可能性をもっていた。さらに、白に灰色が混ざった色の状態もアオとよばれている。「白馬の節会」の「白馬」を「あおうま」とか「あおま」と訓むのは、一般に白馬といわれる馬が、実際は灰と白の混ざり合った色をもっていたからである。現代でも川沼などでよく見かける大形の鳥、アオサギ（青鷺）をアオと表現するのも、同じ色の感覚が伝わっているからであろう。

青鷺

ツバキ

ソシンロウバイ

セツブンソウ

オウバイ

ウメ

## 卯杖《うづえ》　最初の卯《う》の日

卯杖は邪気を祓《はら》う杖。正月の最初の卯の日に、大学寮から、後には諸衛府・大舎人寮《おおとねりりょう》から天皇・中宮《ちゅうぐう》・春宮《とうぐう》に献上された。ヒイラギ、ナツメ、桃、椿、梅などの木を五尺三寸に切ったもので、正倉院には椿で作った卯杖の実物が残されている。日本の年木（正月の神聖な火を焚くための薪）と、中国の剛卯杖（正月に桃の木でもって杖を作る行事）が混ざってできた行事と考えられている。

## 十五日粥《じゅうごにちがゆ》（七種粥《ななくさがゆ》）　十五日

「もちがゆ」ともいう。「もち」は「望」で、十五日は満月（望月《もちづき》）であるところからいう。『延喜式』に、「正月十五日供御七種粥料」とあり、米の他、粟《あわ》、黍《きび》、胡麻《ごま》、小豆《あづき》などの穀物の名が列挙される。それらを入れた粥を食すると一年の邪気を払うとされた。『宇多天皇記』寛平二年（八九〇）二月条によれば、他のいくつかの歳事と共に、民間の行事を宮中の歳事として取り入れるようにとの宇多天皇の指示があったとする。とりわけ小豆の色が鮮やかで印象的であるからだろうか、「七種粥」を「小豆粥《あづきがゆ》」ともいったが、この日、役人たちには小豆のみの粥が支給された。紀貫之の『土左日記』に、正月十五日なのに船中なので小豆粥が食せない、というくだりがある。

なお、その粥を炊いた薪の燃え残り「粥杖《かゆづえ》」で女性の尻をたたくと子宝に恵まれるとか、男の尻をたたけばその人の子を宿すなどと言って、宮廷女房の間ではこの日、粥杖をもってお互いに叩き回る行事となって流行し、多くの文学作品に登場する。

## 七種粥《ななくさがゆ》と七草粥

七種粥は正月十五日の行事であり、小豆粥もそれを起源とするが、七草粥はまったく別個のものである。これは正月七日の「供若菜《わかなをくうず》」という行事に由来する。中国渡来のもので、元日から八日まで鶏、狗、羊、猪、牛、馬、人、穀をそれぞれ当て、七日を「人日《じんじつ》」とし、人日の行事として行うものである。この日、若菜を羹《あつもの》（熱い汁物）にして食すと邪気を払うとされ、醍醐天皇の頃にはすでに宮廷行事となっており、貴族、女房達の間にもさかんに行われた。『枕草子』等の王朝文学にも多く登場する。子の日の若菜摘みとも別個の行事である。

若菜の種類は一定しないが、『万葉集』に「せりなづなごぎょうはこべらほとけのざすずなすずしろこれぞ七種《くさ》」という和歌があり、この七種類が有名である。室町時代以降、粥に入れられ、「七草粥」とよばれて現在に至っている。

## 踏歌節会《とうかのせちえ》　十四日〜十六日

踏歌を奏する行事。踏歌は、多人数で足を踏みならして拍子をとって歌うもの。男踏歌《おとことうか》と女踏歌《とうか》に分かれ、男踏歌は正月十四日に、女踏歌は十六日に行われる。中国から渡来した風習であるが、日本古来の歌垣《うたがき》（男女が集まって歌い舞うこと）と結びついたものと考えられている。正月にあたり、満月前後の夜に大地の精霊を鎮めるもので、聖武天皇の頃には宮廷行事として行われていた。歌曲の終わりに「万年阿良礼」と称するので「阿良礼走《あらればしり》」ともいう。

『西宮記』等によれば、十四日の男踏歌は清涼殿《せいりょうでん》に天皇が出御し、舞人・歌人が楽を奏しつつ東庭に列立し、踏歌を行い、御前で祝詞《のりと》を奏上する。その後内侍《ないし》が歌人に綿を被《かづ》け、歌人は催馬楽《さいばら》の「竹河」という曲を歌う。それがすむと舞人・歌人は市中に出、京の各所で踏歌を行い、諸所に設けられた「水駅《みずうまや》」で飲食をして休息をとった。そして明け方に再び宮中に戻り、酒饌を賜り、管絃が行われて天皇より禄《ろく》を賜った。『源氏物語』「初音」の巻に、「今年は男踏歌あり。内裏《だいり》より朱雀院《すざくいん》に参りて、次にこの院に参る。道の程遠くて、夜明け方になりにけり」とある。

十六日の女踏歌は数十人の舞妓が紫宸殿《ししんでん》の南庭で踏歌をする。これは宮中にのみ行われるもので、市中へは出ず、したがって「水駅」も設けられない。男踏歌は平安中期、円融天皇の時代に絶えてしまったので、以降、「踏歌」といえば女踏歌をさすことになった。

現在では正月十一日、熱田神宮で「踏歌神事」が行われている。

## 射礼《じゃらい》　十七日

宮中の建礼門前で行われた弓術の行事。親王以下、五位以上の者、並びに六衛府（左右の近《この》衛《え》府《ふ》、衛門府《えもんふ》、兵衛府《ひょうえふ》）の官人などが弓を射る。前もって射手を左右に分けて競争させる手結《てつがい》（手番とも。予行演習のこと）が行われた。当日は天皇が豊楽院《ぶらくいん》に出御することもあり、その時は上手の者に禄（ほうびの品）を賜い、宴が開かれた。この日に参加できなかったり遅参した六衛府の官人が、翌日に改めて射る儀式を「射遺《いのこし》」といい、つづいて弓場において、賭物を出して弓の勝負を争う賭弓《のりゆみ》が行われた。

上賀茂神社「武射神事」

# 如月《きさらぎ》

—二月—

カンヒザクラ

フクジュソウ

ジンチョウゲ

ヒュウガミズキ

ツバキ

サンシュユ

## ■季《き》の御《み》読経《どきょう》　一日～三日

毎年春二月および秋八月に宮中で行われた読経の行事。盧舎那仏《るしゃなぶつ》をまつり、四日間ずつ、四ヶ寺より百人の僧を宮中に召して『大般若経』を転読（全六百巻すべてを読むのはたいへんなので、要所の数行や題目のみを読むことで、その一部を読経したことに替えること）せしめ、国家の安泰と天皇の安寧《あんねい》を祈願した。天平元年（七二九）が起源とされる（『公事根源』他）。貞観四年（八六二）に、二、四、八、十月の四季それぞれに行うように定められたが、元慶元年（八七七）、陽成天皇の時に変更し、春秋の二度になった（『師光年中行事』他）。

式場は当初大極殿《だいごくでん》か紫宸殿《ししんでん》であったが、次第に紫宸殿が恒例となり、時には清涼殿《せいりょうでん》で行われることもあった。また僧の人数も、六十人や百二十人の時もあった。

春期には、一日目が説法《せっぽう》（仏教の教えを聞かせる）・転読《てんどく》、二日目に引茶《ひきちゃ》（僧に茶を賜る）、三日目に論議（経論の要義を問答・議論すること）、第四日目に結願《けちがん》（終了）となる。宮中だけでなく、貴族の私邸でも行われた。

貞治五年（一三六六）に開催された『年中行事歌合』は平安時代の宮廷の年中行事をテーマにしたもので、中に季の御読経を詠んだ歌がある。「千とせとも限らぬ君の春秋はかかる御法《みのり》のためしなるらん（千年とも限らない永遠である帝の春秋（御寿命）は、このような法要が長くつづくことの模範ともなるのでしょう）」。「春秋」は、季の御読経の行われる春秋を掛けている。

### 六條院での季の御《み》読経《どきょう》

『源氏物語』「胡蝶」の巻には、秋好む中宮が、六條院 秋の御殿で「季の御読経」を行う場面がある。季節はちょうど春、三月二十日。となりの春の御殿に住まう紫の上は、容姿の優れた女《め》の童《わらわ》を選んで胡蝶《こちょう》・迦《か》陵頻《りょうびん》の姿とし、龍頭鷁首《りゅうとうげきす》の船に乗せて供養の花を届けさせる。胡蝶の少女には金の花《か》瓶《びん》に山吹《やまぶき》の枝を、迦陵頻の少女には銀の花瓶に桜の枝を…。この演出によって、紫の上は秋好む中宮との春秋争いに見事勝利を収めるのである。

### 梅から桜へ　—日本文化の興り—

かつて天皇の住居であった京都御所の紫《し》宸殿《しんでん》の前には、現在でも左近の桜と右近の橘《たちばな》が植えられている。ところが平安京成立当初は、この桜の場所に梅の木が植えられていた。中国文化の影響で、貴族たちの唐

## 桜の枝を賭けて碁《ご》を打つ姫君

壺に咲いた今を盛りの桜花。この花を賭け物にして姫君たちが碁の勝負をする。桜に劣らぬ女房の襲《かさね》の色目のあでやかさ。『源氏物語』「竹河」の有名な場面で、『源氏物語絵巻』にも描かれている。碁は貴族のたしなむべき教養のひとつで、女性もこれを楽しんだ。

趣味の影響から、もっぱら梅の花が賞玩されたのである。ところが、この梅の木は遷都から半世紀ほどたった承和年中に枯れてしまった。そして、そのあとに、時の仁明天皇が梅に代えて桜の木を植えたのである。この桜の木も、天徳四年（九五〇）の内裏の火災によって一緒に焼失するが、その後移植された桜は、醍醐天皇の皇子重明親王の家にあったもので、もともとは吉野山から運んできたものであったという。この背景には、中国文化の影響から脱して日本の土着文化を見直そうという機運があった。和歌や仮名の発達とともに、農耕と密接に関係して愛好されてきた桜の美しさが見直されたのである。

梅

桜

# 弥生《やよい》

— 三月 —

## 上巳祓《じょうしのはらえ》　最初の巳の日

三月三日に行われる行事だが、本来は三月の最初の巳《み》の日に、海や川などの水辺に出て身の穢《けが》れを払う行事であった。中国から渡来したもので、自分の罪穢れを移した衣服や、体を撫でたり息を吹きかけたりした人形を流した。平安京の人々は主に鴨川に出て行った。『源氏物語』「須磨」の巻では、源氏が住まいする須磨《すま》において、海に出て、陰陽師《おんみょうじ》を召して祓《はら》いをさせたり、人形を船に載せて流したりする場面がある。

ちなみに平安時代には後世のような「雛《ひな》祭り」はまだない。幼女が人形に美しい着物を着せたり、それに合う小さな食器や調度品を作ったりしてかわいがる「ひいなあそび」は『源氏物語』「若紫」の巻などに見えるが、季節に関係のないものであった。これと、人形《ひとがた》を水にながす上巳祓の行事とが結びついて、後世、三月三日にひな人形を飾り、ちょうどその時期に咲く桃の花を飾る「桃の節供」となっていく。

## 曲水《ごくすい》の宴　最初の巳の日

三月三日の上巳の日に行う遊宴で、庭園の曲水（うねり曲がって流れる小川）の曲がり角ごとに参会者が座り、上流から流れてくる盃が自分の前を過ぎないうちに詩歌を作り、盃を取り上げて酒を飲む遊び。今は「きょくすいのえん」ともいう。また、流觴《りゅうしょう》ともいう。

元々は中国において、流水に臨んで自身の穢《けが》れや災いを洗い流すという禊《みそ》ぎ祓《はら》いから発生したと考えられている。中国の曲水の宴として有名なものに、王羲之が友人を招いて開いた蘭亭《らんてい》の宴がある。その様子を今に伝えるのが「蘭亭修禊図巻」で、序文として成ったのが日本でも書道の手本に使われるほど有名な王羲之の傑作、「蘭亭序」である。

日本では大化の改新以降、宮中行事となったとされ、『西宮記』康保三年（九六二）三月三日条に、「盃を溝水に流す。文人等これを飲す」とある。宮中では清涼殿《せいりょうでん》東庭で、また、貴族の私邸でも行われた。

現在、京都市の城南宮や上賀茂神社、岩手県平泉町の毛越寺、鹿児島市の仙巌園などで行われている。

シダレザクラ

ケマンソウ

ボケ

モモ

ヤマブキ

ヤエザクラ

城南宮「曲水の宴」

## 闘鶏《とうけい》　三日

雄鶏を左右に番わせ、戦わせる行事で、「鶏合《とりあわ》せ」ともいう。中国渡来の風習で、『日本書紀』雄略天皇七年（四六三）にはその記事が見える。もともと日は定まっていなかったようだが、平安時代以降に三月三日の行事となり、「合物《あわせもの》」（「物合せ」ともいい、二方に分かれ、物を比べ合わせてその優劣を競う遊び）の一つとして流行した。

物合せの多くはその物自体の優劣を競い、和歌を添えるなどの趣向を凝らしたものであるが、闘鶏は二羽の鶏を戦わせて勝負を競い、観覧するもので、賭博《とばく》性が強い。宮中のみならず貴族の私邸でも行われた。『栄花物語』「初花」の巻では、寛弘三年（一〇〇六）、花山院が主催した鶏合の話が載せられ、院のひいき方がたて続けに負け、機嫌を悪くされた話が載せられている。

### 平安時代の鶏《とり》

現代のわたしたちにとって、鶏の肉や卵を食べるのはあたりまえのことかもしれないが、平安時代には必ずしも一般的なことではなかったらしい。鶏は時を告げる鳥として神聖なものであった。あるいはもっぱら三月三日の闘鶏《とうけい》に使う貴重な鳥として大切に育てられた。食べるなんてとんでもないというわけだろうか。それどころか、当時の農村では食用を目的として鶏を飼う風習がなかったから、少し以前までは見られた農家で鶏を飼育するという日本の農村風景もなかったわけである。

のちの史料になるが、室町時代の貞成親王の日記『看聞御記』によると、京都の近郊伏見に住んだ親王は、三月三日の上巳の節会に闘鶏を催そうとしたところ、伏見の農村では鶏を飼っているところがなかったので、やむなく中止したという。農家で一般的に鶏を飼うようになったのは、明治以降のことであろう。もっとも鶏を食用せずとも、鴨《かも》・雉《きじ》・鶴・白鳥など狩猟によって豊富な種類の鳥の肉が供給されていた。

平安時代、中国より伝わった鶏「小国鶏」（写真提供：砂川栄喜）

# 卯月《うづき》
## —四月—

フジ

ボタン

ユキノシタ

シャクナゲ

カキツバタ

シャクヤク

### 灌仏会《かんぶつえ》　八日

四月八日、釈迦《しゃか》の生誕の日を記念し、清涼殿《せいりょうでん》で行われる行事が灌仏会である。仏生会《ぶっしょうえ》、誕生《たんじょう》会《え》、降誕会《ごうたんえ》、龍華会《りゅうげえ》などともいう。釈迦の誕生時、龍が清浄の水を吐いて釈迦の身にそそいだという故事にならったもので、誕生時の釈迦の姿をかたどった仏像、つまり誕生仏に礼拝し、香水を注ぐ。誕生仏は、釈迦が誕生した時に七歩歩いて右手で天を、左手で地を指さして「天上天下唯我独尊」と説いたという姿を現している。ちなみに現在でも諸寺で行われており、「花祭」などという。

古く中国で行われた仏事で、日本では『日本書紀』の、推古天皇十四年（六〇六）四月、諸寺で行われていた記事が初見である。承和七年（八四〇）に清涼殿で修されてから、宮中行事として定着し、荘厳された祭壇の前に僧や公卿《くぎょう》たちの参会している様子が、平安時代末の『年中行事絵巻』に描かれている。また宮中のみならず、春宮《とうぐう》や中宮《ちゅうぐう》、そして貴族の私邸でも行われた。『源氏物語』「藤裏葉」の巻に、光源氏の邸宅である六條院において、宮中のそれをもしのぐ盛大な灌仏会が行われた様子が描かれている。

### 更衣《こうい》 —春から夏へ—

四月一日、夏の装束に着更え、室内の調度や装飾品を改める行事。「衣がへ」。宮中では、掃部寮《かもんりょう》によって各殿舎の更衣が行われた。『源氏物語』「明石」の巻にも「四月になりぬ。更衣の御装束、御帳のかたびらなど、よしあるさまにし出づ」とあり、夏を迎えて、気分が一新される行事であった。その夜には「更衣の節（孟春の旬）」が開かれ、扇を賜るのを恒例とした。『後拾遺集』に、「四月ついたちの日によめる　さくら色に染めし衣を脱ぎかへて山ほととぎす今日よりぞ待つ（桜色に染めていた春の装束を夏の衣に脱ぎ替えて、山ほととぎすの訪れを、今日から待つことですよ）」という和泉式部の和歌がある。

十月には冬の装束や調度装飾品に替える更衣が行われ、その夜の更衣の節を「立冬の旬」という。

# 葵《あおい》と桂《かつら》

杉の木と日陰葛《ひかげのかづら》を見ていると親子のようだ。桂と二葉葵《ふたばあおい》は葉っぱを見ると、どちらもハート型をしている。兄妹のようだ。一方は大地からそびえ立ち一方は地に貼付くように茂る。道教的にいうなら陰と陽に対をなしている様に思える。それぞれ生物学では全く異なる二種ではあるけれど発想を変えて分類するなら同じ仲間としても不思議はない。リンネ以前に頭を切り替えてみれば多様な見方が出来る。

葵祭は鎌倉、室町時代に衰え江戸期に再興した徳川氏に因んで葵祭と呼ばれるようになった。以前から行われていた祭りで平安初期に国家行事として行われる事になった賀茂祭《かものまつり》である。賀茂祭のように松尾大社と稲荷大社に日吉大社も桂と葵を飾りに使う。一緒に飾る事を諸飾《もろかざ》りと謂う。

桂は川沿いにはえる高木である。桂の木と水の関わりは多くの伝説になっている。水を象徴する樹の様に思われる。

京都は桂川と鴨川に挟まれてある。北に神山《こうやま》の麓に賀茂神社、南に松尾大社と稲荷大社がある。いづれも平安京遷都のパトロンともいえる秦氏の社である。新羅《しらぎ》系の渡来民の奈良の葛城氏と秦氏にどれ程の深い係わりがあるのだろうか？葛城氏の桂木に彼らの神である上賀茂社、下鴨社を考えると、葛城氏が秦氏を通して京都に甦ってくる。

桂

二葉葵

杉

日陰葛

# 賀茂祭《かものまつり》 中の酉《とり》の日

賀茂神社、すなわち上賀茂神社（賀茂別雷神《かものわけいかずちじん》社《じゃ》）と下鴨神社（賀茂御祖神社《かものみおやじんじゃ》）の祭礼が賀茂祭である。天智天皇六年（六六七）に始められたとされる。平安遷都後、両社に対する朝廷の崇拝が厚くなり、弘仁元年（八一〇）には嵯峨天皇皇女、有智子内親王が賀茂斎院《かものさいいん》となった。賀茂斎院は伊勢神宮の伊勢斎院に倣《なら》っておかれたもので、その神社の神に仕えるために選ばれた女性皇族。斎王《さいおう》ともいう。賀茂斎院は鎌倉時代の土御門天皇の頃まで、約四百年続いた。

祭日は下鴨神社の祭神、玉依姫命が、上賀茂神社の祭神、賀茂別雷命を生んだ日、すなわち四月の中の酉の日（二回目の酉の日）とする。これに先立ち、斎院は鴨川で禊《みそ》ぎを行った。祭の当日は、勅使《ちょくし》が参向し、朝廷からの幣《へい》と馬を奉る。勅使と斎院はまず宮中を出発して下鴨神社に参詣、そして上賀茂神社へと向かう。

その行列は数百人で構成され、盛大かつ華麗なものであった。当時単に「まつり」といえば賀茂祭のことをさすほどで、都中の関心を集め、群衆が見物し、しばしば見物場所をめぐっての喧嘩騒動が起こった。『源氏物語』「葵」の巻で、葵の上と六條御息所の従者たちがおこした「車争い」は有名で、しばしば『源氏物語』の名場面として絵画にも描かれた。

なおこの日、行列の構成員の頭、牛車、社の建物や柱、几帳、御簾と、あらゆるものに二葉葵《ふたばあおい》を付けたが、これは二葉葵が賀茂神社や賀茂祭を象徴する草であり、賀茂の神が二葉葵をもって自らをまつれと託宣したことにちなんでいる。

賀茂祭は、当時の一大イベントであり、『源氏物語』のみならず文学作品にしばしば取り上げられ、枚挙に暇がない。

葵祭

# 皐月《さつき》

## —五月—

ナツツバキ

ヤマアジサイ

ササユリ

ホタルブクロ

クチナシ

ビヨウヤナギ

## 端午《たんご》　五日

端午は本来中国で、最初の午の日のこと（端は最初の意）。後に五月のそれをいうようになり、五月五日をさすようになった。梅雨の時期で、蒸し暑くじめじめし、疫病《えきびょう》が流行する頃である。中国ではこの日に、香りが強く、薬効のある蓬《よもぎ》や菖蒲《しょうぶ》が採取されたが、日本でも宮中や貴族の私邸でこれらが屋根に葺《ふ》かれたり、材料に含ませて五色の糸を垂らした薬玉《くすだま》を作り、柱に吊られたりした。菖蒲の根の長さを競う「根合《ねあわせ》」も盛んに行われた。

また騎射《きしゃ》（馬を走らせて馬上より弓で的を射る行事）や競馬《くらべうま》も宮中や貴族の私邸で行われたが、これも中国で行われた競渡（ボート競争）の影響と考えられている。その勇壮さや、「菖蒲」の音が「尚武」に通じるところから、後世、この日に鎧具足《よろいぐそく》を飾り、男の子の無事成長を祈る行事となっていく。

現在、根合や競馬が上賀茂神社で、騎射が「流鏑馬《やぶさめ》神事」として下鴨神社で行われている。

### 菖蒲《しょうぶ》

現在、たんに「菖蒲」というと青紫の花を咲かせるアヤメ科の花菖蒲《はなしょうぶ》を指すことが多いが、本当の菖蒲は、水辺や湿地に生える、剣の形をした鋭い葉のサトイモ科の地味な草である。全体に芳香があり、古くから漢方薬としても用いられてきた。端午の節供は、「菖蒲の節供」ともいうほど、この菖蒲が重要な役割を果たしていた。今もこの日に菖蒲を浸した菖蒲湯に入る習慣があるが、これは強い香りが邪気を祓《はら》ってくれると考えられているためである。

屋根に菖蒲を葺く

### 薬玉《くすだま》（続命縷《しょくめいる》）

柱にかけられた薬玉

現在では残っていない端午の節供の習慣に「薬玉」がある。「薬玉」は「続命縷」ともいわれ、中国から邪気を払い寿命を延べる縁起物として伝わってきたものである。この日、薬玉を互いに贈りあい、ひじにかけたり、御帳台《みちょうだい》や母屋《もや》の柱に付けたりすることが行われたようで『源氏物語』の「蛍」の巻にもそのことが書かれている。なお、柱に付けた薬玉は九月九日の「重陽《ちょうよう》の節供《せっく》」までそのままにされ、その日に茱萸袋《ぐみぶくろ》や菊瓶に取り替えられた。

## 文学と史書の名場面 2

# 虫めづる姫君 『堤中納言物語』

平安文学に登場する多くの女性が、教養があり雅びなイメージであるなかにあって、きわだって特異で個性的な姫君が『堤中納言物語』の「むしめづる姫君」であろう。「烏毛虫《かわむし》（毛虫）の思慮深いようすがおくゆかしい」といって、花や蝶には見向きもせず、もっぱら毛虫を寵愛《ちょうあい》する姫君であるが、それはたんに風変わりということだけではない。物事の本質を知ることがたいせつなのだ、という信念に基づいており、毛虫の変成するさまをみようという観察を重視する態度なのである。また、女性らしい化粧や服装などの格好にも無頓着《むとんちゃく》で、すべて自然のままがよいという。眉《まゆ》は抜かず、お歯黒《はぐろ》も染めず、歯は白いままである。

場面は姫君の住んでおられる寝殿《しんでん》北面。男の童が珍しい毛虫を見つけてきた。いろいろな虫が付いた木の枝を、簾《すだれ》を巻き上げて縁に出てきた姫君に下から差し上げて見せているところである。枝の虫を注視する姫君は、衣を頭まで押し上げている。健康的でなかなかかわいい顔をしていらっしゃるのだが、垂らした髪は梳《す》いていないので下の方がばさばさ、眉は黒々とあざやかで、まさに毛虫のようである。練色の綾の袿《うちき》の上に、「はたおりめ」（きりぎりす）の柄の袿、袴も一般に若い女性の着る赤いものではなく、白を着るなど、いたって地味好みである。

もっと虫をよく見ようとして、童に枝から虫を払い落とさせる。次にそれをひとつも残さないように拾い集めさせて、広げた扇の上に受け取っている。扇は白い蝙蝠《かわほり》であるが、扇面に漢字の練習をしたため、墨で黒くなっている。どこまでも徹底した合理主義者である。

### 『堤中納言物語』

十編と断章一編から成る短編の物語集。作者・編者共に未詳。平安時代後期の成立か。詳細な題名の由来については、はっきりしないがこれらの短編をひと包みにして保存していたので「包みの物語」と呼ばれるようになったという説と、短編に登場する人物が堤中納言と呼ばれていた藤原兼輔を連想させるためにこの名が付いたともいわれている。短編中には、『源氏物語』「蓬生」の巻のパロディを彷彿《ほうふつ》させるものもあり、多彩で独特な内容が魅力になっている。

# 平安時代の競技

平安時代の遊戯や競技は、年中行事のなかで決まった一定の日に行われることが多かった。

正月の毬杖《ぎっちょう》、三月三日（上巳）の闘鶏《とうけい》や曲水《ごくすい》、五月五日（端午《たんご》）の競馬《くらべうま》、七月七日（七夕《たなばた》）の相撲《すまい》、といったぐあいである。遊技や競技が儀式化し、行事とともに整理されていったことを示しているが、同時に厄除や福徳などに対する呪術的な信仰の要素もあったであろう。

## 毬杖《ぎっちょう》

正月の遊びといえば、現代でも凧揚《たこあ》げや独楽《こま》遊び、羽子板《はごいた》やカルタなどを思い出すが、平安時代ではこの毬杖がそれに代わる代表的な遊びであった。大陸から伝来した競技で、棒の先に木製の槌を付けたスティックで木球を打ち合う。大陸ではもっぱら騎乗して打ち合う遊牧民族の遊戯《ゆうぎ》であったが、これを打球《だきゅう》といって区別する。西回りにヨーロッパへと伝えられたものが「ポロ」になる。原本が平安時代後期に描かれた『年中行事絵巻』には、正月の行事の場面に京内の道路で、毬杖に戯れる少年の姿が描かれている。また、現在も京都市内の遺跡からは、ときおり毬杖のものと考えられる木製の槌や球が遺物として出土する。

江戸時代には、木製の棒の代わりに紐を槌につけ、振り回して球に当てたり、槌に車をつけて引き回したりして遊ぶようになった。これを「ぶりぶり」といい、その形が愛されて、置物や香合などに作られ正月の飾り物になった。

## 蹴鞠《けまり》

鹿皮で作った鞠《まり》を数人で落とさないように蹴り上げ、回していく競技である。大陸から伝来し、平安時代の貴族に愛好された。平安後期には、動作や装束、場所などの細かい規定が定まり、「蹴鞠道《しゅうきくどう》」として儀式化し、伝習する特定の家が定まるようになった。

蹴鞠を行う施設を「懸《かか》り」といい、四隅に柳・桜・松・楓の四種の木を植える。鞠を蹴る演技者を鞠足《まりあし》といい、四隅の木のもとに二人ずつの計八人を配置する。ほかに野臥《のぶし》という介添《かいぞ》え役が鞠足に一人ずつつく。そして見証《けんしょう》という監視役が、動作の状態や回数を見て、鞠足の優劣を判断するのである。

現在では蹴鞠専用の鞠水干《まりすいかん》という長絹の直垂《ひたたれ》様の上衣に葛袴《くずばかま》を履いて鞠を蹴るが、平安時代には束帯《そくたい》や直衣《のうし》を着て蹴った。『源氏物語』「若菜」上の巻では、源氏が公達たちに蹴鞠をさせていたとき、走り出た猫の綱が御簾《みす》を引き揚げ、その隙間から柏木が女三宮の姿を垣間見て恋に陥る、という場面がある。

## 打毬楽《たぎゅうらく》

唐楽。四人で舞う。五月五日の武徳殿《ぶとくでん》の騎射《きしゃ》ののち、馬に乗って球を打つ打球《だきゅう》のようすを写したという。球子（木球になぞらえた置物）を舞台の中央に置き、四人の舞人は彩色された毬杖《ぎっちょう》を持って舞う。年中行事の競馬《くらべうま》や相撲《すまい》の際に舞われる。

ドクダミ

ザクロ

ハナショウブ

アジサイ

シモツケ

## 競馬《くらべうま》

上賀茂神社「競馬会神事」

六衛府を中心に武芸の鍛錬《たんれん》のために行われた走馬の競技。左方と右方に分かれて競い、勝負の数を争う団体競技（これを手番《てつがい》という）であった。離宮や摂関家《せっかんけ》邸宅への行幸《ぎょうこう》などの際に臨時に行われることもあったが、左右近衛府の場合、練習である荒手番が五月三、四日に、本番の真手番が五日、六日に、それぞれの馬場で行われた。すべての番が終了して左方が勝ったときは「蘭陵王《らんりょうおう》」、右方が勝ったときは「納蘇利《なそり》」の舞楽を舞うことになっていた。

のち五月五日に武徳殿《ぶとくでん》で行ったのを、堀河天皇の勅願で寛治七年（一〇九三）に上賀茂神社に移したと伝えるのが、現在も五月五日に行われる賀茂《かもの》競馬《くらべうま》（「競馬会神事」）である。臨時の埒《らち》を設けて、馬出しの印である桜の木から勝負決定を示す位置の楓までの間を、左右に分かれた赤と緑の裲襠《りょうとう》装束の乗尻《のりじり》が馬を走らせる。元来は十番あり、それぞれの馬を負担する荘園が決まっていて、その馬を庄名でよんだ。現在は番数は減り、社家の子弟のみが騎乗を許される。最初の一番は左方が勝つのを故実とし、右方に対して馬上で「お先に」の礼をする型があるなど、遺風を残している。

## 六條院での競馬《くらべうま》

『源氏物語』には、花散里の住む六條院東北に作られた馬場殿《ばばどの》において、五月五日、宮中での行事に倣って行われた競馬のことが描かれている（「蛍」の巻）。この邸宅の西対にいる玉鬘の童女たちは、菖蒲襲《しょうぶがさね》や撫子《なでしこ》の若葉の色をした端午《たんご》の節供《せっく》にちなんだ装束に身を包み、主である花散里方の童女たちもまた、紅の撫子襲という季節によく合った装いをしていて、それぞれに趣向を凝らしている。

この場面では、行事そのものを詳述するより、むしろ夏の町がその場に相応しく万事において抜かりのない姿であることを詳述することによって、その催しを中心に人々がどんなことを感じてどんな風に楽しみ、そして営まれていたのかということを紡ぎ出そうとしているようである。

玉鬘方の童女たち（「蛍」の巻）

花散里方の童女たち（「蛍」の巻）

アサガオ

ハス

ギボシ

ムクゲ

キキョウ

## 釣殿《つりどの》での涼み

『徒然草』にもあるように、日本の住宅は冬よりも、暑い夏をいかに過ごすかという観点から造られていた。寝殿造では対の屋の南の廊つなぎに、釣殿や泉殿《いずみどの》とよばれる建物が池に張り出していた。釣殿は池中の魚を釣る風情から、泉殿は湧泉に面するところから付けられた名であるが、実質的には類似の夏の納涼を目的とした建築である。

釣殿は、一間四方の主屋に廂《ひさし》と簀《すの》子《こ》を付けた、吹き放ちの簡単な構造である。光源氏の六條院では、東の釣殿が設けられていて、夏の暑い日に源氏はここで夕霧や殿上人とともに夕涼みがてら、桂川の鮎《あゆ》や近くの川で獲れた「いしぶし」といった魚を前で調理させたり、氷室の氷で作った水飯《すいはん》を食べながら酒を飲んだりしている（「常夏」）。

「扇面法華経冊子」版本

「扇面法華経冊子」版本

「扇面法華経冊子」版本

高欄《こうらん》に背中をもたせかけて、池の上を吹いてくる風に涼をとる風情、といえば聞こえはいいが、西日は照るし、風がなければやっぱり暑いことにかわりはない。

# 文月《ふみづき》

## — 七月 —

ハス

ツユクサ

アサザ

サギソウ

ハス

ガガブタ

### 七夕《たなばた》　七日

初秋の風が軒に通い、空気が澄んで夜空の星が美しく輝くころ、七夕の行事が行われる。「七夕」は「七月七日の夕べ」の意味で、牽牛星《けんぎゅうせい》と織女星《しょくじょせい》が年に一度、天の川を渡って会うという中国の伝説に由来する。織女星はその名の通り、機《はた》織りの女性を象徴する星。日本では「織姫」とか、機織機具の「棚機《たなばた》」の語から、「棚機《たなばた》つ女《め》」とも呼ばれた。「七夕」を「たなばた」と読むゆえんである。

中国ではこの夜、織女星に機織りや手芸の上達を願い、庭に祭壇を設け、糸や針、布をはじめ、様々な品を供えた。これを「乞巧奠《きっこうでん》」といい、行事の名称となる。日本に入ったのは奈良朝の頃で、この行事に使われたらしい大きな針が正倉院宝物に残されている。

平安時代、宮廷では清涼殿《せいりょうでん》の前にこの祭壇が設けられ、二星会合を祝って管絃や詩歌の宴が催された。ロマンチックな伝説から生まれた行事だけに、儀式というより遊びの要素が強く、貴族の私邸においてもさかんに行われ、文学作品にも多く登場する。

### 相撲《すまい》

相撲は古代の日本から農業に関る神事の一環として行われていた。宮中に取り入れられ、毎年七月には諸国から相撲人が集められて、天皇が相撲を観覧した。これが相撲の節会《せちえ》である。当初は七月七日に行われていたが、淳和天皇の時に平城天皇の忌日（国忌《こき》）と重なるために、十六日に改められ、のち再び二十五日に定められた。

内取りといって、節会の二日前に、清涼殿《せいりょうでん》や仁寿殿《じじゅうでん》で天皇が御覧になった。節会の当日は、当初は朝堂院、のちには紫宸殿《ししんでん》や武徳殿《ぶとくでん》で行われた。相撲人を左右に分けて、十七番から二十番の勝負を行うが、これを召し合せという。当時の相撲には土俵がなかった。また最後の番を勝負するものは最手《ほて》とよばれ名誉を得た。

一条天皇の時には越智常世という伝説的な強力の持ち主の相撲人が登場した。いっぽうで、「障り申し」といって、病気や体調を理由に取り組みを忌避するものも多く現れた。左方が勝った場合は蘭陵王《らんりょうおう》など、右方が勝った場合は納蘇利《なそり》などの舞楽を舞うことになっていた。

「相撲之圖」竹内家蔵

## 冷泉《れいぜい》家の乞巧奠《きっこうてん》

藤原俊成、定家の末裔で、和歌の家として続く京都の冷泉家では、今なお王朝の名残をとどめる七夕行事、乞巧奠が催されている。

旧暦七月七日の夜、庭に、祭壇「星の座」が設けられる。四つの机が並べられ、海の幸、山の幸がそれぞれ皿に盛られて並ぶ。品目は、「うり（瓜）なすび（茄子）もも（桃）なし（梨）からのさかづき（空の盃）に　ささげ（大角豆）らんかず（蘭花豆）むしあわび（蒸鮑）たい（鯛）」と、冷泉家らしく一首の和歌になっている。いずれも二組で、それぞれ、彦星《ひこぼし》と織姫への供え物という。また、二星に「貸す」ための琴や琵琶《びわ》が並び、さらに五色の布や糸、花瓶に活けられた秋の七草が華やかな色を添える。水を張った角盥《つのだらい》は、星を映して眺めるためのものという。和歌の門人達が七夕にちなんで詠んだ和歌の短冊が供えられ、七夕に縁の深い梶《かじ》の葉が、諸所に吊される。

祭壇の周りの九つの燈台《とうだい》が灯される頃、座敷では管絃の遊びが始まる。本来はその前に蹴鞠《けまり》があったという。そして二星に手向けられる和歌を朗々と読み上げる「披講《ひこう》」があり、つづいて参会者の男女が、間に敷かれた白布を天の川に見立てて向かい合わせになり、彦星と織姫になって恋の和歌を贈答する。こうして、冷泉家の七夕の夜は更けてゆく。

五色の布と糸

和歌の書かれた梶の葉

## 索餅《さくべい》

七夕にはその春に収穫された麦で作った索餅を食べる習慣があった。索餅は和名を「麦縄《むぎなわ》」といい、小麦粉を練ってひも状に細長くしたものを、縄のようにねじり合わせたものである。中国渡りの唐菓子のひとつとして、油で揚げたお菓子という説もあるが、記録には醤《ひしお》などの調味料と一緒にその名が見えるので、蒸したり茹でたりし、汁につけて食べたらしい。

『今昔物語集』などには夏の食べ物として登場し、ある程度の太さがあったことがわかる。鎌倉時代から室町時代になると、七夕の食べ物としてあったこの索餅の位置に「素麺《そうめん》」が取って代わるようになる。油などを利用して小麦粉が伸びる性質を利用して素麺が作られていることを考えると、索餅は素麺の原型であったようだ。うどんやそばのような切麺が登場するのは、室町時代も後期になってからのことである。

# 葉月《はづき》
— 八月 —

ヒガンバナ

オミナエシ

カラスウリ

クズ

フヨウ

カワラナデシコ

## 月見《つきみ》（観月《かんげつ》）　十五日

湿度の高い夏が過ぎると、月が七夕の星と同じく、澄み切った清涼な秋の空気のもとで輪郭を明確にし、輝きを増しはじめる。秋の月は美しく、とりわけ秋の最中《もなか》の満月、つまり八月十五日の月が最高とされ、「中秋《ちゅうしゅう》の名月」の名で人々から愛された。「月の顔見るは忌むこと」（『竹取物語』）という習俗がある一方で、中国から渡来した観月の習慣は宮廷人に八月十五夜の詩宴を催させ、儀式というより遊びの要素が強い行事として発展し、詩歌管絃《しいかかんげん》の遊宴が開かれた。

『栄花物語』の第一巻「月宴」では、康保三年（九六六）八月十五夜、前栽《せんざい》合わせ（庭木や草花の優れたものを植え、その優劣を左右に分かれて競う遊び）などが行われた後の清涼殿《せいりょうでん》での観月の宴の様子が描写され、その盛大さを伝えている。

また、宇多法皇が九月十三夜の名月を「無双《むそう》」と賞賛したことにより、晩秋のその月を「十三夜月」、「後の月」と呼んで観賞する行事も加わった。

### 現在の中秋《ちゅうしゅう》の名月（十五夜《じゅうごや》）

現在、各地でさまざまなお月見が行われているが、京都市左京区の下鴨神社では平安時代からの伝統を守り、ススキの穂を飾り篝火《かがりび》を焚いた舞台で雅楽を奉納する「名月管絃祭」が、京都市右京区の大覚寺では大沢池に龍頭《りゅうとう》鷁首《げきす》の屋形船を浮かべ、船上から水面に映った月を観る「観月のゆうべ」が、それぞれ行われており有名である。「十五夜」は秋の収穫を前に、五穀の豊穣を祈願する行事でもあった。

市内では、里芋を皮を付けたまま蒸して衣《きぬ》被《かつぎ》にし、月に供える風習も残る。「十五夜」が「芋名月《いもめいげつ》」とも言われるのはこのためであり、京都の月見団子はこれにならって、丸ではなく、小芋《こいも》型に作るのが普通である。

## 駒牽《こまひき》　十五日

宮廷用の馬を飼育、供給するために勅旨《ちょくし》をもって置かれた牧場を勅旨牧という。甲斐国の穂坂、武蔵国の石川、上野国の利刈、信濃国の望月、切原など、東国の四ヶ国に三十箇所あまりあった。そこで育った駒《こま》（馬）は定められた数が毎年八月に朝廷に献じられ、紫宸殿《ししんでん》の前で引き回され、それを天皇が御覧になる儀式を駒牽という。馬は参列者の貴族たちにも分配された。ちなみに鎌倉時代頃からは信濃の望月の牧場の馬だけとなった。

当時、東国から都に入る玄関口は近江と山城の国境である逢坂山《おうさかやま》であり、ここに関所が置かれていた。有名な逢坂の関である。駒牽に先立ち、諸国より貢進される馬を馬寮《めりょう》の官人が逢坂の関まで迎えに行ったが、これを「駒迎《こまむかえ》」という。紀貫之の「逢坂の関の清水に影見えて今や引くらむ望月の駒（満月の影が映る逢坂の関の清水に、同じく影を映すように姿を見せて、今まさに牽いているだろう、信濃望月から出てきた馬を）」は、駒迎えの光景を描いた屏風絵に賛として書くために詠まれた有名な和歌である。「影」と「鹿毛《かげ》（馬の毛色）」、「望月（満月）」と「望月の牧の駒」を掛けている。

## 太陰暦《たいいんれき》

いわゆる旧暦のことで、現在のグレゴリオ暦をもととした太陽暦と違って、月の満ち欠けによって日を決める。たとえば、新月は一日、三日月は三日、上弦の月は七日前後、満月は十五日、といった具合である。したがってその夜の月を見れば何日かがわかる。月が地球を公転するのに要する日数が約二十九・五日であるので、大の月を三十日、小の月を二十九日として適宜十二ヵ月を大小の月に分ける。ただ、これだと地球が太陽の周りを公転する一年間では、約十日の不足が生ずることになる。そこで、規則にのっとって三から四年に一度、閏月を設けて一年を十三ヵ月としている。

古典などで「何日の月」という場合は、必ずその日と月の形が一致していることになる。したがって中秋の名月といえば必ず八月十五日である。

しかし農作業の季節とはずれることになるので、月日とは別に一年間を二十四等分して、立春、雨水、啓蟄、春分、清明、穀雨、立夏、小満、芒種、夏至、小暑、大暑、立秋、処暑、白露、秋分、寒露、霜降、立冬、小雪、大雪、冬至、小寒、大寒という名をつけた。これを二十四節季《せっき》といい、農事などはこれに従った。正月一日はほぼ立春と同時期になるが、「年の内に春は来にけり」などと和歌によまれるのは、正月一日より先に立春が来たことをいう。

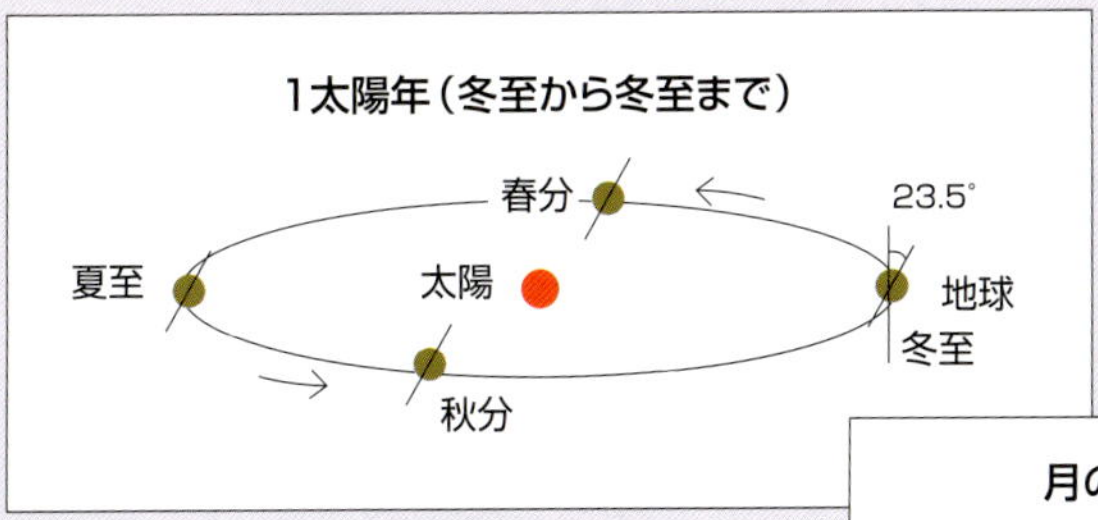


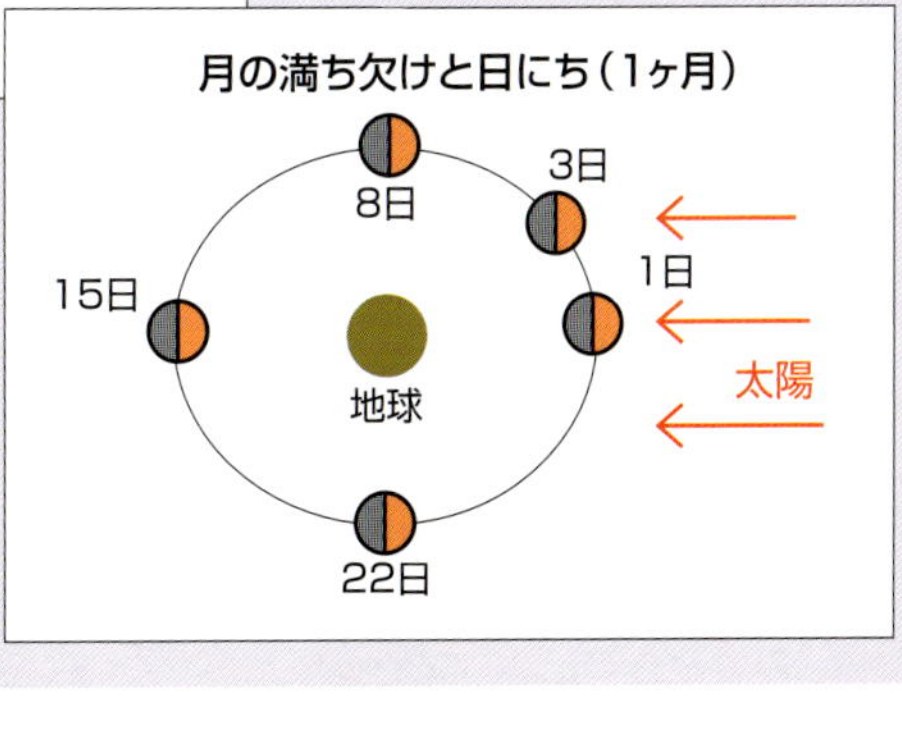

## 文学と史書の名場面 3

# 望月《もちづき》の欠けたることもなしと思えば『小右記』

### 寛仁二年十月十六日条

寛仁二年（一〇一八）年十月十六日、藤原道長の三女威子が後一条天皇の中宮《ちゅうぐう》（皇后）となった。道長の娘としてはすでに、長女の彰子が一条天皇の、二女の妍子が三条天皇の、それぞれ皇后になっていたから、一家で三后を立てるという未曾有の出来事である。このとき、新中宮威子と道長のいる土御門第《つちみかどてい》へ公卿たちが使者として立后の報告へ赴いたのだが、そのあとの饗宴《きょうえん》で道長が、折りしもの満月になぞらえて「この世をば我が世とぞ思う望月の欠けたることもなしと思えば」という和歌を詠んだ。道長が自分の栄華を誇った歌としてあまりにも有名である。

しかし、この和歌は道長自身の日記『御堂関白記』には載っていない。ただ「余、和歌を読む」とあるのみである。実は、そのとき同席した大納言兼右大将藤原実資の『小右記』という日記によって詳細な状況とともに、この和歌が後世に残されることになった。それによると、この日の道長はたいへんな上機嫌で贈り物の禄物を給うときに冗談を言ったりしたあと、実資を呼んで和歌を詠もうと思うが、必ず返歌をしなさい、といったという。実資が必ずそうしましょうと答えると、道長は少々誇った歌ではあるが、あらかじめ作っておいたものではない、といって、この「望月」の和歌を詠んだのである。そのあと、実資は、あまりにも歌が優美で返歌ができません、と述べて、代わりにみんなで唱和することにしたという。彼は、道長の態度には常に批判的であったことが日記にも伺えるから、このちょっと傲慢ともいえる和歌に反発したのであろう。

この道長の望月の和歌を詠んだ饗宴の場を設定してみた。

寝殿《しんでん》の縁に束帯《そくたい》姿で並んでいるのは主人の道長と、長男で摂政《せっしょう》の頼通らをはじめとする道長の息子たち、使者として報告にきた左大臣藤原顕光、右大臣藤原公季、皇太后宮大夫藤原道綱、それにこの場を記録した実資らの公卿《くぎょう》たちで、使者の役をねぎらっての饗が催されている。寝殿の主屋のようすは御簾《みす》が掛けられていてわからないが、今日の主人公である藤原威子が正装して椅子に座り、多くの女房がそれにかしずいている。御簾の下からのぞく衣裳の袖口や裾からそのようすがわずかにうかがえるばかりである。公卿は菅の円座《えんざ》に座り、その前に衝重《ついがさね》が置かれている。『小右記』によると、簀《す》の子縁は、公卿たちが座るといっぱいになり、酒を注ぐ行《ぎょう》酒《しゅ》の役目の殿上人が通れなかったので、建物からいったん地面に降りて、正面の階を昇って酒

を注いで回ったという。

次に階の東脇に楽人が召されて音楽がはじまる。殿上の公卿たちも箏や琵琶《びわ》など思い思いの楽器を取り、一緒になって合奏がはじまり歌が歌われる。その席を盃が巡る。そうした気分の高揚の中で道長の先の「望月」の歌が詠まれたのである。上天には、和歌にふさわしいまんまるの月が、空に浮かんでいる。

## 『小右記』

平安中期の公卿、藤原実資（九五七〜一〇四六）の日記。名称は、実資が邸宅小野宮殿と官職から「小野宮右府」と呼ばれたことによるが、実資自身は「暦」「暦記」と記している。現存する本文は、天元五年（九八二）から長元五年（一〇三二）の五十年間であるが、『小右記目録』と逸文によると、起筆は天元元年（九七七）以前、擱筆は長久元年（一〇四〇）であり、六十年以上の間書き続けられた。内容は、円融・花山・一条・三条・後一条・後朱雀の六代の天皇の時代を伝えている。小野宮家の嫡流としての誇りを持ちつつ、権勢を振るう九条流の藤原道長への毅然《きぜん》とした態度や中央政界の動向・社会の動静への緻密な記述は、当時の貴族社会を知る貴重な記録となっている。

# 長月《ながつき》

—九月—

## 重陽《ちょうよう》（菊花宴）

九日

九月九日の行事が重陽。中国の陰陽思想における奇数は「陽」であり、めでたいものであるが、重なると逆に邪気を生じると考えられ、それを払う行事を生じた。三月三日、五月五日等もそうだが、陽数の最大の九が重なるのを特にこのように呼んだのである。

ちょうど菊花が盛りの時期で、宮中では菊を観賞しつつ詩歌を詠んだりする「菊花の宴」がさかんに行われた。菊は元来、万病を避け、不老長寿を保つ薬草として日本に渡来したものである。そのため、菊を浸したり花びらを浮かべたりした酒「菊酒」を飲んだり、前夜、菊花に色とりどりの綿をかぶせて花の露を含ませ、翌九日の朝、それで肌を撫でたりした。これを「菊の着せ綿」という。いずれも菊の霊験を願うものである。

またこの日は、赤い袋に茱萸《ぐみ》を入れ、高い山に登って菊花の酒を飲んで難を逃れたという中国の伝説の影響で、茱萸を緋色の袋に入れた「茱萸袋《ぐみぶくろ》」が作られた。宮中では清涼殿《せいりょうでん》の御帳《みちょう》台《だい》の柱に付けられ、翌年五月五日に薬玉《くすだま》と取り替えられる。

### 菊は不老長寿の花

菊は別名を「翁草《おきなぐさ》」「齢草《よわいぐさ》」「千代見草」などといい、古くから不老長寿の薬効があるとされてきた。中国では、周の穆王の童（後の彭祖）が菊から落ちた露の水を飲み、不老不死になったという話がある。「菊花の宴」において、菊の花そのものではなく、宿った露や菊を浸した酒が重要視されたのはこのためである。ちなみに、能の曲目「菊慈童《きくじどう》」は、魏の文帝の命により霊水の源を求めて山に入った一行が、この穆王の童（彭祖）に出会い、菊の葉から滴り落ちた水こそが霊水であると教えられる、という話である。

ヤマジノホトトギス

ヤマハギ

サクラタデ

ツリフネソウ

リンドウ

ススキ

## 虫を聞く

月の皓々《こうこう》と照る草の野に、可憐《かれん》に鳴く秋の虫を王朝の貴族も愛した。光源氏は六條院の春の御殿の寝殿で出家して仏道生活を送る女三宮のために、西の渡殿《わたどの》の前の西の対との隔《へだ》ての塀際までに静かな野原の風情をこしらえて、秋の虫を放った。八月の十五夜に源氏が訪れると、虫の音が乱れるように繁く鳴いている。おりしも、女三宮は仏前で陀羅尼《だらに》を念誦しているところであった。源氏も一緒に唱えながら、ひとしきり虫の話になる。

虫の音の中でもとくに格調高く尊ばれたのは松虫であるが、これは現代の「スズムシ」のことである。ちなみに鈴虫は現代の「マツムシ」で、平安時代と現代とでは名まえが入れ替わってしまった。秋好む中宮がわざわざ遠い野原から松虫を捕ってきて秋の御殿に放ったのにあまり鳴かなかったらしい。源氏は松虫がなんといっても一番であるが、鈴虫も親しみやすく陽気に鳴く、などと批評している。

やがて兵部卿宮《ひょうぶきょうのみや》や夕霧も参上して虫の音談義になるが、それも一とおり落ち着くと、琴や横笛などの楽器が持ち出され、虫の音と合わせるように、管絃の遊びがはじまる。

## 名前ともの

平安時代の貴族たちは、季節の移り変わりに敏感で、細かな変化をも衣裳の重ねや歌に取り入れるほどであったが、その物が現代の物と同じであるか、さらにはその物を実際に知ってたかというと疑わしい。例えば、藤原良経の歌、「キリギリス、鳴くや霜夜の…」は、夏の虫であるキリギリスが晩秋の虫として登場する。今現在、キリギリスと呼んでいる虫のことか怪しいものである。虫を分類する物差しが異なるのだから、当然と言えば当然のことである。実際に見たことがなくても、物語や歌に出てくる名前でイメージを作り上げていた場合も多いだろう。

現在では、学名によって分類される名前があるが、当時の人たちにとっての分類に基づく名称があるのはもっともな事である。「あさがお」がキキョウやムクゲと言った朝に咲く花全般を指していたのも同じことである。古代の物語や歌を読む時、これはこれと決めつけるのではなく、当時の人々の目や心で接し、その時代に浸ってしまうことも必要である。

# 神無月《かんなづき》

— 十月 —

ノジギク

アキノキリンソウ

コウヤボウキ

イワシャジン

ホトトギス

ツワブキ

## 亥《い》の子《こ》

### 最初の亥の日

十二支を各十二箇月に当てはめると十月が亥の月にあたる。その月の亥の日に行う行事を「亥の子の祝い」といい、この日に餅をついて亥の刻に食べると万病を除くと考えられた。また、猪の子はたくさん生まれることから、子孫繁栄をもたらすともされた。「玄猪《げんちょ》」「厳重」ともいい、その餅を「亥の子餅」「玄猪餅」などという。亥の子餅は贈答品にも用いられた。

現在の亥の子餅

『源氏物語』「葵」の巻にも、「その夜さり、亥の子餅まいりたり」とその名がみえる。宮廷では、大炊寮《おおいりょう》が糯米《うるちまい》を用意し、内匠寮《たくみりょう》が餅を猪子形につくり、色とりどりの餅を調進したが、その秋にとれたばかりの大豆、小豆《あずき》、大角豆《ささげ》、胡麻《ごま》、栗、柿、糖の七種を混ぜたという。

江戸時代には、「つくつく」と呼ばれた小型の臼を使って天皇自らが亥の子餅を作ることが、『後水尾院当時年中行事』などの故実書に見えている。亥の子餅用の小型の杵や臼の江戸時代の遺品が、京都の老舗菓子屋などに大切に残されており、いまでも亥の子餅は十一月初旬の茶会などで茶菓子として使われている。江戸時代に年中行事絵として描かれた亥の子餅は白、黒、赤の三種が基調であり、銀杏《いちょう》、紅葉、菊、しのぶ草とともに紙に包まれているのがうかがえる。

なお、京都市内の護王神社では、祭神の和気清麻呂を猪が守護したという故事から、猪を神獣として崇拝している。その縁で、かつての宮中行事を神事として復活させた「亥子祭」を毎年十一月に行い、亥子餅をついて参拝者に授与している。

### 光源氏と紫上の結婚

幼い紫上を半ば略奪するように源氏が自邸に引き取ることに始まる二人の関係は、結婚の事実についても、三日夜餅《みかよもち》の儀式は済ませたものの、内輪にしか知らされない内密の結婚であった。しかも普通、裳着は結婚の前に行うものであるが、紫上の場合はその逆で、源氏との結婚後に行われ公にはされなかった。

このような処遇から、源氏と紫上との結婚は、社会的に認められるものとはいえないものの、何の後ろ盾もない紫上が愛情という不確かなものだけを頼りとし、世間にも認められる地位を保ち続けたのは、すべてにおいて非の打ち所のない魅力に満ちた理想的な人物として描かれていたことに尽きるといえよう。そう言った意味においても、源氏の生涯の伴侶として内実共に結婚生活を送ったといえるのは、やはり紫上ただひとりであるといってよいであろう。

## 平安時代の結婚

平安時代の貴族社会では、男女が恋愛関係を持つと、男が女性の許に通いつめた。そのうち共に「住まふ」（「ふ」は状態が継続していること）ようになれば夫婦関係を持ったとみてよいが、一つの区切りとして、また親などの周囲が決めた婚姻の場合には特に、儀式としての結婚行事が行われた。夫妻の身分や時代によって細かな差違はあるが、おおむね次のようなものである。

婚約が整うと、かねて約しおいた吉日に、男が女に使いを立てて手紙（恋文）をおくる。この使いを「書《ふみ》（文）遣い」という。女からも返書が贈られる場合もある。その夜、男が女の家におもむくが、上流貴族では牛車に乗り、美麗な行列を仕立てたもので、見物人がでるほどであった。

男が女の家に着くと、道中の明かりとした脂燭（松を細長く切ったもの）の火は女の家の灯籠に移され、さらに室内の灯台に移される。この火は約一ヶ月に渡って大切に守られ、消されることがなかった。また、男が脱いだ沓は大切に扱われ、女の両親の許に届けられた。男女が帳の中に入ると、衾《ふすま》（寝具）が掛けられ、共寝をする。これが新枕《にいまくら》である。

男は新枕の夜から三日間、女のもとに通いつめる。それによって結婚が成立したことになり、三日目の夜に、新婚夫婦の寝所に「三日餅《みかのもち》」「三《み》日夜餅《かよのもち》」とよばれる餅が供された。二人はこれを食し、自分たちの結婚を祝った。

共寝の翌朝には男は自宅に戻るが、女に慕情を込めてしたためた手紙（主に恋歌）を贈るのがしきたりである。これを「後朝《きぬぎぬ》の文」という。それを届ける使者を「後朝の使い」といい、上流貴族ではしかるべき身分の人間が依頼された。

三日夜餅が供される夜、もしくは数日後に、「露顕《ところあらわし》」が催される。現代でいう「披露宴《ひろうえん》」がこれにあたり、正式に二人が夫婦になったことを周囲が公認して祝う宴会である。

『源氏物語』「葵」の巻にも、光源氏と紫上の新枕から後朝の文、そして三日夜餅の一連の結婚行事が描写されている。

衾履を用意する女房と沓を預る女房

三日夜餅を用意する女房と灯明の火を守る女房

後朝の文を読む雲居雁（「藤裏葉」より）

# 霜月《しもつき》
## —十一月—

イナカギク

サザンカ

ダイモンジソウ

ツバキ

タチカンツバキ

ビワ

### 豊明節会《とよのあかりのせちえ》　中の子・寅・卯・辰の日

新嘗祭《にいなめさい》や大嘗祭《おおなめさい》の翌日、天皇出御のもと、群臣が参会して開かれる宴会を豊明節会という。本来は宮中儀式の後で催される宴会のことをいい、「とよのあかり」とは酒を飲んで顔が火照って赤くなることで、酒宴を意味した。

新嘗祭は、毎年十一月の二度目の卯《う》の日（卯の日が三回あるときは中の卯の日、二回ある時は下の卯の日）の夜に行われる神事。天皇が神《しん》嘉殿《かでん》において、その年の秋に穫れたばかりの穀物を天の神、地の神に捧げ、自らも食する行事である。なお、天皇の即位後に初めて行われるそれを大嘗祭というが、大嘗祭はその天皇一代の最大の儀式・神事であり、大嘗宮が建設されてそこで行われるなど、様々な点で新嘗祭と異なり、盛大に催される。

豊明節会は、新嘗祭ならばその翌日の辰の日に、そして大嘗祭ならば翌日の悠紀《ゆき》の節会、翌々日の主紀の節会をはさみ、三日後の午の日に行われる。天皇が豊楽殿《ぶらくでん》（後に紫宸殿《ししんでん》）に出御し、その年に穫れた新穀を天地の神に捧げ、自らも食し、皇太子以下、群臣もこれを賜った。また、白酒《しろき》、黒酒《くろき》（諸説あるが、あま酒にクサギの焼灰を入れたものという）が供され、大歌《おおうた》（神楽《かぐら》や催馬楽《さいばら》など、古来の歌謡）を大歌所（大歌の教習や管理を行ったところ）の別当《べっとう》（長官）が歌ったり、国栖《くにす》（古く大和国吉野郡吉野川の川上に土着していた住人の集団で、独特の風俗で知られた）が供物を献じて歌笛を奏したりした。

豊明節会のクライマックスはなんといっても五節舞《ごせちのまい》である。四人（あるいは五人）の舞姫の舞で、すでにその三日前の丑の日に、舞姫参入、帳台試《ちょうだいのこころみ》（常寧殿《じょうねいでん》において天皇が舞姫の舞を御覧になる）、翌寅の日に御前試《おまえのこころみ》（清涼殿《せいりょうでん》において天皇が舞姫の舞を御覧になる）、翌卯の日、つまり新嘗祭の日に童女御覧《わらわごらん》（舞姫に付き添う童女を天皇が御覧になる）などの予行演習の行事が行われ、翌辰の日の豊明節会において盛大に披露された。

## 五節舞《ごせちのまい》

新嘗祭《にいなめさい》や大嘗祭《おおなめさい》の豊明節会《とよのあかりのせちえ》での舞姫による舞。舞姫は四人もしくは五人で、天武天皇の吉野行幸の際、雲に乗って天女が降りてきたという伝承にもとづくものとされる。平安時代の歌人、良岑宗貞（後の僧正遍昭）が五節の舞姫を見て詠んだ歌「あまつ風雲の通ひ路吹きとぢよをとめの姿しばしとどめむ」（天の風よ、雲の通い路を閉じておくれ。美しい乙女たちの姿をここにしばらくとどめておきたいから）は、『小倉百人一首《おぐらひゃくにんいっしゅ》』にも入り、有名である。

## 舞姫えらび

五節舞のはじまりは、天武天皇が吉野で天女の歌に舞をつけたことによるといわれている。それが次第に形式化され、桓武天皇の頃から大嘗祭《おおなめさい》や新嘗祭《にいなめさい》の豊明節会《とよのあかりのせちえ》に舞われるようになった。大嘗祭には五人、新嘗祭には四人で舞われた。その内訳は、公卿《くぎょう》から二人（但し、大嘗祭の年は三人）、殿上人《てんじょうびと》と受領《ずりょう》からは二人が出された。宇多上皇が醍醐天皇に書き与えた教訓書『寛平御遺誡』には、毎年の五節舞人を維持活動させるのが大変であることと、公卿二人、殿上人一人、女御《にょうご》一人に舞姫を奉らせて、十月に決めるようにと教授している。

『源氏物語』には、五節舞姫をいう歌語である「少女」が巻名になっている。この巻は、冷泉院即位後の大嘗会に按察大納言《あぜちのだいなごん》、左衛門督《さえもんのかみ》、良清、惟光のそれぞれの娘が五節舞姫に決定されている。五節舞姫を献上するためには膨大な費用がかかるため、源氏は惟光を後見し、内大臣は左衛門督を後見してそれぞれ贅を尽くした万全の準備が整えられた。それは、冷泉帝を中心に源氏と内大臣との政治家としての対抗心の現れという構図が見て取れるが、物語は源氏方への圧倒的賞賛を描いている。

## 新嘗祭《にいなめさい》

音読して「しんじょうさい」ともいう。古代の稲の収穫と次の年の豊熟を祈念する祭りで、『万葉集』の東歌や『常陸国風土記』の富士山と筑波山の話などには「にふなみ」や「新嘗」の用例が確認できる。このように、民間の収穫儀礼が宮廷化した重要な祭儀である。毎年十一月の下の卯《う》の日又は中の卯の日と翌日の辰《たつ》の日に行われ、その前夜の寅《とら》の日の夕刻に鎮魂祭が行われ、辰の日には、豊明節会《とよのあかりのせちえ》が行われた。

天皇が即位した時に行われる大嘗祭《おおなめさい》はこの新嘗祭から分かれたもので、その初例ははっきりしないが天武天皇の頃からと考えられている。『養老令』には新嘗祭も大嘗祭も共に大嘗と記され、毎世と毎年というように区別されている。

# 師走《しわす》

— 十二月 —

## 追儺《ついな》　晦日

我々が二月はじめの節分《せつぶん》の夜に豆撒きをし、鬼を退治するのは、大晦日《おおみそか》の宮中行事で悪鬼を追い払う「追儺」という行事に由来する。「おにやらい」「なやらい」ともいった。年の最後の日に諸病や災難を追い払い、これをすませてから気分を改め、新年を迎えたのである。さかのぼれば中国から渡来した行事で「大儺《おおやらい》」といい、文献上の初見は『続日本紀』の慶雲三年（七〇七）。のち「追儺」と呼ばれるようになった。

十二月晦日の夜、紫宸殿《ししんでん》に天皇が出御し、群臣が参会して桃の弓、葦《あし》の矢を持つ。祭りを行うのは陰陽師《おんみょうじ》で、悪鬼を払う祭文を唱えると、黄金の四つ目の仮面、玄衣朱裳を付けた方相氏《ほうそうし》が紺の布衣を着した二十人の侲子《しんし》を率い、盾を矛で打ち鳴らしつつ目に見えない悪鬼を払って歩き、門外へ追い出した。のみならず群臣も桃弓と葦の矢でもって悪鬼を払った。『源氏物語』「幻」の巻に、「儺やらはんに、音高かるべきこと、何わざをせさせん。」と匂宮が言う場面があり、悪鬼を払うために大きな音を立てていたことがわかる。

ところが方相氏が恐ろしい顔をしているからであろうか、十二世紀の頃には立場が替わり、方相氏そのものが悪鬼と見なされて、弓で射られ、追い払われる対象となった。

平安神宮「大儺之儀」

### 方相氏《ほうそうし》

追儺《ついな》の際に悪鬼を追い払う役が方相氏、略して方相ともいう。背の高い大舎人《おおとねり》（中務省《なかつかさしょう》に属し、護衛や雑事に従事する職員）が選ばれ、四つ目で恐ろしい形相の黄金の仮面を被り、黒い衣に朱の裳をつけ、手に矛と盾を持ち、侲子《しんし》と呼ばれる複数の童子を率い、内裏《だいり》の四門をめぐって目に見えぬ悪鬼を追い払った。ところが後に方相氏そのものが悪鬼と同一視され、追い払われる役となっていった。現在、京都市左京区の平安神宮や、吉田神社の節分祭で方相氏が登場する。

ツバキ

ウメ

ニホンスイセン

ウメ

マンリョウ

ツバキ

## 雪山

古来より冬の雪は、豊作の兆候や害虫の卵を殺してくれる喜ばしい現象として歓迎されていた。また、いつの世も人々の四季の鑑賞の対象である雪月花の一つとして、現在に至るまで長く愛され続けてきた。特に雪は、大雪見参《おおゆきけんざん》や初雪見《はつゆきけん》参《ざん》といった風習になっていることに特徴が窺える。『源氏物語』の「朝顔」の巻では、雪の降り積もった月の夜、幻想的な二条院の庭の眺めは、藤壺の御前で行われていた雪山作りの様子をしみじみと源氏に思い起こさせた。

この雪山作りの初見は、『天暦御記』の応和三年（九六三）閏十二月二十日条に、『源氏物語』にも有名な画工としてもその名が見える飛鳥部常則が蓬莱山《ほうらいさん》を模した雪山を作ったと記されている。次いで『小右記』寛和元年（九八五）正月十日条には、花山院が後涼殿《こうりょうでん》の南壺に雪山を作らせ、作文や朗詠を行ったという記述があり、『枕草子』の「職《しき》の御曹《みぞう》司《し》におはします頃」の段は、雪山を主題にした有名な段である。この段は、あちらこちらの邸宅で雪山がつくられていたことや中宮定子と清少納言が庭に作られた雪山がいつまで消えずに残るかということを賭けた話が記されている。これらのことから、雪山作りは即興的なものから次第に行事として確立し、『源氏物語』の書かれた時代には、宮中や貴族の邸宅で雪の降った日に雪山を作ることがよく行われていたことがわかる。

『枕草子』の雪山作りの記述は、長徳二年（九九六）から中宮定子崩御《ほうぎょ》の長保二年（一〇〇〇）十二月の間に行われていたので、『源氏物語』の藤壺の御前の雪山作りの話は、この時期の行事を踏まえたものではないかといわれている（『河海抄』）。雪山作りの実態の解明は、なかなか難しいものの、食事抜きで雪山を作った話や雪山の大きさが一丈あまりもあった（『台記』保延二年（一一三六）十二月四日条、久安二年（一一四六）十二月二十一日条）などの記述から、雪山作りに熱中する様子や大きな雪山を作った場合のあったことが知られる。

また歌集に、雪を島々の形に作った（『拾遺集』）とか、雪山を富士山のように作って煙りを立てた（『公任集』）、雪山を作って歌を詠んだ（『周防内侍集』）などという詞書きが見られる。このように当時の人々は雪山作りのイベントを大いに楽しみ、吉祥慶寿の趣向を凝らしていたのである。

# 第三部　平安京を歩く

# 平安京とは

延暦十三年（七九四）十月二十二日、桓武天皇は十年間住んだ長岡京を捨て、山背国葛野《やましろのくにかどの》郡《ぐん》・愛宕郡《おたぎぐん》に造営中の新しい都に車駕を進めた。同月二十八日には「葛野の大宮の地は山川も麗しく、四方の国の百姓の参り出で来ん事も便にして、云々」という遷都《せんと》の詔《みことのり》が発布された。平安京の誕生である。

かつての平城京の時代は、「青丹《あおに》よし奈良の都」と謳われた栄華とは裏腹に、政権の内部では血で血を洗う権力抗争が繰り返されていた。桓武天皇自身が皇位を射止めることができたのも、義母の皇后・井上内親王とその子の皇太子・他戸親王を失脚させるという謀計あってのことだったのである。長岡京に遷ってからもそうした犠牲は後を絶たなかった。天皇の寵臣であった造長岡宮使・藤原種継は闇夜の工事現場で暗殺され、その犯罪の責任を問われる形で天皇の実弟である皇太弟・早良親王が無惨な死に追いやられた。その後、天皇の周囲には早良親王の怨霊の影が色濃くまとわりつくことになる。

桓武天皇はおそらく、長岡京を捨てて新しい都を造ることによって、こうした暗い影を一掃することを狙ったのであろう。この新しい都は、

## 鴨川《かもがわ》と桂川《かつらがわ》

平安京は、東を鴨川、西を桂川（葛野川《かどのがわ》）という二本の大河に挟まれていた。両者の合流点付近には「鳥羽《とば》の津」が設けられ、平安京の水の玄関口としての役割を果たしていた。一方、この両河川は大雨の際にはしばしば氾濫《はんらん》し、都の人々を悩ませた。鴨川の洪水がいかに猛威を奮ったかは、独裁君主白河法皇すら「賀茂川の水、双六《すごろく》の賽《さい》、山法師、これぞわが心にかなはぬ」（『平家物語』巻一）と嘆いていたことからも伺い知ることができよう。

鴨川

## 船岡山《ふなおかやま》と巨椋池《おぐらいけ》

京都盆地は、北に玄武《げんぶ》（山）、南に朱雀《すざく》（水）、東に青龍《せいりゅう》（河）、西に白虎《びゃっこ》（道）を配するという「四神相応《しじんそうおう》」の地形を備えていると考えられていた。この四神としては、北の船岡山、南の巨椋池、東の鴨川、西の山陰道が擬せられていたといわれている。船岡山の東麓には今も「玄武神社」が鎮座し、「四神相応」の思想を今に伝えているのである。

巨椋池の蓮見（写真：宇治市歴史資料館提供）

「平安京」と名づけられた。それまでの都の名称は全てその場所の地名を採っていた（たとえば、山背国乙訓郡《おとくにぐん》長岡村に造られたから「長岡京」と呼ばれた）。それに比べると、「平安京」という名称には桓武天皇の深い想いがこめられているといわなければならない。天皇のみならず万民にとって、平安京は永遠の平和を願う都であるという願いが込められていたのである。

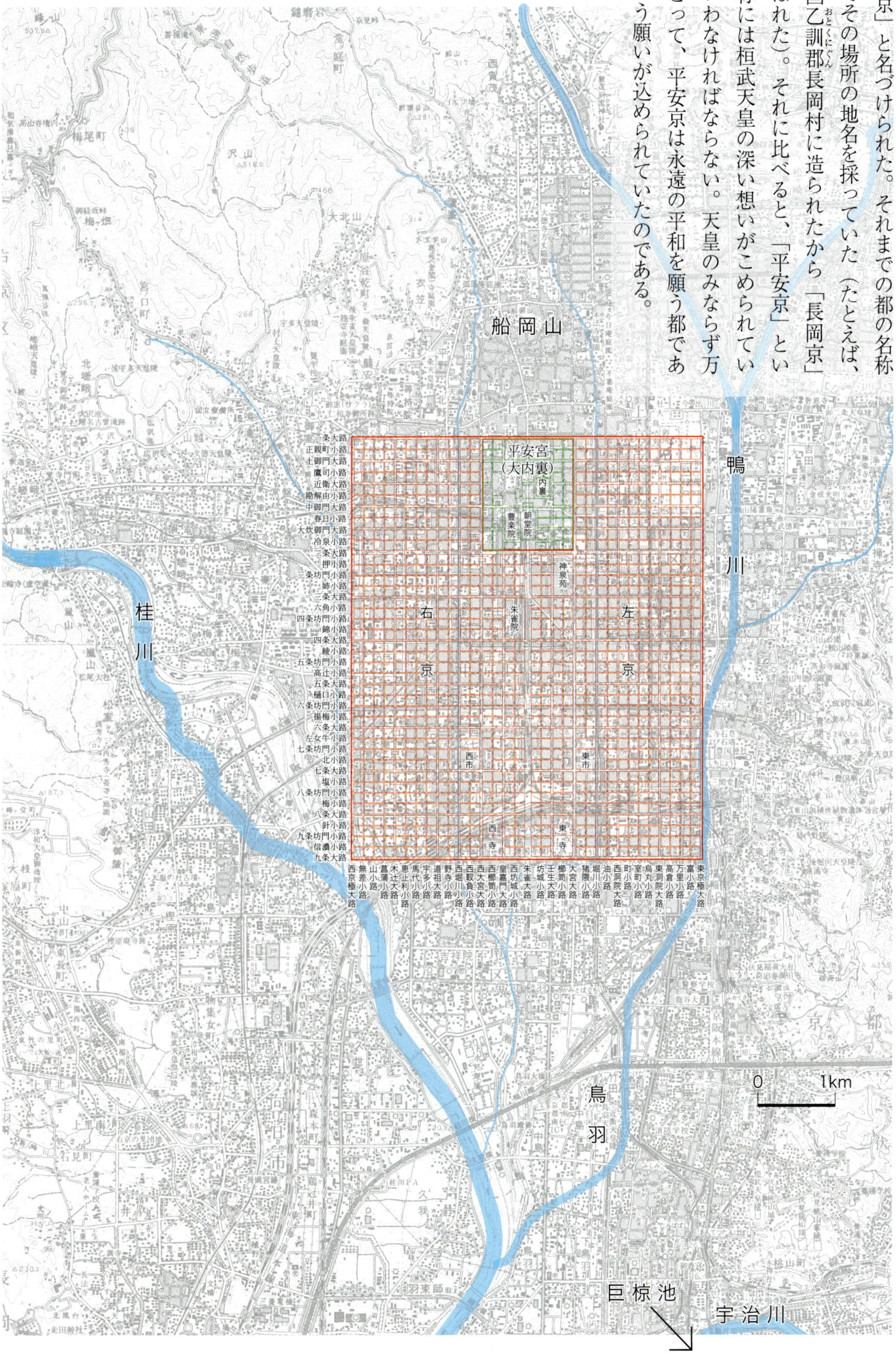

## 大内裏《だいだいり》と内裏《だいり》

平安京の中央北端を占めるのが大内裏（平安宮）である。ここには、国家の重要儀式をとりおこなう朝堂院《ちょうどういん》（八省院）、天皇の住居である内裏、公式の宴会場である豊楽院《ぶらくいん》、さらにはその他の官衙《かんが》群が集中しており、まさに平安時代の国家の中枢といってよい場所であった。大内裏は、北は一条大路（現・一条通）、南は二条大路（二条通）、東は大宮大路（大宮通）、西は西大宮大路（御前通）に囲まれた、東西約一一四六m、南北約一三七二mの範囲を占めていた。

内裏は、大内裏の中央やや東寄りのところにある。平安時代中期以降になると天皇は平安京内に造られた里内裏《さとだいり》に居住することが多くなったけれども、それでも大内裏に所在する本来の内裏は「大内《おおうち》」と呼ばれ、天皇の本来の居住地として尊重され続けていた。内裏は外郭と内郭という二重構造からなっており、外郭（東西約二一九m、南北約三一八m）は築地塀《ついじべい》、内郭（東西約一七一m、南北約二一六m）は廻廊によって取り囲まれていた。外郭の正門である建礼《けんれい》門《もん》、内郭の正門である承明門《じょうめいもん》をくぐると、白砂を敷き詰めた広い南庭があり、そこに面して内裏の正殿である紫宸殿《ししんでん》がそびえていた。平安宮の内裏は、絢爛《けんらん》たる王朝文化の主要な舞台となったのである。

### 現在の京都御所《きょうとごしょ》

現在の京都御所は、平安宮の内裏《だいり》とはまったく場所が異なっている。鎌倉時代末期の光厳天皇（北朝初代）が里内裏とした土《つち》御門東洞院殿《みかどひがしのとういんどの》（土御門内裏）が、現在の京都御所の前身である。その後、室町時代・戦国時代の天皇は火災などによる一時的な避難を除き、土御門内裏から離れることはなくなった。やがて、土御門内裏は織田信長、豊臣秀吉、徳川家康といった天下人たちによって拡張され、その周囲には公家町が形成されて独自の宮廷空間が創出され、近世の京都御所ができあがったのである。

遠く京都御所を望む

その後、御所は何度も火災の被害を受けたが、その度に再建された。現在の京都御所の建物は、江戸時代末期の安政二年（一八五五）の造営にかかるものである。

### 源融《とおる》の河原院《かわらのいん》と六條院

六條院のモデルと考えられている左大臣源融の邸第。場所は六条大路の北、東京極大路《ひがしのきょうごくおおじ》の西の四町を占め、想定されている六條院の規模・位置ともにほぼ一致する。源融は嵯峨天皇の皇子で、風流を尽くしてこの邸を築いたことは有名。

枳殻邸園池

とくに園池は、歌枕で有名な陸奥の塩釜《しおがま》の浦の風景を写したという。融の死後は、息子の大納言昇が宇多上皇に進上し上皇の御所となったが、さらに上皇の死後は、寺院となり昇の子僧安住が住持した。

現在、東本願寺の別邸枳殻邸《きこくてい》の園池は、河原院の旧跡というが、場所は異なる。

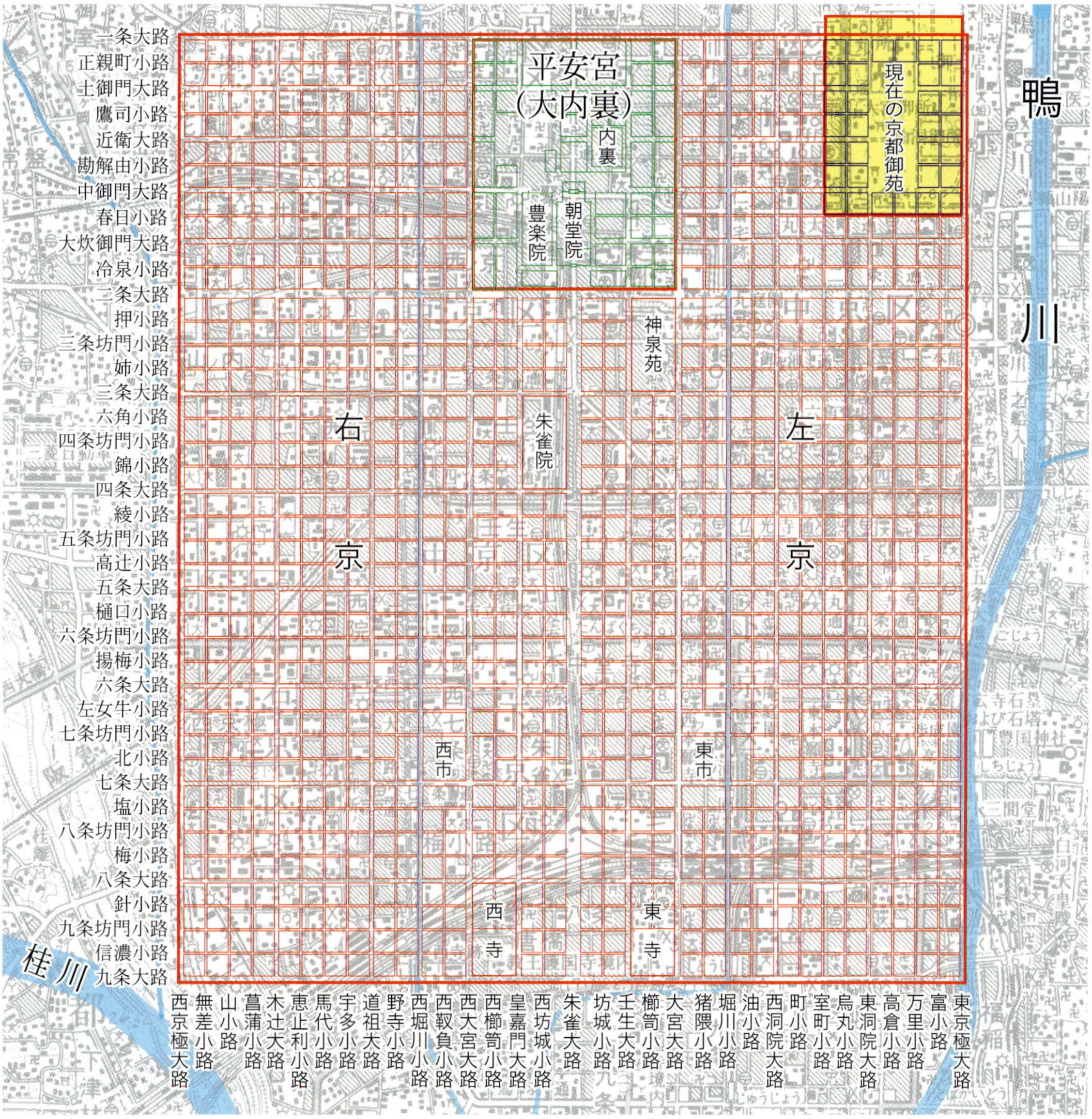


## 道路の変化

京都の町といえば、整然とした碁盤《ごばん》の目状の街並みであることで知られている。つまり、道路のほとんどは東西南北に直交しており、斜めに走る道は例外的なのである。これは、平安京の都市区画が今もなお京都の街並みの基本を形づくっていることによる。たとえば、現在の寺町通は平安京の東京極大路《ひがしのきょうごくおおじ》、烏丸通《からすまどおり》は烏丸小路《からすまるこうじ》、新町通は町小路、千本通は朱雀大路《すざくおおじ》、一条通は一条大路、御池通は三条坊門小路、松原通は五条大路にほぼ該当しているのである。

ただ、現在の道路と平安京の街路を比べると、その規模はまったく違う。平安京のメイン・ストリートである朱雀大路《すざくおおじ》は幅二八丈（約八四m）の広大さを誇っていたが、現在の千本通は広いところでも二五m程度、狭いところではせいぜい六mくらいしかない。逆に、平安京の烏丸小路は幅四丈（約一二m）であったが、現在の烏丸通は倍以上に広がっている。一見すると何気なく見える道の幅にも、一二〇〇年におよぶ京都の歴史の厚みが現れているのである。

プロローグ

# 平安京へ出かけよう!

現在の京都に平安時代のイメージを求めようとしてもほとんど不可能であろう。条坊《じょうぼう》制という都市計画で造られた碁盤の目状の大路小路は、たしかに現代の京都の通りに受け継がれているが、全体的に道幅はもっと広かったであろう。貴族の邸宅は築地塀《ついじべい》で囲まれていたから、道路から見れば、両側に築地塀がつづいて、その前に溝川が流れ、柳などの街路樹が植えられる、といった比較的単調な景色であった。わずかに連続した築地塀のところどころに門が開いてその単調さを破るが、その中が貴族の邸宅だったり、役所だったり、あるいは官衙《かんが》町・廚《くりや》町といった寮兼台所兼作業所のようなところだったりするだけのことである。もっとも平安京も南部へ行くと、庶民の板葺《ぶ》きの簡単な家が戸口と窓を通りに面して並んでおり、その町家の裏側は、共有の空閑地になっていた。

神社や寺院は基本的に京内にはなく、郊外に行かなければ見られない。現在の京都らしさを生み出している有名寺社は、その多くが東山や北山、嵯峨などに集中しているが、これらの場所は平安京ではない。すべて平安京の外である。京内の宗教施設としては、東寺と西寺の官寺や、その後都市民によって興された六角堂や因幡堂《いなばどう》の町堂、郊外の社から祭礼のときに神輿がやってくる旅所などがあるばかりである。

こうしてみると、平安時代の京都は、現在とはずいぶん異なった景観である。とうぜんわれわれの考える観光地や遊びのスポットといった概念は通用しそうにもない。

しかし、この時代の平安京に居住する貴族や庶民にも、気晴らしの小旅行を兼ねた物詣でや年に一度のお祭り、衝動買いをそそらせるショッピング、仲間同志による花見の酒食など、いろいろな遊興の機会はあった。そこでわたしたちも六条院から外へ出て、そんな平安京の観光地や遊びのスポットへ出かけてみよう。六条院は、平安京の左京六条京極《ろくじょうきょうごく》辺にあったとされる。そこを出発点として、平安時代の外出スタイルで、平安時代の京都とその周辺を歩いてみたい。

まず最初に出かけるのは、東山の清水寺《きよみずでら》である。平安京から至近の距離にある。ここには霊験《れいげん》あらたかな観音《かんのん》が祀られていて、平安時代から身分の差別なく多くの参詣人でにぎわった。ここへは、当時の貴族が常用した

輿で鞍馬寺へ

牛車《ぎっしゃ》に乗って出かけることにしたい。牛車から見る鴨川や途中の寺院の景色も楽しむことにしよう。そして清水寺では有名な舞台から平安京を眺望するのがお勧めである。

次に、平安京からは北に位置する鞍馬寺《くらまでら》に参詣する。清水寺に比べると距離もやや遠く、途中細い道や険しい坂もあるので、牛車よりは手軽な輿《こし》で出かけるのがよい。六條院は平安京の南部にあるので、京内を通って郊外に出、鴨川を渡って山あいの道を行くことになる。途中、京内では、有名な大邸宅や町堂などのそばを通るので、ちょっと立ち寄って見物しよう。郊外に出ると、のどかな田園や河沼と山の風景に変わる。日帰りは無理なので、鞍馬寺の坊に宿泊する予定である。

最後に、お忍びで七条の市あたりへ歩いてショッピングとしゃれ込もう。六條院から市へは比較的近い距離にある。この地域は、平安京の中でもいわゆる「下町」にあたる。きっと心ときめくことがあるだろう。唐からやって来た珍しい香や陶器の器、それからちょっといい男から歌を詠みかけられるかもしれない。でもこの時代の女性の身だしなみとして、壺折装束《つぼおれしょうぞく》に市女笠《いちめがさ》、垂れ衣をつけたいわゆる虫《むし》の垂《た》れぎぬ姿で、顔は隠していかねばならない。見え隠れする着物の裾の色合いに気をつけて、ちょっと品のいい童女をお供に連れて行くとなおよい。市から少し足を伸ばして、東寺や稲荷旅所《いなりのたびしょ》にも出かけたい。

牛車で清水寺へ

虫垂れ衣姿で七条の市へ

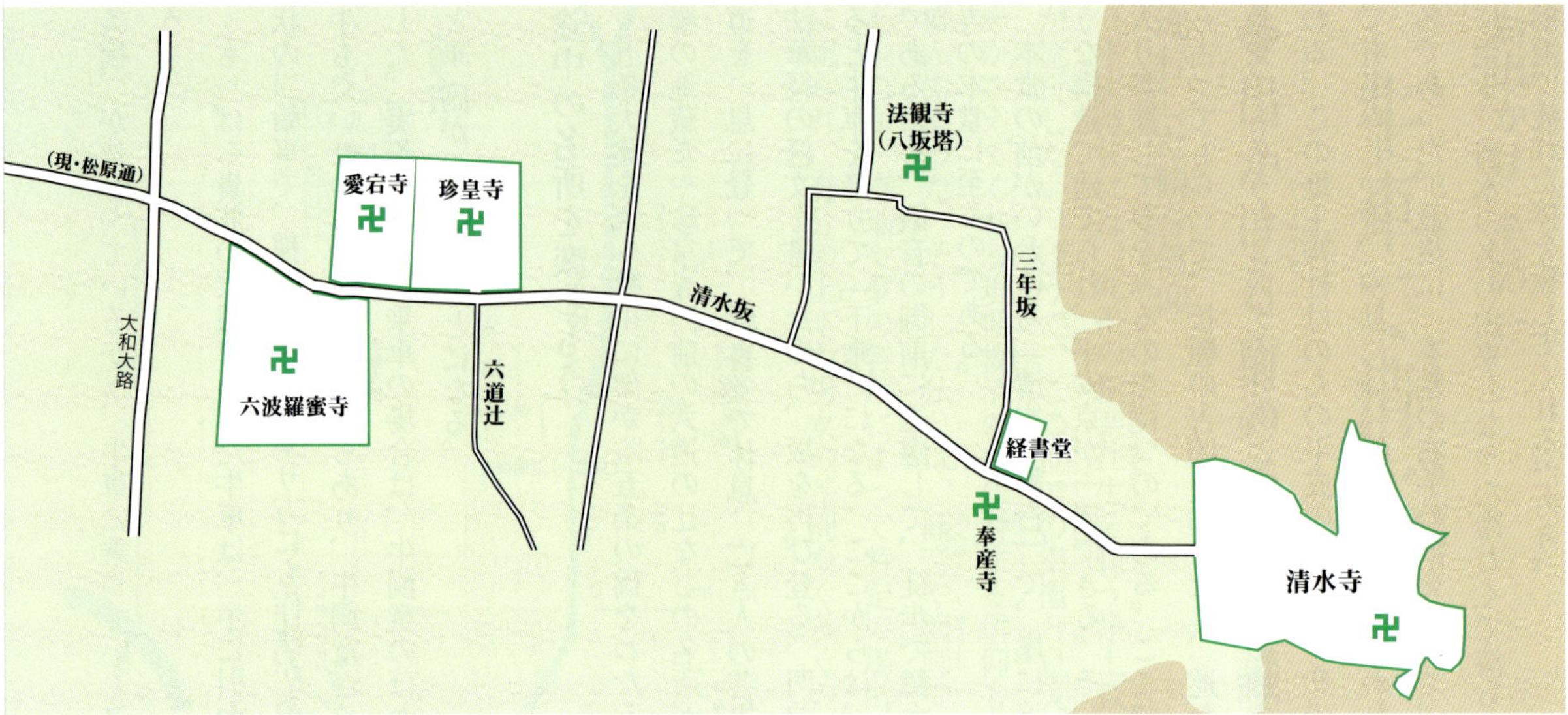


## 六條院から北へ五条大路へ出る

六條院は、南と北には入口がないので、東門か西門のいずれかから道に出ることになる。ここではモデルとされる源融の河原院を想定して、西へ万里小路《までのこうじ》の方へ出て道を北にとる。

牛車は後ろ向きに対屋《たいのや》まで引き入れて、直接縁から乗り込む。同僚の女房、お供の女童を含めて四人が乗れる。中門をくぐると北へ車を進める。私的な物詣でなので前駆《ぜんく》や車副《くるまぞえ》はいない。牛飼童《うしかいわらわ》は院がふだんから使うこころやすい者である。

木の車輪のきしむ音、窓から入る春風、いずれものどかな小旅行の予感を感じさせる。五条大路へ出ると、針路を東へ変える。正面には、緑も鮮やかな東山が望める。

## 五条橋を渡る

ほどなく東京極大路《ひがしのきょうごくおおじ》を過ぎると、ここからは京外である。鴨川には少なくとも平安末期には橋が架かっていた。清水寺への参詣路であったので、その便のために架けられたのである。勧《かん》進聖《じんひじり》が広く人々から喜捨を集めて架橋したので、勧進橋ともよばれた。『梁塵秘抄』に収められた今様（当時の流行歌）には、「何れか清水へ参る道、京極くだりに五条まで、石橋よ」と詠まれているから、橋脚は石造りの堅牢なものである。橋の上からは、鮎を捕る漁師や水浴びする子どもたちの姿が見える。

### 平安京の五条大路は現在の松原通

現在の五条通は、平安時代の六条坊門小路に該当する。それより二町北を東西に走る松原通が平安時代の五条大路の位置になる。

時代がくだり、豊臣秀吉は東山七条辺に方広寺大仏を建立したが、その参詣の便宜のために、鴨川の現在の五条大橋にあたる位置に石橋を架けた。これが五条石橋である。そのために六条坊門小路を五条石橋通またはたんに石橋通というようになり、さらには五条通とよぶようになったのである。

牛若丸と弁慶が出会った橋も現在の五条大橋ではなく、ひとつ上流に架かる松原橋の位置になる。

現在の松原橋

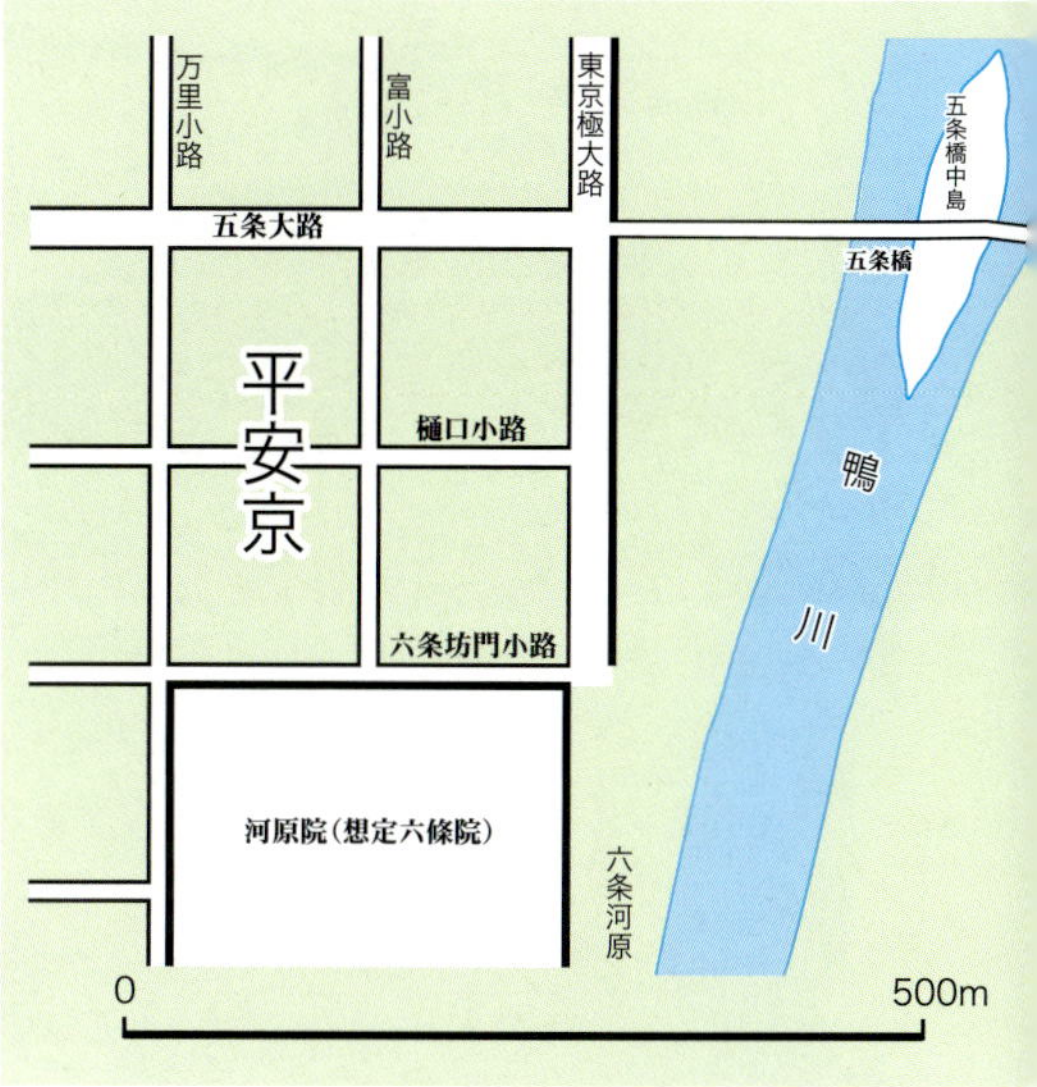


## 車中より六波羅蜜寺《ろくはらみつじ》を拝む

鴨川を渡って大和大路を過ぎれば、清水坂の入口である。車の右手の窓から寄棟造《よせむねづくり》のりっぱな瓦屋根の堂が見えてくる。六波羅蜜寺である。諸国を遊行して架橋などの社会事業を行いながら、人々に念仏を勧めたために「市聖」とよばれた空也が創建した西光寺を基礎に、貞元二年（九七七）、中信が天台宗の別院として建立した寺院である。

堂の額字は三蹟のひとりで名筆家の藤原佐理が揮毫したもの。もともと観音が祀られていたが、のち仏師定朝が彫った地蔵菩薩像も安置され、いまはそちらのほうでも有名である。今日は寄らないで、車中から拝むことにする。

六波羅蜜寺

## 六道《ろくどう》の辻《つじ》を通る

しばらく坂を進むと、今度は左手に寺院の門を見る。これが珍皇寺《ちんこうじ》で、その向い側へとつづく道は京都の葬送地として知られた鳥部野《とりべの》へとつづいている。つまり珍皇寺は鳥部野への入口としての性格をもった寺で、そのためにこの門前は六道の辻とよばれた。

平安前期の公卿小野篁《おののたかむら》が、閻魔《えんま》庁の冥官としてこの場所から現世と冥界の間を行き来したという伝説があるのも、そうしたこの寺の性格と無関係ではない。境内の篁堂には小野篁像・弘法大師像・閻魔大王像などが祀られている。

この場所を通るときは、いつも恐ろしさと気味悪さに身震いがする。急いで通り過ぎよう。

六道珍皇寺

## 清水坂《きよみずざか》を登る

六道辻《ろくどうのつじ》を過ぎると道は急勾配《きゅうこうばい》の坂になる。牛車を引く牛のあえぐ声と、それを駆り立てる牛飼童の叱る声が車中にも聞こえる。清水坂のこの周辺には、運輸業者である車借《しゃしゃく》が居住したり、坂非人といわれた病気の人々が組織的に集住している。そうした病人に湯を施して治療するための「温室《おんしつ》」という蒸し風呂の施設もある。室町時代には「つる召《め》そ」と呼ばわりながら、京都市中に弓の弦《つる》を売って歩いた犬神人《いぬじにん》の居住地でもあった。彼らは祇園祭《ぎおんまつり》の山鉾を護衛する役割をもっていた。

経書堂

## 経書堂《きょうかくどう》で経文を書く

清水坂の途中、左手からの急な石段の上り坂と出会う辻になる。この坂が三年坂（産寧坂）で、下ると法観寺八坂塔に至る。右手に見えるのは泰産寺の子安塔《こやすのとう》で、安産の観音を祀っている。

この三年坂との辻の、北東角にある小堂を経書堂（正式な寺名は来迎院）という。ここに立ち寄って経木を召し寄せ、法華経の一句を書いて、亡き人の回向をすることにする。経書堂の由来としては、法華経の一字一字を一石づつに書いて供養したからだという説もある。

### 三年坂《さんねんざか》

経書堂《きょうかくどう》の下から法観寺を経て祇園《ぎおん》に至る坂で、石畳み道と古い家並みがつづく情緒から、現在でも観光コースになっている。坂の名の由来は、大同三年（八〇八）に開けた道だからとも、泰産寺への参詣路であることから「産寧坂」といい、その転訛から「三年坂」というようになったともいう。この坂で転ぶと三年のうちに死ぬという俗説がいつのころからかある。

三年坂

### 子安塔《こやすのとう》

正式な寺名は泰産寺。養老年間に光明皇后によって創建されたという伝承をもつ。安産の観音として京都の人々の崇敬を受け、帯を掛けて安産を祈ったので「子安観音」の名がある。江戸時代までは三年坂（産寧坂）の上にあったが、明治になってから現在の、奥の院の先に移された。現在の三重塔（子安塔）は江戸時代の建立である。

子安塔

## 車から降り、ここより徒歩

大日堂を左に見てさらに坂を登りつづけると、正面に清水寺の仁王門や三重塔が見えてくる。ようやく清水寺門前の広場に出たのである。ここからは境内であるので、牛車を降りて歩くことになる。左手の馬駐《うまとどめ》という建物は、参詣人の馬を繋いでおく施設であるが（現在の建物は室町時代のもので、重要文化財）、牛車からはずした牛はここに留め、車は車宿（現在はない）につける。女性はここで被《かず》き姿に調え、仁王門の石段を昇らねばならない。仁王門をくぐった左手にある塚は鹿間塚《しかまづか》といって、堂舎を建てるとき土地を開くのを手伝った鹿が産み落とした子を葬っているという。三重塔を右に、経堂、創建の協力者坂上田村麻呂を祀る田村堂を左に見ながら、轟《とどろ》き橋を渡り、それにつづく廊を通り抜けると、視界が開けて本堂前の舞台に出る。

馬駐

仁王門

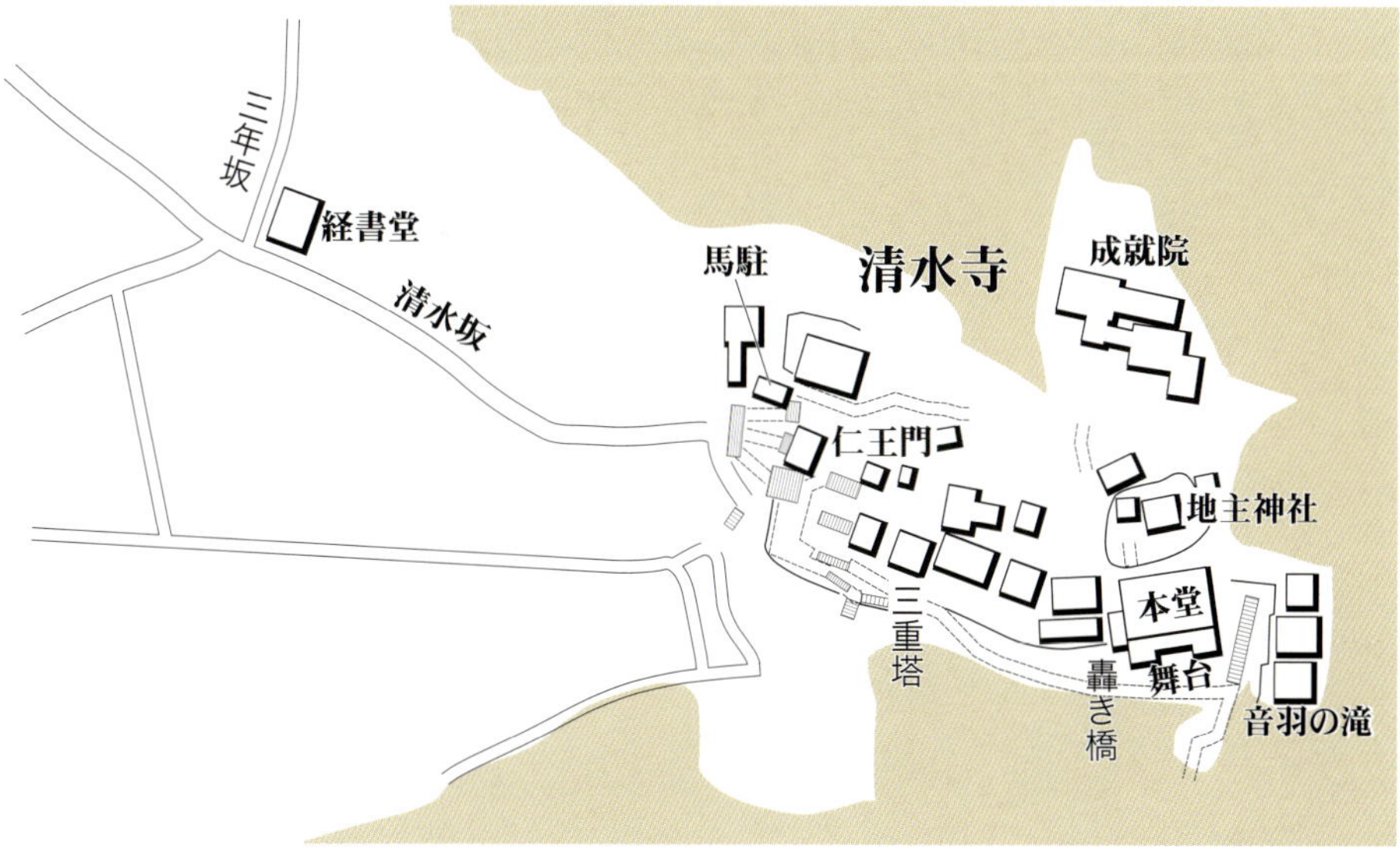


現在の清水寺

## 舞台《ぶたい》より市中を眺める

清水寺の本堂は、急勾配の山腹に建てられている。創建当初、あまりの険しい断崖に、どのようにして堂を建てようかと悩んでいたところ、多くの鹿がやって来て一夜のうちに土地を平らにならしたという。

内陣《ないじん》は土間になっていて、仏像を安置する厨子《ずし》が置かれている。それに対して、外陣は板敷きで、多くの参拝者はここから本尊を拝むのである。

特徴的なのは、建物の前の床が崖から突き出るように張り出し、束柱で下から支えられていることである。これが有名な「清水の舞台」で、正式には懸崖造《けんがいづくり》という（現在の建物は、寛永十年〈一六三三〉の再建で、国宝）。思い切ったことをするたとえとして「清水の舞台から飛び降りる」というが、浄土《じょうど》に往生《おうじょう》することを願って、ほんとうに飛び降りた人もいるそうである。

舞台からの眺望は格別である。手前に銀色に細く輝くのは鴨川《かもがわ》、その向こうに平安京の家並みが見える。平安京のさらに向こうを流れるのが桂川《かつらがわ》、先のほうで鴨川と合流し山のすそ野に消えていくあたりが山崎であろう。

柳桜をこき混ぜて、まさに錦かと見まがう京《けい》洛《らく》の春である。

## 外陣《げじん》に参籠《さんろう》して夢の告げを待つ

本堂の外陣に入って、参拝する。板敷きの外陣にはすでに多くの人が参籠している。清少納言が書いた『枕草子』にも、「さわがしきもの」として十八日の観音の日に、参籠する人で混雑している本堂のようすを挙げている。

舞台よりの眺望

### 清水寺創建の由来

清水寺は京都市東山区にある北法相宗の寺である。山号を音羽山《おとわやま》という。興福寺一乗院の末寺で、本尊は十一面観音《かんのん》である。

本堂は平安時代以来の様式で、舞台造の礼堂である。平安期の漢学者藤原明衡の作と伝えられる『清水寺縁起』によると、創建は宝亀九年（七七八）で延鎮が東山の山麓で行者《ぎょうじゃ》行叡に会い、教えに従って草庵を結んだのがはじまりとされる。その後、延暦十七年（七九八）、坂上田村麻呂を願主として清水寺を建立したという。そして同年に十一面四十手観音像が造立された。

古来より本尊の十一面観音の霊験《れいげん》はよく知られ、人々の信仰も篤《あつ》く観音信仰の霊場のひとつとして栄えた。その様子は、『更級日記』に彼岸《ひがん》会《え》で賑わいを見せる様子と参詣した作者が夢告を受ける様子が記されているし、清少納言も度々参詣していることが『枕草子』に語られている。

『源氏物語』では、清水観音の縁日《えんにち》の日を中心に、夕顔の物語はクライマックスを迎え、人の死という現実に直面した源氏は成長し、物語全体は現実味を帯び深みを増すというように設定されている。

本尊は十一面観音であるが、脇侍に毘沙門天《びしゃもんてん》と地蔵菩薩《じぞうぼさつ》を祀っている。とくに地蔵菩薩は、坂上田村麻呂の蝦夷征討《えぞせいとう》の際に毘沙門天とともに出現して、矢を放って、敵を討ったというので、勝軍《しょうぐん》地蔵とよばれて戦の仏としてとくに武人の間に人気がある。

席を譲り合って場所を定めると、そのまま一心に観音を念じての参籠である。やがて意識が朦朧《もうろう》とするうちに、うとうととして夢を見ることになる。この霊前で見る夢が大事で、観音のお告げとされる。夢の内容は鮮やかでも、その意味はなかなかわからないものだ。寺には夢解きの者がいるので、その者に夢の意味を占ってもらうことにしよう。

## 地主権現《じしゅごんげん》の桜を鑑賞する

本堂の裏に回って石段を登った所、ちょうど清水寺本堂の大屋根を見下ろす位置にあるのが、地主権現《じしゅごんげん》（現在は地主神社）である。地主権現とは、文字どおり清水寺の建つ土地の神様の意味で、もとからこの地におられた神様に敬意を表して祀ったものである。したがって寺の創建と同時に祀られていたことになる。

平安時代は神仏が混交していて、神様も仏様とともに寺を守り、国家の安穏や人々の幸福をかなえてくださる。

ここは八重咲きの桜がとても美しい。後世、室町時代には「地主の桜」として俗謡にも歌われるようになった。満開の桜を見ていると、とてものどかでぜいたくな気分になる。鶯《うぐいす》の声がしきりにする。ときおり花びらが舞い散るのはその鶯が枝から枝へと飛び移るからであろう。こんなのを「落花《らっか》狼藉《ろうぜき》」というのかな。

地主の桜

## 音羽《おとわ》の滝《たき》の水を口にすすぐ

地主権現の参拝を終えてもとの道を戻り、本堂脇の長くて急な石段をさらに降りると、音羽の滝がある。滝といっても、三筋の水が崖の上の三つの石の樋《とい》から流れ落ちている人工的なものである。しかしこの滝こそ、清水寺の名まえの由来となった名水で、多くの和歌に詠まれてきた由緒ある滝なのである。見上げると水が湧《わ》き出ている崖の上に滝殿《たきどの》とよばれる小さな祠が祀られている（現在はない）。

この水を柄杓《ひしゃく》で汲《く》んで飲んでみる。ずいぶん上から落ちてくる水なので、気をつけないと着物に飛び散りそうである。冷たい！　緑の多い東山を、ゆっくり時間をかけてしみこんできた水は、なんともまろやかである。参籠に疲れた頭と体を目覚めさせてくれる。

清水詣での行程はこれで終わり。車宿まで戻って牛車に乗り、六條院に戻って今夜はゆっくり休もう。

音羽の滝

# 牛車《ぎっしゃ》に乗る

## ■牛車《ぎっしゃ》とは

平安京とその周辺では道路が比較的整備されていたから、上皇をはじめ大臣以下の公卿《くぎょう》、さらには四位・五位の殿上人《てんじょうびと》、それにその子女や仕える女房《にょうぼう》まで、一般の交通手段としては牛車を用いた（天皇は牛車には乗らない）。

牛車は、牛に引かせた二輪車で、人が乗る車体（「箱」という）の基部から前方へ二本の轅《ながえ》を伸ばし、その先につけられた軛《くびき》を牛の首に懸《か》けて引かせるのである。車体は前後が開いていて、ふつうは後ろから乗り、前へ降りる。前後の出入り口には、御簾《みす》を懸け、その内側に布製の下簾《したすだれ》を垂らして、裾を御簾の下から外に出す。

車体の材質によって「糸毛車《いとげぐるま》」や「網代車《あじろぐるま》」といった名称や、「八葉車《はちようぐるま》」などのように描かれた模様による名称もある。いずれも、身分や格式によって使い分けられた。また、車体

の両側に窓のついたものもあり、これを「物見車《ものみぐるま》」という。これにさらに蔀がつけば「半蔀車《はじとみぐるま》」、廂がつけば「廂車《ひさしぐるま》」となる。

車をふだん格納して置く施設が車宿《くるまやどり》で、使用するときはここから車を引き出して、車寄《くるまよせ》から乗車する。車寄は中門廊の途中あり、屋根を伸ばして廂《ひさし》を深くして車を入れやすくした場所で、妻戸《つまど》を開けて乗車できるようになっている。

参内する場合、ふつうは宮城門の待賢門《たいけんもん》か上東門《じょうとうもん》で下車するので、これらの門脇には貴族の牛車が立ち並ぶ光景が見られた。功労のあった大臣などは特別に牛車で待賢門を通って宮中に出入りすることが許された。これを「牛車《ぎっしゃ》の宣旨《せんじ》」という。

## 皇太子殿下と御所車

御霊神社宮司　小栗栖　元徳

後陽成上皇御寄進と伝えられる当社所蔵の御所車（牛車）は四百年近くを経た現在も現役で毎年五月十八日の祭礼には猿田彦神を奉斎し、牛が牽き京都市中十数キロにわたり御輿の先導を務める。私達はその優雅な姿からも一年に一度の祭礼に欠かせない存在として子供の頃から「おくるまさん」と呼び親しんできたものである。

先年この牛車は皇太子徳仁親王殿下の御高覧にあずかるという栄に浴した。殿下は学習院大学に寄託されている西園寺家古文書をかねて御研究であったがその中の公家乗用の牛車の仕様書である「車図」に御関心をもたれ、現存の牛車を視察したいと希望されたが往時の牛車の現存例はなかなか少なく毎年葵祭に牽かれるものが二輌京都御所に保管されている以外見当たらないということであったらしい。そこで当社に現存するとお訊き及びになり、平成十四年十一月十四日行啓の運びとなった。当日は紅葉の最中秋晴れの好天に恵まれ、前もって境内に引き出されていた牛車に殿下は眸を輝かされ三十分程であったが真摯なる研究者として実に綿密に観察された。この牛車は当然ながら車体も車輪も木造であるが車輪の外縁つまり接地部分には帯状の鉄の輪が巻かれている。その鉄の輪はもともとは無かったのであるが車輪が木製であるので長時間運行すると当然外縁が磨耗する。そこで防止の為にのちに巻いたと聞いていたが殿下はその鉄の輪に眼を止められ、「これは?」とお尋ねになった。そこで私はそのいきさつを御説明したのであるが、私の経験ではこれまで多くの人の目に触れながらそのことに気がついた人はなく、質問も受けたことがなかったので、殿下の観察力の緻密さを感じさせられたのであった。

# 車の種類

## 唐車《からぐるま》

屋根が唐破風《からはふ》なのでその名がある。屋根は檳榔樹《びんろうじゅ》の葉で葺《ふ》かれており、廂《ひさし》と腰《こし》にも檳榔樹の葉を用いる。上皇・皇后・東宮《とうぐう》・親王《しんのう》、または摂関《せっかん》などが用いる大型の牛車。

## 糸毛車《いとげくるま》

絹の縒糸《よりいと》で屋形全体を覆い、その上から金銀の窠文を飾った車。内親王《ないしんのう》、三位以上の内 命婦《うちのみょうぶ》などの身分の高い女性が用いた。東宮《とうぐう》が使用することもある。

## 半蔀車《はじとみぐるま》

屋形の横にある物見窓《ものみまど》が、引き戸ではなく、上に押し上げる半蔀戸になっていることによる名称。屋形そのものは檜の薄い板を編んでおり、いわゆる網代車《あじろぐるま》の一種である。上皇・親王・摂関、大臣のほか、高僧や女房が用いることもある。

『故実叢書』「輿車圖考」版本（井筒家蔵）

## 八葉車《はちようくるま》

網代車《あじろぐるま》の屋形や袖に八つの葉の装飾文様（八曜とも）をつけたもの。文様の大小により、大八葉車とか小八曜車などがある。前者は親王や公卿《くぎょう》、高位の僧が用い、後者は少納言・外記《げき》などの中流貴族、女房《にょうぼう》などが乗車した。

## 牛車《ぎっしゃ》の乗り方・降り方

牛車の乗降に際しては作法があった。『源平盛衰記』によると、木曽の山中に生まれた源義仲は、都で乗り慣れぬ牛車から降りる際、後ろから降りようとして、雑色《ぞうしき》に「車は後ろから乗り、前に降りるものです」といわれたのを、無視して後ろから降りてしまったので、京中の人々の笑いものになったという。

寝殿から車に乗るときは、中門廊の車寄《くるまよせ》に、牛をはずした車を後ろ向きに引き込む。車寄は廊の妻戸《つまど》に面しているので、妻戸を開けて牛車の後方から乗り込むのである。榻《しじ》という四脚の台を踏み台にして、車体の入口から外側へ付き出た踏板とよばれるステップに足を乗せる。横に立つ役の者が、入口に懸かった御簾《みす》をかかげてくれるので、その下をくぐって乗り込むのである。対《たい》の屋《や》の妻戸の前に、直接牛車を寄せて乗ることもある。

降りるときは、ふつうは前から降りる。まず車から牛を放ち、自分で前の御簾を巻き上げると、役人が車の前に突き出した前板というステップに履き物を置いてくれる。車が揺れるので両袖の傍建《ほうだて》という添え木に手を懸《か》けて履き物を履き、前の轅の間に置かれた榻を踏み台にして地面に降りるのである。

乗り方

降り方

## 牛飼童《うしかいわらわ》

牛車に付き添って牛の世話をする者で、「牛飼」「牛童」ともいう。『枕草子』に「牛飼ひは大きにて、髪あららかなるが」とあるように、成人後も烏帽子《えぼし》は被らず、老齢になっても童髪である垂髪《すいはつ》のままでいるために、童名で呼ぶのが通例であった。牛車に車副が従って牛を追う時には榻《しじ》を持ち、いない時には鞭《むち》を持って牛を追って供奉した。

牛飼童

## 車副《くるまぞえ》

身分の高い者の牛車の轅《ながえ》や軛《くびき》の左右に供奉し、威儀を整える者。その人数は、身分や外出の目的により異なり『西宮記』三には、上皇八人、親《しん》王《のう》・太政大臣《だじょうだいじん》六人、大臣四人、納言《なごん》二人、参議一人と記されている。また出行の際には、警蹕《けいひち》を唱えて先を追うといわれていて『門室有職抄』には「一町三所これを追うべし」と記され、辻ごとに唱えて先を追うこともあったようである。

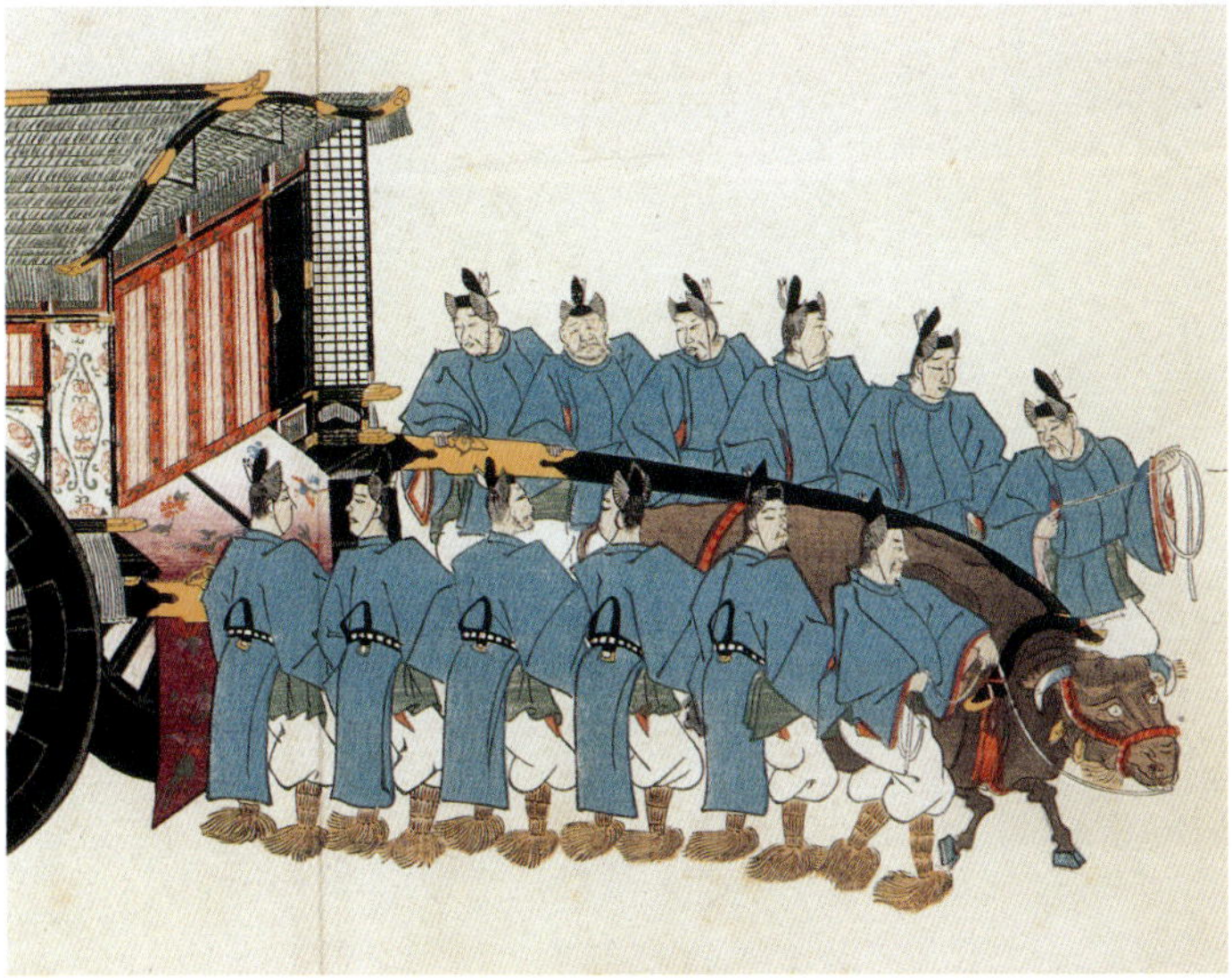

車　副　　『故実叢書』「輿車圖考」版本（井筒家蔵）

### 座席の順位

牛車には最大四人が乗れる。身分の上下によってその席順が決まっている。前方右が第一の上臈《じょうろう》、その左が次席、さらに三番目が後方の左、最後が後方の右側の席ということになる。男女が乗るときは、男性が右側に、女性が左側に乗る。また、一人で乗るときは、左側に座って右側を空けた。

## 前駆《ぜんく》

貴人が通行する際、前払《さきばら》いをする者。前駆を追うと華やかな音がする。夕顔との忍んだ関係や玉鬘へ秘かに恋慕する源氏が訪れる場合には、前駆を追わせずひっそりと人目に付かないよう配慮した行動をとった。

『源氏物語』の「夢浮橋」の巻では、遠くの谷間に見える薫の行列の前駆追いと松明《たいまつ》の明かりの華やかな様子と、出家した浮舟との大きな心の隔たりを見事に対比させ描いている。

『紫式部日記絵詞』第三段　藤田美術館蔵

## 平安時代の牛

牛が登場する初期の文献に『播磨風土記』がある。また『古事記』の仲哀天皇御崩御に関する項目に「馬、牛、鶏、犬」、『日本書紀』にも「牛、馬や黄牛」と、牛の文字が登場する。

家畜としての牛は朝鮮半島から渡来人とともにやってきたようである。天武天皇の「禁の詔」が「涅槃経」に倣《なら》って発せられているが、その頃には、牛乳としても食肉としても既に利用していたと考えられる。農耕に牛が用いられた例としては「田令」に「二町毎に牛一頭を配する」とある。

牛の皮は『延喜式』では祭祀に使われており、正倉院には美しく彩色された牛皮華鬘《ごひけまん》が残っている。

牛車は平安初期『三代実録』貞観十七年九月九日条に初見される。平安京初期の人口は十二万人前後、南北五・二km×東西四・五km、一五%~二〇%に建物が建っている。空き地があり畑があり、「好んで水田を営む」とある。明治の京都の写真でも随分畑が見られる。現在ビルの屋上から見ると御所以外は建物でいっぱいになっているので俄に信じがたいものがある。花山朝（九八四年~九八六年）においても「禁内裏、西京、朱雀門、京中の田を

刈った」とある。『源氏物語』―「蓬生」の抄に現在の御所の東側にあると想定される常陸宮邸の様を次のように書いている。「かかるままに、浅茅は、庭の面も見えず、しげき蓬は、軒を、争いて生いのぼる。葎は、西・東の御門を閉じこめたるぞ、たのもしけれど、崩れがちなる垣を、馬、牛などの踏みならしたる、道にて、春・夏になれば、放ち飼ふ総角《あげまき》の心さへぞ、めざましき。」このように、馬や牛が放し飼いにされていた。馬・牛の放し飼いの禁止令が度々出るので確かに放し飼いされていたのであろうし、「飼う」と、言う事は飼い主もいたと言う事になる。

　牛の種類については、延慶三年（一三一〇年）の『国牛十図』に、写本によって違いがあるが寗直麿《ねいのなおまろ》の絵とされる筑紫牛、御厨牛、淡路牛、但馬牛、丹波牛、大和牛、河内牛、遠江牛、越前牛が描かれている。この書物によると、十図の内の越後牛の他、出雲、石見、伊賀や伊勢にもよい牛がいると書かれている。絵巻物の牛には黒、褐、黄、黒地白斑のものがあり、『源氏物語絵巻』、『信貴山縁起絵巻』、『紫式部日記絵巻』に見られる。

　牛車には白斑の牛が好まれていたようだ。江戸期の浮世絵にも多くの牛が描かれているが、やはり黒、赤、褐、黄、黒地白斑の牛である。絵巻物や浮世絵を見ると人の腰の辺りに牛の背中があり随分小さい。一方、明治天皇御大喪の図には人の肩より大きい牛が描かれており、この頃には大きな牛が日本にいた事が判る。これは明治以降、在来牛に外国の牛との交雑が勧められたからである。ブラウンスイス種、デボン種、ショートホーン種、エアーシャー種、シンメタール種、デイリーショートホーン種等の肉用牛、乳用牛が入ってきている。しかし、交雑の行き過ぎが反省され、目指すべき牛の生産を図るべく、明治四十四年に方針が変更され、良質な改良和牛が作出される事になった。

　詳しくは、岩手県前沢町にある「牛の博物館」のサイトhttp://www.isop.ne.jp/atrui/mhaku.html を参照。他に『但馬牛物語』兵庫県畜産会編、『新但馬牛物語』新但馬牛物語編集委員会編、『日本古代家畜史』金寿方貞亮著、『都市平安京』西山良平（京都大学学術出版会）を参考。

「葵祭之巻」（竹内家蔵）

## 出車《いだしぐるま》

牛車の御簾《みす》の下から女性の装束の袖や裾をこぼれ出して、飾りとしたもの。『源氏物語』でも旅立ちや儀式の場において、牛車から出される色とりどりの鮮やかな女性の衣の襲《かさね》が彩りを添えていた。例えば、娘と共に伊勢へ下向する六条御息所に従う女房たちの牛車から覗《のぞ》く美しい装束の袖口の色合いの様子は、目新しく奥ゆかしい感じであるとしている（「賢木」）。後に源氏は、この時の情景を、入洛する空蝉一行の出車の様子と重ね合わせ、感慨深く思い出している（「関屋」）。また女二宮を迎える薫は、示威を示すために出迎えの女房たちの牛車から華麗な装束を覗かせ飾らせている（「宿木」）。

さらに具体的な衣の様子を辿ると『増鏡』元永二年（下・第十六くめのさら山）に「いだし車に色々の藤、躑躅《つつじ》、卯花《うのはな》、撫子《なでしこ》、かきつばたなど、さまざまの袖口こぼれて出でたる、いとえんになまめかし」とあり、『長秋記』天承元年（一一三一）四月十九日条、賀茂祭見物の際の女《にょう》房車《ぼうぐるま》の様子を「出菖蒲生衣、紅打衣、款冬表衣、二藍唐衣衣裳腰」と記している。

このように衣を出す車からは、季節感はもちろんのこと車に乗る人物のセンスや好みが顕著に反映されていて、その教養の程が推しはかられる。

## 男女同車の場合

牛車に乗る席順は決まっているが、特に男女が同車する際は、男が右で女が左に乗ることになっていた。そして出掛ける目的は、賀茂祭《かものまつり》の物見であることが多かった。

『枕草子』の「いみじう心づきなきもの」の段には、賀茂祭に男が一人車に乗って出掛けるのは気に喰わないといっているし、和泉式部と敦道親王が同車して賀茂祭に出掛けて注目を集めた話は有名である。『源氏物語』では、源氏と紫上が同車して物見に出掛ける（「葵」）場面が描かれている。また、薫が浮舟を宇治に連れ出す場面（「東屋」）には、供として弁尼・侍従を含めた四人の同車であった例が見られる。その席順は、前方右が薫、隣に浮舟、後部席左に弁尼、その隣に侍従という具合であった。そしてその前後の隔てには、薄物の細長を車中に引き垂らし、姿が顕わにならないよう配慮していた。これは中引といって、男女が同車する場合や物見をする際に、中が見通せないよう几帳《きちょう》の帷子《かたびら》などを用いて隔てを作ったのであるが、時には細長《ほそなが》なども代用にすることがあったようである。

文学と史書の名場面 4

# 孝標の娘、姉とともに迷い猫を飼う。『更級日記』

『更級日記』の作者菅原孝標の娘は、物語の好きな文学少女であった。父が国司として在任した常陸で暮らした少女時代から、薬師仏を祀って密かに、早く都に帰して物語を読ませてください、と祈っていたというぐらいであるから、相当なものである。

その孝標の娘が都に帰ってからの話である。

五月のある日、真夜中まで物語を読んで姉と起きていると、猫の鳴き声がするので、部屋のその方を見るとどこからやってきたのかかわいらしい猫がいる。姉が、内緒で飼いましょう、というので密かに飼うことになったが、人馴れしていて自分たちの前から離れようともしない。ところが、姉が病気をすることがあって、猫を北面のほうにやっておいた。猫はうるさく鳴いたのだが、そのままにしておいた。その間、病気で臥していた姉は不思議な猫の夢を見る。

実は猫は姉妹が親しくしていて亡くなった侍従大納言の娘の生まれ変わりで、自分を慕ってくれたその縁で姉妹のもとに来たのに、最近は側にも置いてもらえない、と泣き顔で言ったというのである。さては、猫は侍従大納言《じじゅうだいなごん》の娘であったかと、急いで猫を北面から呼び戻し、それ以後はたいせつに扱うようになった。

場面は、燈台《とうだい》の火を灯して読書に耽《ふけ》る姉妹の居所で、几帳《きちょう》の裏から猫が出てきたところである。当時の猫は貴族の貴重なペットで、屋内で飼われるのが原則である。一般に綱につないで飼うことも多く、『源氏物語』「若菜上」で、他の猫に追いかけられて綱をつけた猫が縁に走り出たひょうしに、綱を御簾《みす》に引っかけ、その隙間から柏木が女三宮の美しい姿を垣間見て恋に陥る、というような話にも展開する。

犬の場合の、もっぱら庶民によって屋外で飼われたり、のら犬が多いのとは、対照的である。

### 『更級日記』

菅原孝標女の物語に憧れる多感な少女期から晩年の五十余年までの生涯を記した自叙。康平二年（一〇五九）以後まもなくの成立。爛熟期にある摂関体制《せっかんたいせい》の中、極めて平凡な当時の女性の一生が、自己追求という表現構造によって、時代を超えて人間の人生を見つめるという魅力になっている。

書名の「更級」は夫の死後、落胆する作者を甥が訪ねて来た時に口ずさんだ「月も出でて闇にくれたる姨捨《おばすて》になにとて今宵たづね来つらん」による。これは『古今集』『大和物語』の姨捨伝説《おばすてでんせつ》に準えたもので、姨捨山は亡き夫の終任の地、信州の更級にある。

# 輿《こし》で鞍馬詣《くらまもうで》

## ◆出かける前の予備知識

### 鞍馬寺《くらまでら》は平安京の北の要

平安京は、北・西・東の三方を山で囲まれた盆地に所在している。そうした山々には数多くの山岳寺院（山林寺院）や神社が造られ、聖なる都を鎮護していた。特に、都の北方にそびえる鞍馬・貴船《きぶね》の山々は、清冷な鴨川《かもがわ》の水の水源として尊重されてきた。水の神である貴船社、北方の守護神である毘沙門天《びしゃもんてん》を本尊とする鞍馬寺がこの地に祀られてきたのも、いわば当然といわねばなるまい。

平安京にはもうひとつの毘沙門天がある。都の正門である羅城門《らじょうもん》の楼上には、はるか中国から招来された兜跋毘沙門天《とばつびしゃもんてん》の立像（現・東寺蔵）が安置され、外界の穢れから都を守っていたのである。すなわち、平安京は、北を鞍馬寺、南を羅城門という、二体の毘沙門天によって守護されていたということになるのである。

### 鞍馬寺の創建

寺伝によると、鞍馬寺は宝亀元年（七七〇）に鑑真和上の最年少の弟子であった鑑禎上人《かんちょうしょうにん》（思託律師）が霊夢に導かれてこの地に至り、毘沙門天を祀ったのが起こりだということになっている。ただ、この寺の創建が奈良時代にまでさかのぼるということは他の史料からは証明することはできない。確実なところでは、平安時代初期の延暦一五年（七九六）、造東寺長官・治部大輔藤原伊勢人が自らの氏寺として創建したことに始まるということになる。いずれにせよ、平安京に遷都された直後に建てられた古刹《こさつ》であることに間違いはない。当初は真言宗、さらに平安時代後期以降は永く天台宗寺院であったが、戦後になってから鞍馬弘教という宗派を起こして独立し、その大本山となって現在にいたっている。

鞍馬寺

写真は方形造で力者が肩で担ぐ葱花輦《そうかれん》を用いている

## 輿《こし》に乗る

郊外の細い道や難路、市街部でも急を要するときや、略式の外出などには、牛車《ぎっしゃ》よりは小回りの利く輿が用いられた。輿は力者《りきしゃ》によって担がれる乗り物であるが、牛車と同じように、人が乗る屋形の基部の左右に轅《ながえ》を前後に通して、ふつうは前後それぞれ三人ずつで舁く。すなわち轅の左右両端を結んだ白布を、一人の力者が肩に掛け、左右の轅の両脇からふたりの力者がそれを支える。その三人がそれぞれ輿の前後に付くのである。力者が腰のところで担ぐので、腰輿《ようよ》、または手輿《たごし》という。

屋形はふつう切妻《きりづま》で、牛車と同じように左右の轅に歩み板を渡して袖を設けた袖輿《そでごし》もある。屋形の素材によって板製の板輿《いたごし》、檜の板を編んだ網代輿《あじろこし》、筵張《むしろば》りの張輿《はりこし》などがあった。また、山道などを通行しやすいように、屋形部分を取り外して床だけで担ぐこともあったが、これを坂輿《さかごし》といった。

河原町御池から西南方向を眺めた京都市街

## 平安京の小路《こうじ》から大路《おおじ》へと進む

輿は平安京の大路小路を北に進むことになる。

平安京は、整然とした碁盤の目状の街路によって区切られた計画都市であった。東西・南北の道路によって区切られた一辺四〇丈（約一二〇m）の正方形の区画を「町《ちょう》」と呼び、これが宅地の基本的な単位となっていた。道路には大路と小路の区別があり、小路は幅四丈（約一二m）に統一されていた。大路は、大部分は幅八丈（約二四m）であったが、重要なものは幅一〇丈、一二丈のものもあり、二条大路や朱雀大路《すざくおおじ》にいたっては一七丈（約五一m）、二八丈（約八四m）というとてつもない規模をもっていた。

ただし、平安京の街路は基本的には地道のままであり、石敷などの舗装をほどこした部分はほとんどなかった。雨が少し余計に降ると、たちまち道はぬかるみになった。平安京跡で発掘される道路の遺構には、何十本もの牛車の轍《わだち》の跡が刻みこまれているものがある。雨の後のひどいぬかるみの中を、牛があえぎあえぎ車を引っ張っていった様子が目に浮かぶ。

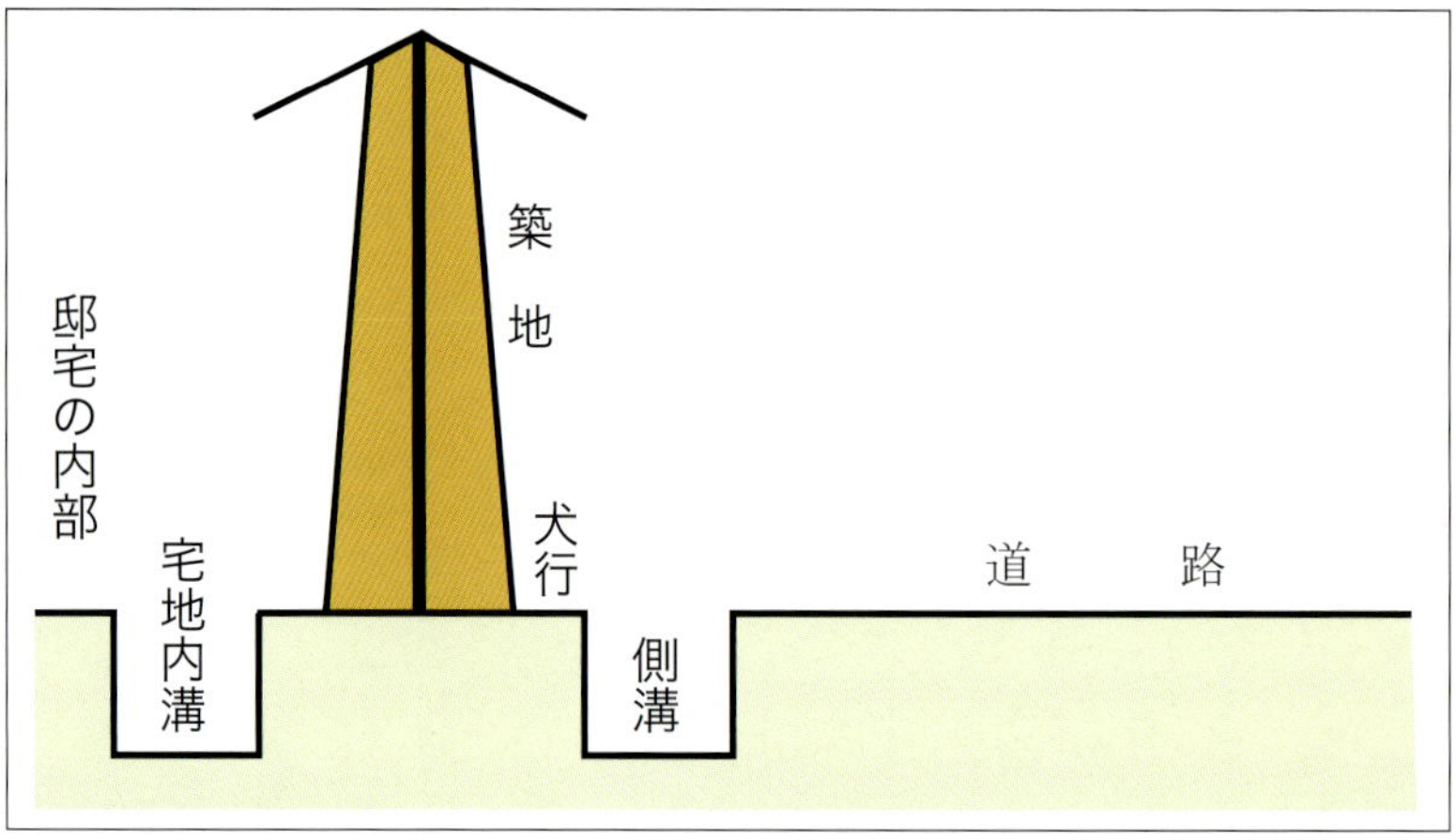


道路と築地（模式図）

## 町堂に立ち寄り参拝する

東洞院大路を北へ上ると左手に瓦屋根の仏堂が見えてきた。因幡堂である。ここには霊験あらたかな薬師仏が祀られている。少し立ち寄り健康を祈願することにしよう。

平安京の中には、寺院を造らないことが原則とされていた。仏教勢力が政治に口を出すことを嫌った桓武天皇が、東寺と西寺というふたつの国立寺院を例外として、京内に寺院を建てることを許さなかったのである。そして、この原則は平安時代を通じて一応は守られていたのである。ところが、これには抜け道があった。堂《どう》塔《とう》伽《が》藍《らん》を備えた大寺院はともかく、街の交差点に建てられた辻堂《つじどう》や、貴族の邸内に設けられた持仏堂《じぶつどう》などは規制の対象外であった。そして、それらの町堂が庶民の信仰を集め、次第にきちんとした寺院に発展していくこともしばしば見られたのである。因幡堂《いなばどう》や六角堂《ろっかくどう》は、そうした町堂の代表格だということができよう。

### 因幡堂《いなばどう》

下京区烏丸通松原上ル因幡堂町に所在する。正式には福聚山平等寺というが、それよりも「因幡堂」「因幡薬師」の通称で知られている。寺伝では、長保五年（一〇〇三）に因幡守橘行平が自邸内に薬師如来《やくしにょらい》を祀ったことに始まるとされている。

因幡堂と愛犬ジョリー

### 六角堂《ろっかくどう》

中京区六角通烏丸東入ル堂之前町にあり、正式名称を紫雲山頂法寺という。寺伝では聖徳太子が建立したと言われているが、これは確実な史料では証明することができない。むしろ、平安時代中期の頃に創建された町堂に由来すると考えておくのが良いと思う。

六角堂

# 二条大路は高級住宅街

さらに東洞院大路を北へ行くと大きな道との辻へ出た。二条大路である。

平安京の南北のメイン・ストリートが朱雀大《すざくおお》路《じ》ならば、東西のそれは二条大路であろう。平安宮（大内裏）の前面を横切る道路として、道幅一七丈（約五一ｍ）の偉容を誇っていた。そうした広大な道にふさわしく、二条大路の南北両側には最高級の貴族の邸宅が林立していた。

二条大路と大宮大路の交差点を起点にして西から見ると、北側には嵯峨上皇が創建した冷然院（後には冷泉院と改称）、陽成上皇の御所であった陽成院、関白藤原道兼の本邸である町尻殿（二条殿）、摂政藤原道長の小二条殿（二条殿）などが、また南側には堀河天皇以降の里内裏《さとだいり》となった堀河院、平安時代末期から鎌倉時代にかけて永く内裏として使われ続けた閑院《かんいん》、藤原摂関家の本邸としてそのシンボル的存在であった東三条院、一条天皇中宮・藤原定子の里第である二条宮、関白藤原教通の山吹殿（小二条殿とも呼ばれたが、道長の小二条殿とは別）といった大邸宅が立ち並んでいたのである。

左京の真ん中にあたるこの地は、まさに平安京の中枢ともいえる高級住宅街だったのである。

高級住宅の建ち並ぶ界隈を奥は西へと進んでいく。

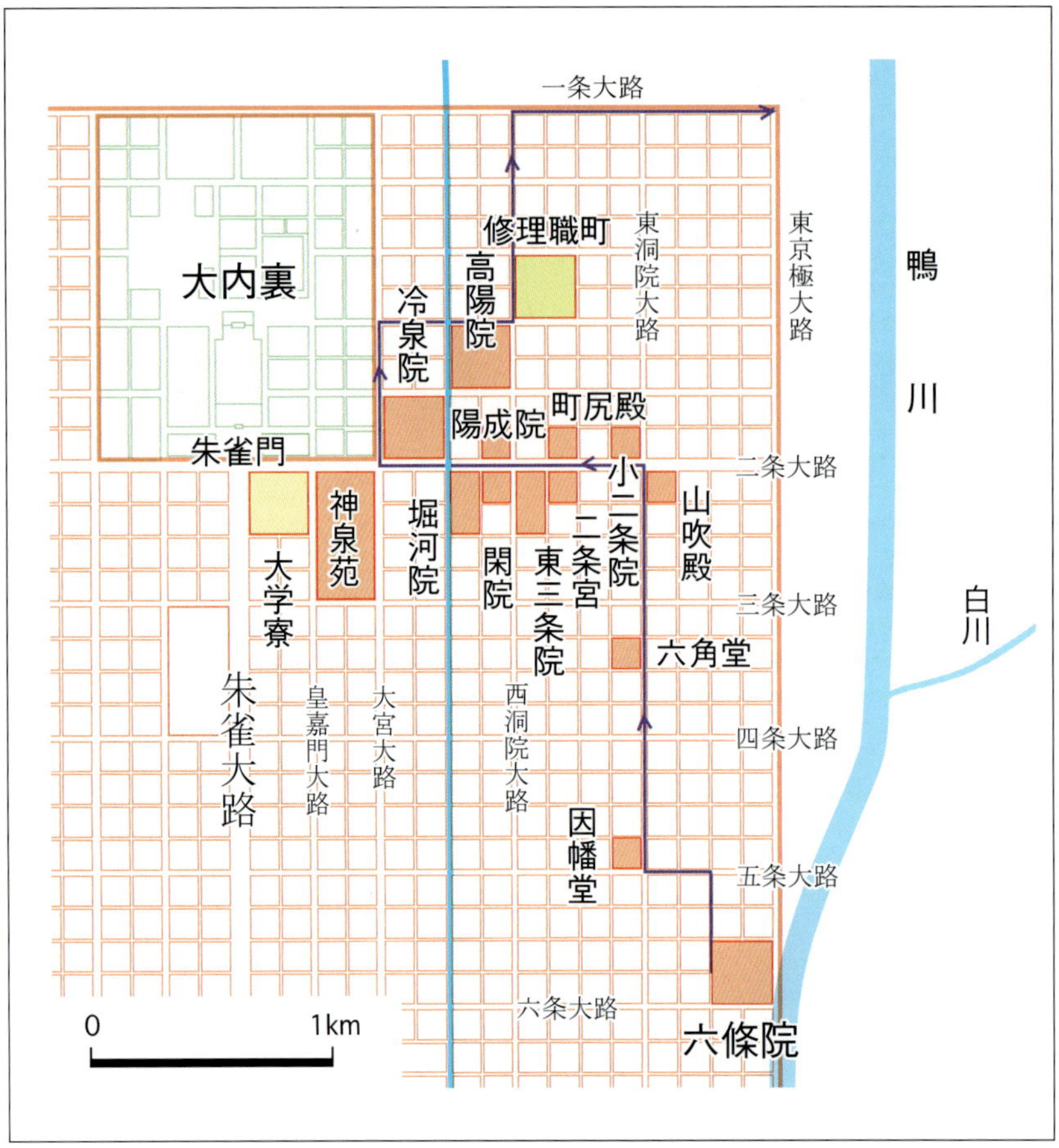


## 御霊会《ごりょうえ》とは

平安時代は、怨霊《おんりょう》とともに始まった。桓武天皇の同母弟であった早良親王は、造長岡宮使・藤原種継の暗殺事件の責任を問われて非《ひ》業《ごう》の死を遂げた。長岡京がわずか十年で廃都に追い込まれた理由のひとつは、明らかにこの早良親王（崇道天皇と追尊）の怨霊の祟りが信じられたことにあった。

やがて、政争に敗れて憤死した人々の怨霊を神として祀り、その怒りをなだめる儀式がおこなわれるようになった。これが御霊会である。

当初の御霊会は神泉苑において実施されたが、後には常設の神社が創建されるにいたる。

## 現在の神泉苑《しんせんえん》

二条城の南側に残るささやかな池、それが現在の神泉苑である。平安時代には広大な規模を誇った神泉苑も、鎌倉時代以降には次第に荒廃し、敷地を削られていった。現在は往時の三〇分の一程度の面積にまで縮小してしまい、古義真言宗東寺派に属する寺院となっている。地下鉄東西線が建設された際の発掘調査では苑池の汀線などが検出され、かつての神泉苑の一部が甦った。

神泉苑

## 神泉苑は龍《りゅう》が棲《す》む

二条大路を西へたどると、大宮大路との交差点の南西側に鬱蒼《うっそう》とした森がみえる。桓武天皇が平安宮に付属する苑池として造営した神泉苑である。これは、遷都以前からこの場所に存在していた自然の池を改造し、そこに面して壮麗な殿舎を建てたもので、敷地は東西八四丈（約二五一m）、南北一七二丈（約五一三m）という広大な範囲を占めていた。桓武天皇はこの離宮をことのほか気に入っており、晩年の十六年間に二十七回もの行幸を繰り返している。当初は天皇専用の禁苑であり、狩猟、詩宴、観花、観魚などの華やかな宴会がしばしばおこなわれたのである。

平安京の真ん中で清冷な水がこんこんと湧き出る神泉苑は、いつしか龍王の住処であると信じられるようになった。そうした信仰が盛んになるに従って、神泉苑は祈雨《きう》や止雨《しう》などの儀式の場に姿を変えていく。中でも著名なのは天長元年（八二四）にここでおこなわれた雨乞いの儀式であり、それは東寺の空海（弘法大師）と西寺の守敏《しゅびん》僧都の法力比べの場となったと伝えられている。

上御霊・下御霊両神社がそれである。

現在京都の夏を彩る祇園祭も、もとは「祇園御霊会」といわれ、同じ御霊会から出発している。当初は神輿を中心とする祭礼で、京中の旅所へ赴く祭列が華やかであったが、室町時代になるとこれを奉賛する山鉾巡行が盛んになった。これが現在の祇園祭である。

祇園祭（船鉾）

## 大学寮《だいがくりょう》

二条大路をさらに西に進み、朱雀大路《すざくおおじ》との交差点に出よう。その南東側に、四町（一辺約二五〇m）という広大な敷地を占めているのが大学寮である。現在でいうならば国立大学に該当する施設である。平安時代前期には三〇〇人を超える貴族・官人の子弟がここに在籍し、紀伝《きでん》道《どう》（漢文学・中国史）、明経道《みょうぎょうどう》（儒学）、明法道《みょうぼうどう》（法律）、算道《さんどう》（算術）といった専門分野に分かれて研鑽を積んでいた。

さらに、寮内の廟堂院《びょうどういん》には儒学の始祖としての孔子（文宣王）とその弟子一〇人（孔子十哲）の像が安置され、二月と八月にはその前で釈奠《せきてん》の儀式が厳かに執り行われていたのである。

## 宮城沿いに北へ

大学寮の北側には、二条大路を挟んで五間重層・朱塗りの朱雀門がそびえている。大内裏の正門であり、朝堂院《ちょうどういん》や内裏《だいり》が焼失した後の鎌倉時代にいたっても、平安京のシンボルとしてその偉容を誇っていた。その壮麗な姿は、『伴大納言絵詞』に描かれていて名高い。

そのまま大内裏の大垣沿いに二条大路を東に進み、大宮大路で北に曲がる。大垣とは大内裏《だいだいり》を取り囲む築地塀《ついじべい》のことであるが、通常の貴族の邸宅の築地とは規模が違う。『延喜式』によると基底部の幅七尺（約二・一m）という巨大なもので、そのまわりには幅一丈六尺五寸（約七・九五m）の壖地《ぜんち》（犬行《いぬばしり》の大規模なもの）があり、さらに幅八尺（約二・四m）の隍（堀）を巡らしていたという。

大内裏には「宮城十四門」と通称される十四の門があるが、東面にはこのうち、郁芳門《いくほうもん》、待賢門《たいけんもん》、陽明門《ようめいもん》、上東門《じょうとうもん》の四つが開いている。待賢門や陽明門は内裏や八省院への通用門としてしばしば使われた。上東門は、大内裏西側の上西門《じょうさいもん》とともに屋根を持たない土門であった。

## 待賢門《たいけんもん》を東に修理職《すりしき》の町へ

待賢門に突き当たる東西道路が中御門大路《なかみかどおおじ》である。この道を東へ曲がってみよう。道の左右には外記町《げきまち》、太政官厨町、東宮町といった諸司《しょし》厨町《くりやまち》が並んでいる。さらに進むと、修理職町《すりしきのまち》の南側に出る。南を中御門大路《なかみかどおおじ》、東を室町小路、西を西洞院大路《にしのとういんおおじ》、北を近衛大路《このえおおじ》に囲まれた、一辺約二五〇mの正方形の区画がそれである。修理職とは大内裏の修理を担当する役所であり、その厨町である修理職町には多数の工場や倉庫、さらにはそこで働く工人の住居が建ち並んでいた。その中からは、職人たちが材木を削ったり、瓦を倉庫に運び込んだりしている賑やかな声が聞こえてくるであろう。修理職の本庁は大宮大路・勘解由小路《かげゆこうじ》・猪隈小路《いのくまこうじ》・近衛大路《このえおおじ》に囲まれた一角にあったが、そこは事務処理機能の中枢であった。実際の工事にかかわるさまざまな機能は修理職町の方に集中していたのである。

### 官衙町《かんがまち》と諸司厨町《しょしくりやまち》

大内裏の中には多数の役所が密集していた。しかし、そうした役所が、大内裏《だいだいり》の中だけですべての職務を全うできたわけではない。役所の中には、修理職のように「現業部門」を所属させているものもあったし、また近衛府《このえづかさ》や衛門府《えもんふ》のように多数の雇員を抱えているものもあった。そうした役所は、大内裏の外側に工房、倉庫、宿所などを置いていたのである。これを「官衙町」または「諸司厨町」と呼んでいる。これらは特に、大内裏の東側に隣接する左京北辺・一条・二条の二・三坊に集中しており、平安京ならではの特異な都市空間を形作っていたのである。

## 一条大路は賀茂祭《かもまつり》の見物場所

修理職町《すりしきのまち》を横目に見ながら、西洞院大路《にしのとういんおおじ》を北へと向かう。突き当たりは、平安京の北を限る一条大路である。北辺とはいっても、うら寂しい場末の風景を想像してしまうと間違いになる。一条大宮（左京北辺二坊一町）には一条天皇がこよなく愛した里内裏《さとだいり》である一条院が存在した。この邸宅は、絢爛《けんらん》たる王朝文化の最大の舞台であった。たとえば、紫式部がその日記の中で描いている内裏とは、平安宮内にある本来の内裏（大内《おおうち》）ではなく、里内裏としてのこの一条院の姿なのである。

一条大路と西洞院大路の交差点の南東側（左京北辺三坊一町）には、『蜻蛉日記』の著者として知られる藤原道綱母が住んでいた。彼女はもともとこの西側の一条堀川（左京北辺二坊五町）にあった父（藤原倫寧）の家に住んでいたのであるが、夫の藤原兼家が一条西洞院の新邸を用意してくれたのでそちらに移ったのである。しかし、その後は彼女に対する兼家の愛情は次第に薄れていき、その足も遠ざかっていった。道綱母はここで兼家を待ち続けたが、その期待がしばしば裏切られたことは『蜻蛉日記』からよく知られるところである。

一条大路はたびたび華やかな祭礼の舞台となり、人々でごったがえすことになった。特に、一条大路が京都最古の神社である賀茂社（賀茂《かも》別雷神社《わけいかずちじんじゃ》〈上賀茂神社《かみがもじんじゃ》〉と賀茂御祖神社《かもみおやじんじゃ》〈下鴨《しもがも》神社《じんじゃ》〉）へのルートとなっていたことは、いやがおうでもこの大路の重要性を高めることになった。賀茂社の例祭は、四月の吉日を選んでおこなわれる賀茂祭（現在の葵祭）と、十一月におこなわれる賀茂臨時祭である。この時には、天皇から遣わされた奉幣使《ほうべいし》を中心とした行列が一大パレードを繰り広げた。一条大路は貴族から庶民にいたる見物人で溢れ、道路の両側には行列を見物するための「桟敷《さじき》」がぎっしりと建てられることになった。一条大路は、儀典都市・平安京に欠かせない巨大な祝祭空間だったのである。

### 桟敷《さじき》

現在でも、劇場の特別席を「桟敷席」ということがある。平安時代には、祭礼を見物するために道路沿いに造られた臨時の設備を桟敷と呼んでいた。それには、道路の端に板塀を立てただけの簡単なものから、道路に面した邸宅の築地を利用してそこに屋根を架けたもの、さらには築地を壊して本格的な建物を造り、さらには檜皮葺《ひわだぶき》の屋根を設けるなどした豪華なものまで、さまざまなタイプがあった。このような桟敷で祭礼を見ることが、平安京の人々にとってこのうえない楽しみとなっていたのである。

### 雲林院《うりんいん》の菩提講《ぼだいこう》

雲林院は京都の紫野にあった天台宗の寺で、現在もその名をとどめる寺がある。雲林院の菩提講は源信が始め、後に、無縁聖人が続けて盛んになったといわれる（『中右記』）。法華経が講じられると、聴衆が念仏を唱和して極楽往生《ごくらくおうじょう》を祈る講会があった。藤原道長の栄華を伝える『大鏡』の冒頭は、数ある菩提講の中でも特に雲林院の菩提講を選んで詣でた二人の老翁の対話から始まる。やがて始まる講話を楽しみに待つ参列者たちのざわめきが、今も生き生きと伝わってくる場面である。源氏の母桐壺更衣の兄はこの寺の律師で、源氏自身も参籠し天台六十巻の経文を読んでいる（「賢木」）。

雲林院

## 鴨川を渡る

一条大路を東へ進むと、平安京の東北方で賀茂川を渡り、賀茂御祖神社《かもみおやじんじゃ》（下鴨神社）へと入ることになる。しかし、下鴨神社西方の賀茂川には、この当時に橋が架けられていた形跡を見いだすことはできないのである。それでは、川をどうやって渡るのか、ちょっと不思議に思える。実は、この当時の賀茂川では水は伏流水となっており、下鴨神社の西側には広大な河原が広がるだけであったと推定されるのである。もちろん雨が降った後にはそこに大小の流れが出現したけれども、普通の時であれば川を渡るのに何の困難も無かった。水が再び姿を現すのはもう少し下流、高野川《たかのがわ》との合流点の以南（現在ではここを「鴨川」と呼び変えている）になってからのことだったのである。

## 上賀茂神社を参拝

賀茂川の堤をさかのぼっていくと、やがて上賀茂神社にいたる。境内には御物忌川《おものいがわ》と御手洗《みたらし》川《がわ》（明神川）のふたつの小川が流れ込み、本殿の側で合流して楢小川《ならのおがわ》となっている。こうした水とのかかわりは、もともとの賀茂社の神格の一部が賀茂川の守護神というところにあったことをあらわしているのであろう。

### 上賀茂神社と下鴨神社

上賀茂神社と下鴨神社を併せて賀茂神社という。正式には、前者は賀茂別雷神社、後者は賀茂御祖神社ということになっている。平安京遷都以前から存在した古社で、当時のこの地に盤踞《ばんきょ》していた豪族である賀茂氏の氏神として創建されたものであった。祭神は、上社が賀茂別雷命、下社が賀茂建角身命《かものたけつぬみのみこと》と玉《たま》依姫命《よりひめのみこと》であり、これらはいずれも賀茂氏の祖神であった。平安京遷都後には皇城鎮護《こうじょうちんご》の神として歴代の天皇の尊崇と保護を受け、永く隆盛を極めることになる。

上賀茂神社

下鴨神社

神社の本殿の正面奥には、優美な姿をした高い山を望むことができる。上賀茂神社の北方約二kmのところにそびえる神山《こうやま》（御生山《みあれやま》）である。もともとの賀茂社はこの山を神の降臨する聖地として崇めたところから始まったのであろう。現在でもこの山は上賀茂神社の禁足地となっている。

## ■深泥池《みどろがいけ》の側を通る

洛中から鞍馬《くらま》・貴船《きぶね》へ至る街道は、深泥池の西側の「美土呂坂」と呼ばれる狭い谷間を通っていた。深泥池は水鳥の群生地としても知られていたから、鴨を猟る村人の姿を遠望することもできたかもしれない。

山を越えると、そこは岩倉盆地である。鞍馬街道は盆地の西端に沿って北へと進んでいく。

この盆地の西南部には平安宮で使われる瓦を焼いた官営の工房群があり、それは「栗栖野瓦《くるすののかわら》屋《や》」と総称されていた。この瓦窯群は平安時代後期にいたるまで朝廷の直轄工場として続いていたから、鞍馬へ向かう人々の目にも、瓦を焼く煙がそこかしこから立ちのぼっている風景が写っていたに違いない。

深泥池

### 深《み》泥池《どろがいけ》

上賀茂神社から山に沿って東へと道をとる。やがて、山の谷間が開けてそこに大きな池が現れる。深泥池（みぞろがいけともいう。御菩薩池、美度呂池、泥濘池等と書かれる）である。水面の大半はびっしりと水生植物によって覆われ、わずかに見える水面はいつもひっそりと静まりかえっていて不気味なほどである。水深は浅いが、池底には分厚い泥が堆積しており、「深い泥の池」とは良く名付けたものである。

この池は、氷河期の最終氷期であるヴュルム氷期（ピークは約二万年前）には既にできあがっていた。深泥池を有名にしているのは、池の過半部に浮島を作って繁茂する水生植物群落である。氷河期から生き残っている植物も多く、それらは国の天然記念物に指定されている。

## 市原野《いちはらの》で輿《こし》を降りて一息

鞍馬街道《くらまかいどう》はやがて、岩倉の盆地を離れて北山の山間部に入っていく。道の両側の狭い平地が、市原野（櫟原野）と呼ばれる土地である。このあたりでは静原川《しずはらがわ》と鞍馬川が合流して長代川となっており、鞍馬参詣の人々が輿を降りて川辺で涼をとったり、馬を休ませたりする場所であった。しかし、山間部であるだけに油断はできない。時には強盗が出没し、参詣者を身ぐるみ剥ぐという事件もおこった。こうした話を聞いた三井寺の僧・慶算法印は「夕暮に市原野にて負《お》ふきずはくらまぎれとやいふべかるらん」（夕暮れ時に市原野で強盗に襲われて負った傷は、「鞍馬切れ」〈「暗闇に紛れる」と掛けている〉と言うべきであろう）と詠んだと伝えられている（『古今著聞集』巻第一二）。また、伝説によると、鬼同丸（鬼童丸）という怪人が復讐のため、牛を殺してその腹の中に入って源頼光を待ち伏せしたのも市原野であるという（『同』巻第九）。

市原野から西を見た所

### 深草少将《ふかくさのしょうしょう》と小野小町《おののこまち》

謡曲「通小町《かよいこまち》」は深草少将と小野小町の恋物語として広く知られている。小町のもとに百日通うことで恋情を受け入れるという約束を結ぶが、最後の日に想い叶わず亡くなってしまう。いわゆる、百夜《ももよ》通いの話である。この物語は『歌論議』の中に特定の人名をあげずに、百日通いの約束を果たせず結ばれなかった男女の話として語られているが、並の男を相手にしない絶世の美女といわれる小野小町の恋の好対象の相手として、一途な深草少将なる人物が当てられたらしい。謡曲では小野小町の化身は市原野の女として描かれ、この地の出身と考えられていたらしい。

### 大雲寺と「なにがし寺」

京都左京区岩倉に所在し、山号を紫雲山大雲寺と称する。本尊を十一面観音とする。『大雲寺縁起』には、藤原文範が延暦寺において、西方の峰より紫雲のたなびく様子を見いだし、開祖を義息である真覚として、園城寺の別院として創建したと記している。天元三年（九八〇）には、円融天皇の御願寺となり、朱雀天皇皇女昌子内親王の観音院建立以後、貴人の信仰を集めるようになった。また、瘧病《わらわやみ》を患った源氏が訪れた「なにがし寺」を、この大雲寺と見る説もある。なお、平安時代より現代に伝わる国宝の寺の梵鐘《ぼんしょう》は、古来の風鐸《ふうたく》を思わせる趣があり、鐘の内側に左筆で鋳造の由緒が書かれている。その格調高い左文字は、あまりにも有名である。

## 鞍馬寺大門に到着 輿を降りて歩く

ようやくのこと、鞍馬寺の大門にたどりつく。山門の前を流れる鞍馬川の清流が心地よい風情をつむぎ出している。菅原孝標女は『更級日記』の中で秋の鞍馬山の美しさを「山の端、錦をひろげたるやうなり。たぎりて流れゆく水、水晶《すいしょう》を散らすやうにわきかへるなど、いづれにもすぐれたり」と描写している。

しかし、ここまでは輿や牛車で来ることができたが、大門から上は歩いて登るしかない。今はケーブルカーが設置されているので楽になっているが、もちろん平安時代にそんなものがあるわけではない。美しい楓が心を慰めてくれるのがせめてもの救いで、一歩一歩石段を踏みしめながら登っていく。

## 清少納言も難儀したつづらおり

鞍馬寺の山門から少しいくと、鞍馬山の鎮守社である由岐《ゆき》神社（由岐明神）が鎮座している。ここから上がいわゆる「鞍馬の九十九折《つづらおり》」である。山上までの比高差六〇mの山腹を、くねくねとした参道が延々と続いている。清少納言の『枕草子』（第一五九段）にも、「近うて遠きもの」のひとつとして「鞍馬のつづらをりといふ道」があげられている。清少納言がいつ鞍馬寺に参詣したかはさだかではないけれども、いつ果てるともない険しい山道にさしもの勝ち気な彼女も悲鳴をあげていた様子が伺え、ちょっと微笑ましくなる。

鞍馬寺仁王門

### 鞍馬《くらま》の火祭《ひまつり》

毎年十月二十二日の夜に行われる鞍馬の火祭は、由岐《ゆき》神社と江戸時代後期に合祀された八所明神社の祭礼である。「さいれい、さいりょう」というかけ声とともに、次第に大きな松明《たいまつ》に火が移され、旅所《たびしょ》へと練り歩く勇壮《ゆうそう》なさまは、天慶三年（九四〇）に御所内で祀られていた神を、葦《あし》の火を焚いて遷座した故事にならっている。

由岐神社は、鞍馬寺の鎮守社で、門前の産《うぶ》土神《すながみ》でもある。『徒然草』によると本社は疫神で、天皇の病や世間の流行病の際に、看督長《かどのおさ》の靫《ゆき》を懸けて罪人とし、平穏を祈ったという。

## 坊で休憩ののち本堂に詣る

かなりの難行であったが、やっとのことで鞍馬寺の伽藍《がらん》へとたどりついた。現在山上に立ち並ぶ建物はほとんどが一九五〇年代後半から七〇年代前半にかけて再建されたものであり、平安時代の伽藍配置はよくわからない。ただ、急峻な山の斜面を何段にも切り開き、そこにさまざまな御堂《みどう》や坊舎《ぼうしゃ》が配されていたことを想像することは可能であろう。平安時代にも、鞍馬寺への参詣者はいずれかの坊舎でひとまず休息をとった後、金堂《こんどう》（本堂）に参拝することになる。

鞍馬寺の虎（寅の日に詣でると効験があるとされた）

金堂の近くには、後に「転法輪堂」と呼ばれることになる丈六阿弥陀仏を本尊とする御堂が建っていた。平安時代の後期、鞍馬寺の寺運を隆盛に導いた重怡上人《じゅういしょうにん》が常の居所としていたのがこの御堂であった。上人《しょうにん》は五十三歳から亡くなる直前の六十六歳までの十三年間（大治二年〈一一二七〉～保延六年〈一一四〇〉）にわたって、くる日もくる日も念仏を唱え続け、その回数は実に十二万遍にも及んだといわれている。鞍馬寺の伽藍の前に立って耳を澄ませてみよう。どこからともなく、上人のつぶやく念仏の低い響きが聞こえてくるような気がしないであろうか。

鞍馬寺でもうひとつ重要なのは、伽藍の裏山に多数の経塚《きょうづか》が営まれていることである。経塚とは、仏法が衰退する末法の世にあって、弥勒菩薩《みろくぼさつ》が出現するはるかな未来まで正統の経典を伝えるため、金属や土器で作った容器に経を入れて土中に埋納したものである。鞍馬寺経塚は質量ともにわが国の経塚の代表格ともいえるもので、そこの出土品のほとんどは国宝に指定されている。

本殿金堂の前の広場南端にある「翔雲台」。中央にある板石は出土した経塚の蓋石である。

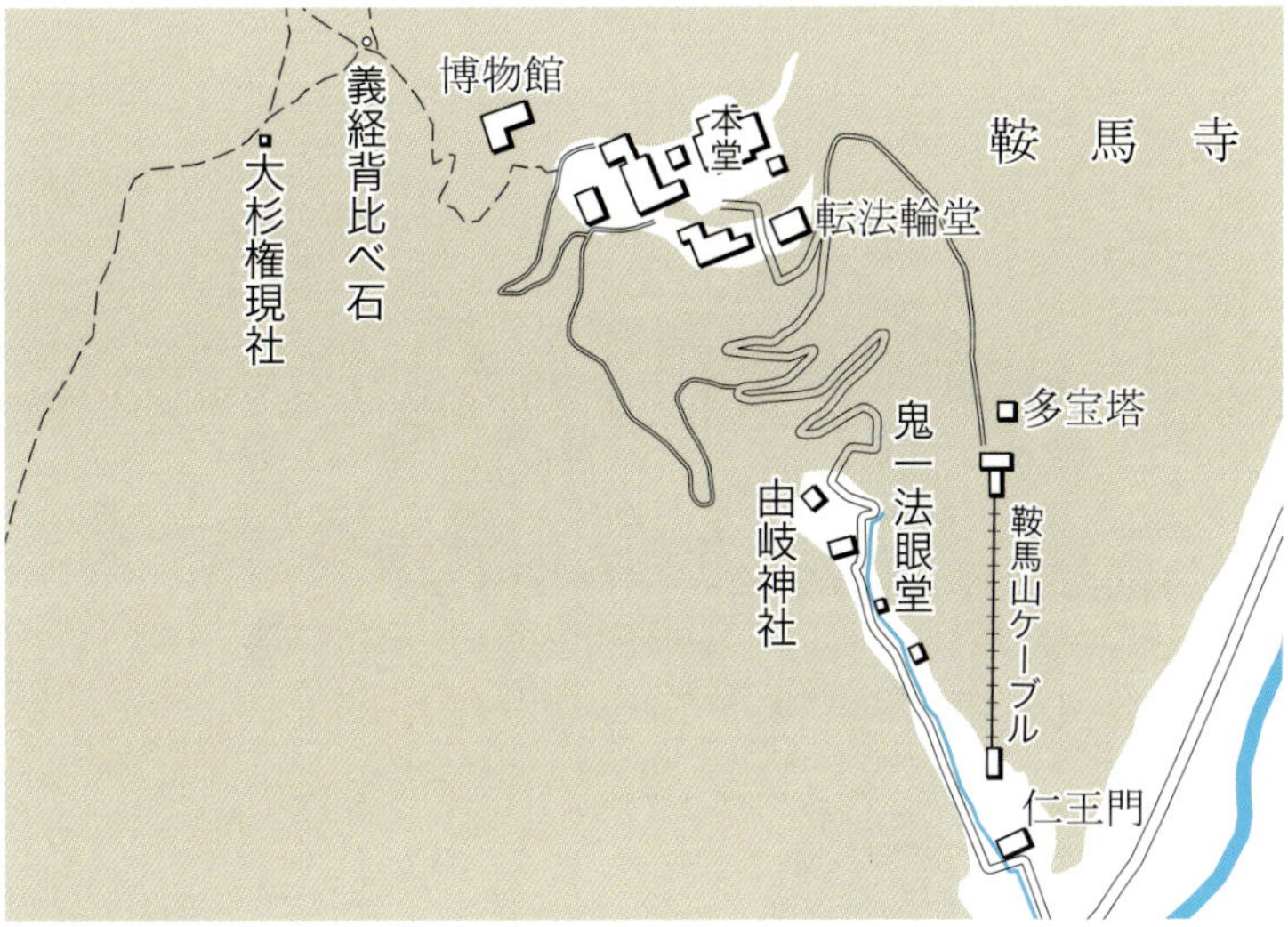


現在の鞍馬寺

## 僧正《そうじょう》ヶ《が》谷《だに》と義経伝説

鞍馬寺の伽藍からさらに山奥に入り、貴船神社へと抜ける山道の途中に僧正ヶ谷と呼ばれる一角がある。今なお鬱蒼《うっそう》とした巨木が生い茂り、昼なお暗いという形容がぴったりくる場所である。ここは、若き日の源義経（遮《しゃ》那《な》王《おう》、沙那王）の伝説によって彩られていることで著名である。

『平治物語』の諸本の中で最も古い形をとどめる学習院大学本では、遮那王が「僧正が谷にて、天狗・化の住《すむ》と云《いう》もおそろしげもなく、夜な夜な越て、貴布禰へ詣けり」（夜な夜な、僧正ヶ谷という天狗・化物の住むというところを恐れげもなく越えて、貴船社へと参詣した）と記されている。ところが、これが後には、遮那王が僧正ヶ谷において天狗から兵法を習ったということに、伝説が拡大していくことになる。現在の僧正ヶ谷には義経堂、義経息つぎ水、牛若丸背比べ石、兵法石、硯石など、義経関係の史跡がいくつも残されているが、これらは義経伝説の流布にともなって後世に造作されたものなのである。

鞍馬寺から貴船に抜ける道では鹿に出会うことも

# 輿の種類

葱花輦

鳳輦

## 輦《れん》と輿《こし》

天皇の外出（行幸《ぎょうこう》）には牛車《ぎっしゃ》を使用せず、もっぱら輦《れん》を用いた。

輦は力者が肩に舁《か》くもので、屋形の屋根も切妻ではなく、四つの棟を中央の頂に集めた方形造《ほうぎょうづくり》である。頂に金銅製の鳳凰《ほうおう》の作り物を乗せたものを「鳳輦《ほうれん》」、宝珠を乗せたものを「葱花輦《そうかれん》」という。また力者を、駕輿丁《かよちょう》とよぶ。神社の祭礼に用いられる神輿は、この天皇の輦を模したものである。

これに対して、一般の者が乗る輿は、力者が肩ではなく腰のところで舁き、屋形の屋根も切妻という違いがある。

板輿

四方輿

『故実叢書』「輿車圖考」版本（井筒家蔵）

## 四方輿《しほうこし》

上皇、摂関《せっかん》、大臣をはじめ公卿《くぎょう》などが遠出の際に用いる高級な輿で、屋形の四方の柱間を吹き放ちとして御《み》簾《す》を垂らし、眺望を良くしたものである。一般には庵形の破風であるが、僧侶は眉《まゆ》の形をしたいわゆる雨眉《あままゆ》形破風の屋形を用いた。

# 虫《むし》垂《た》れぎぬ姿で七条へショッピング

## ◆出かける前の予備知識

平安京の中でも左京の北半部は上級貴族の大邸宅が多く、華やかではあるがどこか取り澄ました風情の高級住宅街となっていた。一方、左京でも南半部には庶民の家が密集し、猥雑《わいざつ》ではあるけれども賑やかでエネルギーに満ちた空間を創り上げていた。その中心となるのは、南部を東西に貫く七条大路である。この七条大路に面して、左京と右京にはそれぞれ公設の市場が設けられていた。東市《ひがしのいち》と西市《にしのいち》である。東市、西市ともに、七条大路に面した四町（約二五〇m四方）を占めていたし、さらにはその周囲に八町に及ぶ「外町」という附属区画を持っていた。

そもそも、平安京の当初計画では、京内において品物の売買ができる場所は東市と西市だけに限られていたのである。これだと、京の北端近くに住む人ならば、買い物に行くのに市まで三〜四㎞を移動しなければならないことになる。これはやはりかなり不便なことであり、平安京の成熟とともに各地に小さな商店街ができたり、振り売りの行商人があちこちで商売を始めることになる。

当時の市は、単なる商店街ではなかった。平安時代中期の僧・空也上人は、「市聖《いちのひじり》」と呼ばれた通り、東西の市において念仏を唱え、布教活動をおこなうのを常としていた。また、罪人の処罰も市でおこなわれることがあった。東国で反乱を起こした平将門が誅せられた際、その首は都に運ばれ、東市において晒《さら》されたと伝えられている。人々の集まる市は、さまざまな社会活動の実践の場となったのである。

### 虫《むし》垂《た》れぎぬ姿

貴族の女性の外出姿で、袿《うちぎ》をからげ、裾をつぼめるので「壺装束《つぼしょうぞく》」という。懸（掛）帯をかけ、首に懸（掛）守りを下げ、足には緒太の草履《ぞうり》をはく。頭には菅や藺《い》で編んだ笠を被《かぶ》り、笠には「苧《お》（真麻）」で作られた布を垂れる。これは顔を隠すためであるが、虫除けにもなるという利点がある。市女笠を被るので「市女姿《いちめすがた》」とも言う。

「扇面法華経冊子」版本

## 市女笠《いちめがさ》

市女笠は外出する際にかぶる笠で、真ん中の部分が高く作ってある。この高くなった部分を巾子《こじ》と言うが、巾子は浅いものと深いものがあり、虫垂れぎぬをつける時は浅くて笠全体が大きくなったものが、被衣《かづき》姿の時は深く、笠全体が小さなものが、それぞれ用いられた。

## 被衣《かづき》姿

「虫垂れぎぬ姿」と同じように、袿《うちぎ》をからげ、裾をつぼめた外出姿である。小袖、単、袿を重ねて着た一番上に、普通のものにくらべ襟《えり》づけ・脇《わき》あき等が異なった、被衣用の仕立てになった袿を、袖を通し頭にすっぽりとかぶる。赤い懸（掛）帯をかけ、物詣でや旅に出かける際には、懸（掛）守りを首に下げた。市女笠を手に持ち，足には緒太（草履）をはく。

草履《ぞうり》

高下駄《たかげた》「扇面法華経冊子」版本

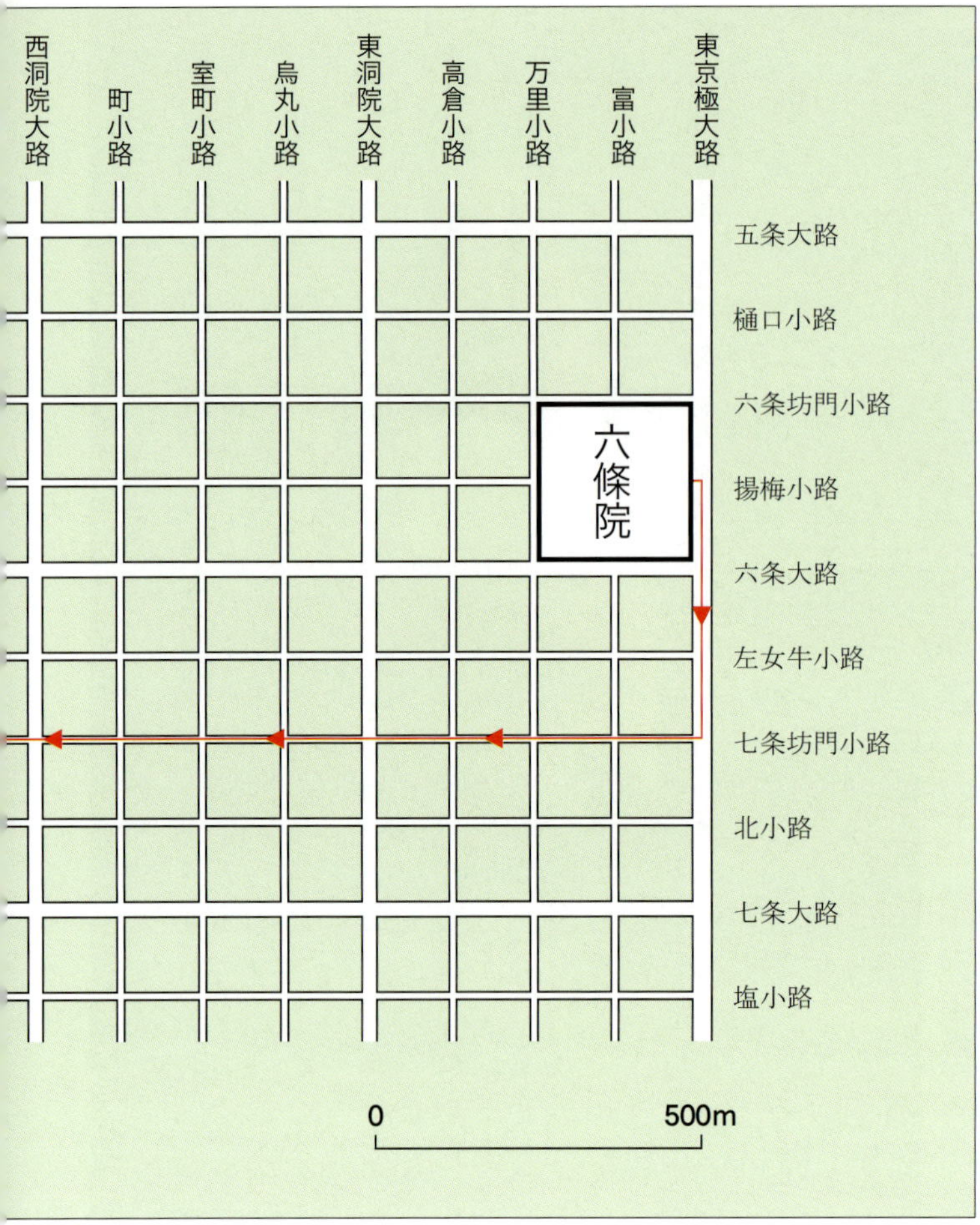


## 『源氏物語』の「夕顔」の巻に描かれた下町

『源氏物語』の話の中心は、常に身分の高い貴族階級の暮らしに限られていた。しかし中流階級の女、夕顔に想いを寄せた源氏は、仲秋の夜、五条大路に面した夕顔邸で朝を迎える。月明かりが板葺《ぶ》き屋根の夕顔邸に漏《も》れ入る光景は、寝殿造《しんでんづく》りといわれる檜皮《ひわだ》を葺いた屋根の下に住む源氏には、珍しい光景であった。隣家からは、行商《ぎょうしょう》で暮らしている人の会話や雷鳴のように地響きのする唐臼《からうす》を衝く音、またかすかに砧《きぬた》を打つ音など、源氏にとって日頃聞いたことのない庶民の生き生きとした生活音が聞こえてきた。

『枕草子』の中で清少納言は、げすの家に月の光が差し込むのももったいないといっているのに対して、『源氏物語』では源氏が、全く無縁の世界である庶民の生活風景に興味を抱いていることが対照的である。このように描かれた当時の都の庶民は、平安京の東西にある市において生計をたてていた市人《いちびと》と呼ばれている商人や職人たちである。

## 堀川の材木商

六條院を出て西へ歩みを進めることにしよう。しばらく歩くと真ん中に大きな川の流れる道を渡ることになる。東市の東側の通りが堀川小路である。この通りの中央には、幅四丈（約一二m）の堀川（東堀川）が流れていた。平安京の「小路」の幅は四丈というように決まっていたのだが、堀川小路だけは真ん中に堀川が流れていたので合計の幅は八丈になる。これにより、後世には堀川小路を「堀川大路」と呼ぶようにもなった。

平安京には幾筋もの小さな河川が流れていたが、その中でも最も規模が大きかったのが左京の堀川と右京の西堀川であった。このふたつの川は、平安京造都以前から存在したいくつもの自然河川をつなぎ合わせて創り出された運河であった。

やや時代は降《ふ》るが、鎌倉時代に作成された『一遍上人絵伝（一遍聖絵）』には東市の東側の堀川の様子が描かれている。そこには、堀川を利用して筏を引き上げている男たちがいる。ここに見える堀川

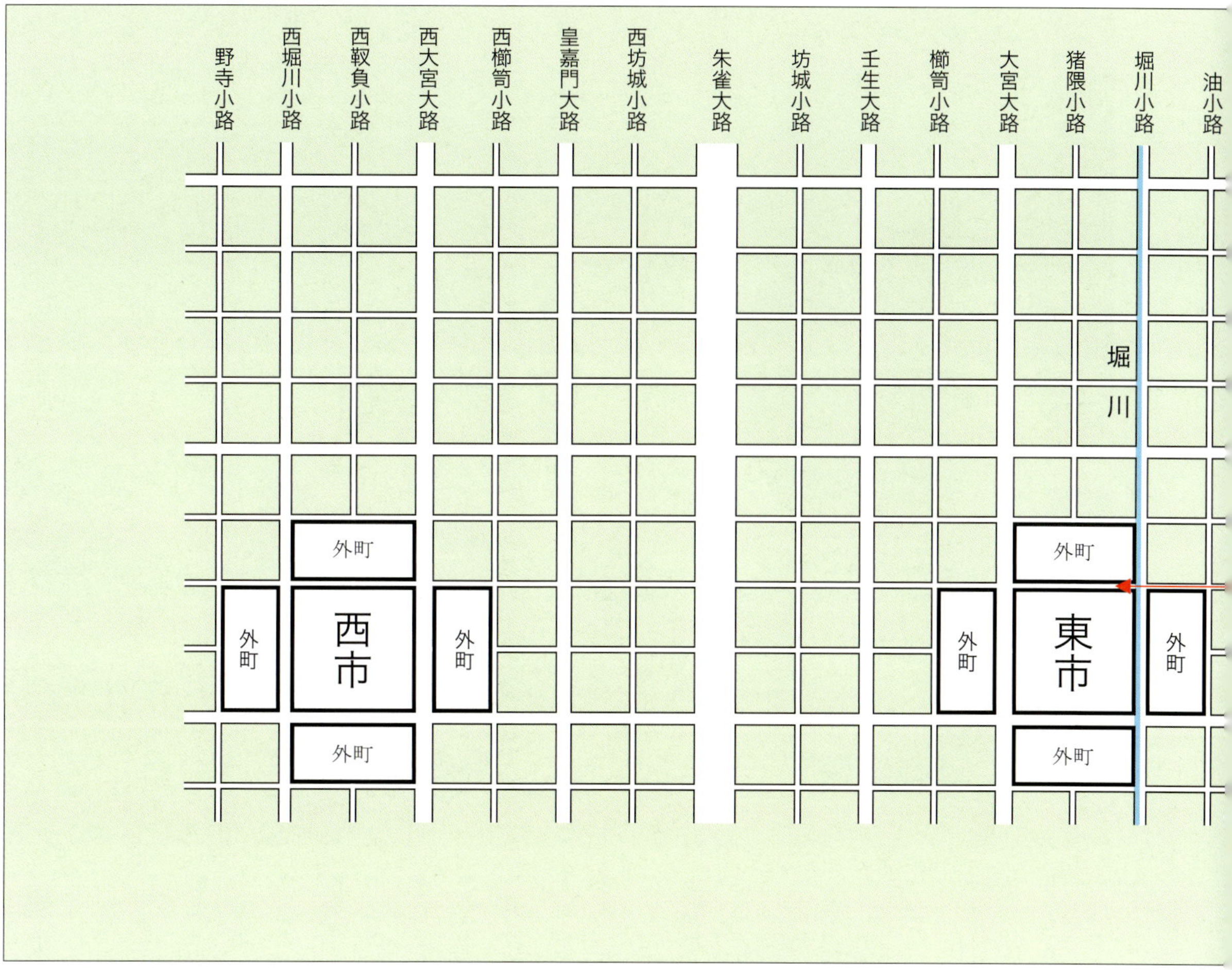

現在の堀川通（六条通付近）

は、川幅は広いけれども水深は浅い。三人は川の中に入り、あとの二人は川辺に立って筏に繋いだ綱を力一杯に引っ張っている。堀川は、丹波からの材木を都に運ぶための重要な水路となっていた。この川は、まさに平安京の水の大動脈となっていたのである。そして、堀川の周囲にはこうした材木を扱う商人たちが集まり住むようになっていったのである。

東市は現在の西本願寺の位置にあたる

## 東市《ひがしのいち》と西市《にしのいち》

堀川小路を過ぎるともうそこは東市で多くの男女で賑わう界隈になった。

東市と西市とは平安京の左京と右京に左右対称形に配置されていた。しかし、市民が市で買い物をしようとしても、好きな時に好きな方の市に行くことができたわけではない。東西の市は半月交代で、月の前半は東市、後半は西市が開かれていたのである。市の内部は細かな区画に分割され、そこに小さな店舗が軒を接して並んでいた。それぞれの店は販売する商品が決まっていたから、市全体はいわば専門店街のような趣を持っていた。また、東西両市にはそれぞれ市司《いちのつかさ》という役所が置かれ、商売がうまく回っているかどうか、市の中でトラブルがないかど

### 扇面古写経に描かれた店

大阪の四天王寺に所蔵される『扇面古写経』（『扇面法華経冊子』）は、平安時代末期に作られた装飾経である。そこには、当時の庶民の風俗が生き生きと描かれている。その中でも名高いシーンは、二扇にわたって描かれた市の風景である。間口一間の小さな店が並び、そこでは魚、布、果物、瓜、栗など、さまざまな商品が売られている。深い市女笠《いちめがさ》を被り、袿《うちぎ》を着た女性が店を冷やかしながら歩いている。

『扇面法華経冊子』版本

うかについて目を光らせていた。

しかし、平安時代が始まって間もなく、東西のふたつの市の間の関係は次第にバランスを欠いていくことになる。平安京を構成する左京と右京のふたつの部分のうち、左京は都市的発展が著しかったが、右京はそれに比べて開発が遅れていたのである。そうなるとおのずから東市の方が栄えることになり、西市はなんとなくさみしい状態になっていったのである。

こうした東西両市の明暗は、発掘調査によっても確かめられている。東市外町と西市周辺それぞれで検出された九世紀の井戸跡の埋土を分析した結果、そこには多数の植物遺体が含まれていた。東市外町の井戸には、麻、瓜、稲、桃、胡桃、栗などの栽培植物や堅果類が多量に検出される一方、道端や水田に見られる雑草類はほとんど含まれていなかった。その一方、西市周辺の井戸からは、紫蘇、茄子、瓜などの栽培植物が検出される一方、ハコベ、イヌビエといった庭や畑の植物、タデ、カヤツリグサなどの湿地・水田の植物が多量に出てきたのである。つまり、東市の一角は、樹木のほとんどない日当たりの良い空間として利用され、食品類の交易が盛んにおこなわれていたことが推定される。その一方で、西市は交易がおこなわれつつも、部分的には手入れが行き届かない、やや荒れた状況になっていたと考えられるのである。

こうした状況を反映して、東市と西市との間で、扱う商品を奪い合うことなども起こっていった。承和二年（八三五）、西市司は朝廷に願い出て、錦綾《にしきあや》、絹《きぬ》、調布《ちょうふ》、綿、染物、針、櫛《くし》、油、土器《どき》、牛などの十七種の商品をおのずからの専売品とすることに成功した。つまり、これなどはすでに衰退のきざしを見せていた西市へのテコ入れ策だったということになる。しかし、それでは商品を制限された東市はおさまらない。東市司からの猛烈な反論により、五年後の承和七年（八四〇）にはこの制度は廃されてしまった。しかし、こうなると西市に勝ち目はなく、顧客を東市に奪われ、店舗には空き屋が目立つということになってしまった。承和九年（八四二）に再び西市司は朝廷に申請を出し、専売制度を復活したのである。

平安時代中期の十世紀に完成した『延喜式』を見ると、東市には五一、西市には三三の店が存在したことがわかる。米、塩、針、魚、油、櫛などはどちらの市でも買うことができたが、布、麦、木綿、木器、馬、馬具などは東市にしか取り扱っている店がない。逆に、土器、牛、綿、絹、麻、味噌などは西市の専売品となっている。紆余曲折を経て、両市の間にはこうした棲み分け関係ができていったということになる。

七条通は現在も食品関係の卸売市場に近く、食料品の店で賑う

## 市での出会い

市は、物資の交換取引が行われる場所であり、平城京・平安京にはそれぞれ官営の東西市があった。東西の市は、月の前半と後半に分けて交替で正午に開けるように定められ、閉めるのは日没で、その合図には太鼓を三度鳴らした。

大和の海石榴市《つばいち》（椿市）などは古来より有名な市であって、『源氏物語』には筑紫から上京した玉鬘一行と夕顔の女房右近との再会の場を、この椿市として描いている（「玉鬘」）。このように古来より市は、単なる交易の場という機能を持つだけではなく、遠近距離より人が集まるという性質上、会集の機能を持っていた。

『常陸国風土記』「久慈の郡」には、高市《たけいち》というところに方々から男女が会集し、休遊飲楽したと記されている。また『大和物語』には、身分の高い人達も市に出かけて色好みをしたという話が描かれていて、平貞文は市で藤原温子の女房《にょうぼう》達と出会い、恋文を送り熱心に言い寄る恋物語が描かれている。このように、市は、旅行く人との出会いではなく、道行く人との男女の交歓の場として古代の歌垣《うたがき》の名残を残している。

## 稲荷旅所を見物する

稲荷旅所

東市からさらに大宮大路を南下しよう。梅小路との交差点から少し東に入ると、南側に広い空閑地があり、その中央に小さな祠《ほこら》が建っているのが見えるだろう。伏見の稲荷社の御旅所である。

伝説によると、ここは弘法大師空海に霊告を与えた「柴守長者《しばもりちょうじゃ》」という霊人の邸宅の所在地だった。その後、柴守長者は稲荷山に入り、王城鎮護、仏法守護の神となったといわれている。もちろんこれをそのまま史実と受け取ることはできないけれども、空海の開いた東寺と伏見稲荷社は古くから密接な関係を持っていたことは事実である。

伏見稲荷社は現在でも、東寺を含む七条・八条附近を氏子圏としている。そして、毎年四月の稲荷祭の際には、伏見稲荷社を出発した神輿《みこし》がこの旅所に入って留り、五月三日に再び氏子圏を巡幸しながら東寺に立ち寄り、本社に帰ってゆく。

# 弘法大師信仰の東寺

さあ、いよいよ東寺に着いた。九条大路と大宮大路の交差点の西北側には、堂々とした築地《ついじ》塀《べい》がめぐらされ、その向こうには有名な五重塔が都を睥睨《へいげい》している。桓武天皇は平安京造営にあたって、京内に寺院を設置しないという原則を立てていた。平城京の時代には京内に大寺院が建ち並び、そうした仏教勢力が政治に関与するのが常例になっていたから、平安京ではその轍《てつ》を踏まないことを考えたのであろう。しかし、その例外となったのが平安京の南端に新造されたふたつの国立寺院、つまり東寺《とうじ》と西寺《さいじ》であった。

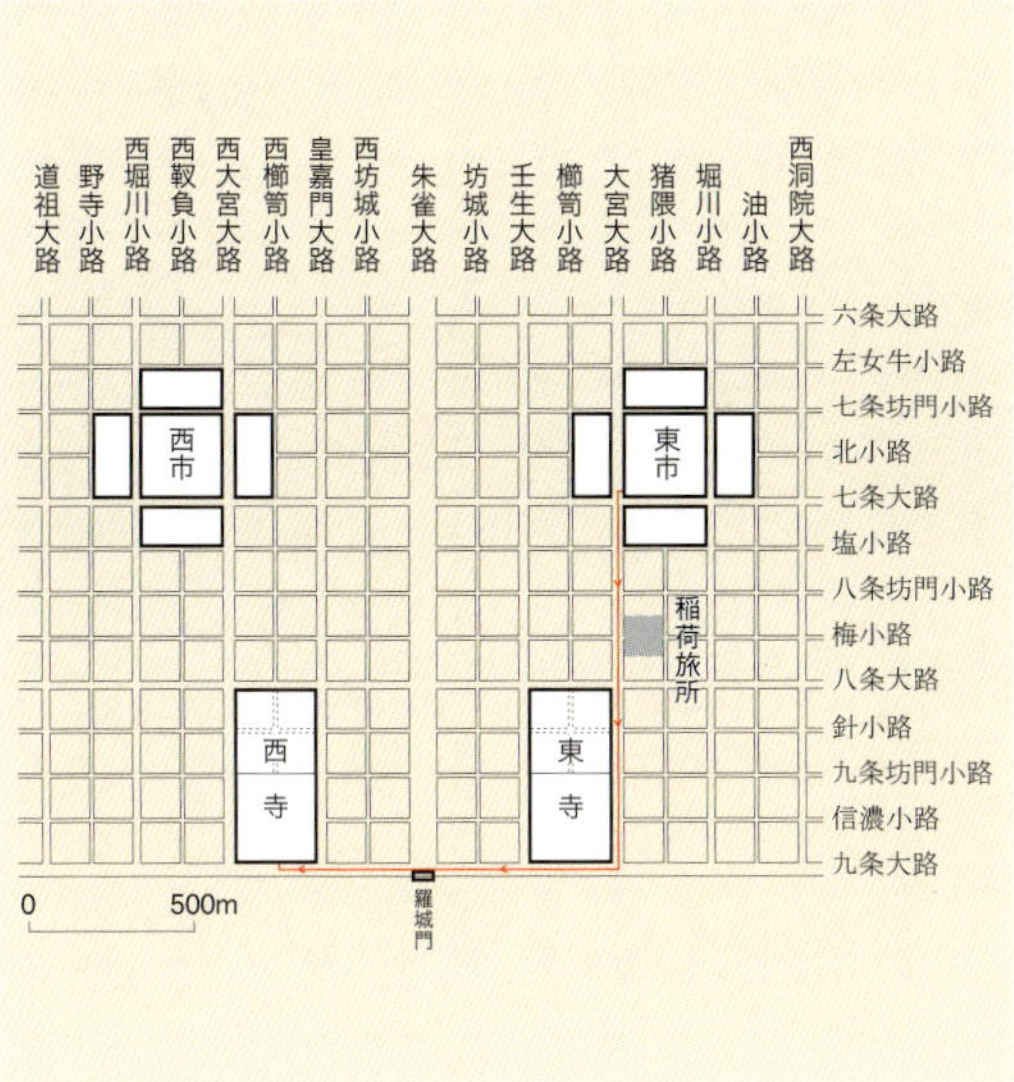


東寺は、正式の名称を教王護国寺《きょうおうごこくじ》という。この名でわかるように、もともとの東寺は国家鎮護を祈願することを主目的として建てられた寺院だったのである。しかしその後、弘仁十四年（八二三）になって嵯峨天皇は空海（弘法大師）にこの寺を下賜し、真言密教の根本道場としたのである。これ以降の東寺は、まさに都の弘法大師信仰と共に歩んだといってよい。

ただ、現在の東寺には創建当初の建造物はまったく残されていない。永い歴史をたどる中で、東寺は何度も焼亡と再建を繰り返してきたのである。平安時代の建築様式の面影をとどめる建物といえば、わずかに境内東端にある小さな宝蔵を数えるだけになっている。現在の北大門や東大門は鎌倉時代、講堂は室町時代、金堂は桃山時代、そして有名な五重塔は江戸時代前期の再建なのである。このように建物は何度も再建されてきたのであるが、重要なのは、境内の敷地や建物配置のおおもとは平安時代のものを踏襲しているということである。つまり、私たちは東寺を訪れることによって、平安時代の大寺院の面影《おもかげ》を偲《しの》ぶことができるということになるのである。

ひと月に一回だけ、東寺の境内が群衆でごった返す日がある。毎月二一日に「弘法さん」と呼ばれる市《いち》がたつのである。この店は古道具屋さん、こちらは古着屋さん、そこは植木屋さんだ。人だかりがしていると思ったら、その真ん中では大道芸人のおじさんが自慢の芸を披露している。食べ物の露店《ろてん》もいっぱい出ているから、腹ごしらえにも不自由はしない。人混みに揉まれながら散策していると、心はいつのまにか、古代・中世の市の中にタイム・スリップしていくだろう。

東寺南大門は桃山時代の建築で三十三間堂から移築された

## 御影堂《みえどう》のある西院《さいいん》

東寺の境内の西北角に、西院と呼ばれていた一角がある。弘法大師空海の住房の跡であると伝えられており、空海の示寂《じじゃく》の後にはここに大師堂《だいしどう》（御影堂）が建てられた。現在の建物は南北朝時代に再建されたものであり、堂内には鎌倉時代の弘法大師像と平安時代の不動明王坐像《ふどうみょうおうざぞう》を安置している。大師堂は今も弘法大師信仰の中心地であり、堂の前はいつも多数の信者たちで賑わっている。

東寺、南大門と五重塔

## 東寺《とうじ》から羅城門跡《らじょうもんあと》へ

東寺にお詣《まい》りしたのであるから、ちょっと足を伸ばして西寺まで出かけることにしよう。東寺の南大門《なんだいもん》を過ぎ、九条大路をまっすぐに西に向かう。ここは平安京の南端であり、道路の左側には京外の田園風景が広がっている。中国の都城であるならばここに大規模な城壁が立ちはだかるところであるが、異民族の侵入の心配がない平安京では、わずかな濠《ほり》と土塁《どるい》で区切られるだけである。

ほどなく、平安京の正門である羅城門へと行き着く。北側には幅二八丈（約八四m）という広大な道幅を持つ朱雀大路《すざくおおじ》が一直線に延びている。羅城門は正面七間、奥行二間、重層入母屋《いりもや》屋根の壮麗な門である。門の幅は一一九尺（約三五・七m）、高さは七〇尺（約二一m）ほどであったと推定されている。屋根の軒には緑釉瓦《りょくゆうかわら》が照り映え、鬼瓦《おにがわら》にいたっては三彩《さんさい》の釉《うわぐすり》をかけるという豪華さであった。門の二階には、中国・唐から伝来した兜跋毘沙門天《とばつびしゃもんてん》の立像が安置され、都を守護している。

羅城門は、単に都の威儀を整えるというだけではなかった。もちろん外敵への防御には役立たないけれども、外国からの使節が来た時などはこの門の前で祓の儀式がおこなわれた。つまり、外から侵入しようとする悪い神から都を守るための儀式である。羅城門こそは、聖なる都・平安京のシンボルだったのである。

## 荒廃して久しい羅城門《らじょうもん》

都の正面玄関を飾る羅城門ではあったが、王朝文化の時代にはすでにその姿を消していた。そもそもこの門は、高さと幅に比して奥行が狭すぎ、建築的にはいささか不安定だったのである。弘仁七年（八一六）と天元三年（九八〇）の二度にわたって羅城門は暴風雨のために倒壊しているのである。そして、天元年間に倒れてからは、再びこの門が再建されることはなかった。『今昔物語集』には、荒れ果てた羅城門の楼上が庶民の死体の捨て場となっている凄惨《せいさん》な状況が描写されているが、これは弘仁年間に再建された第二次の羅城門の姿であろう。治安三年（一〇二三）、藤原道長は自ら造営した法成寺の工事に使うために、羅城門跡から礎石《そせき》を奪い取っている。

西寺の金堂跡には後世の高い土盛りがされている

## 官寺化した西寺《さいじ》

東寺と並ぶ平安京内のもうひとつの国立寺院、それが西寺である。むしろ、空海に与えられた東寺と違って、西寺は最後まで国家が直轄する寺院としての性格を失わなかった。たとえば、前代の天皇や皇后の忌日である国忌《こき》の際には、西寺で修法がおこなわれることが多かったのである。ただ、西寺は東寺のように庶民の信仰に依拠しているわけではなかったため、その分衰亡するのも早かった。つまり、官寺的な性格が強かっただけに、律令国家体制が緩んでくると共に西寺もそれと運命を共にすることになったのである。

西寺の初代の住職となったのが守敏僧都である。ただ、この僧については実像がよくわからない。弘法大師伝説の中では彼は空海の敵役とされており、たとえば神泉苑《しんせんえん》で請雨《しょうう》の修法《しゅほう》をおこなった際、守敏は姑息《こそく》な手を使って空海を破ろうとし、逆に空海の法力によって打ち負かされるということになっている。このあたりにも、弘法大師を贔屓《ひいき》にする庶民の信仰の力があらわされているとみてよいであろう。

### 矢取《やとり》地蔵の伝説

羅城門《らじょうもん》の跡は現在では小さな児童公園となっており、そこに「羅城門址」と記した大きな石碑《せきひ》がポツンと立っているだけである。小さな発掘調査はおこなわれているが、未だに羅城門そのものの遺構は発見されていない。

公園の南側には小さな地蔵堂があり、付近から出土したたくさんの石仏や一石五輪塔が安置されている。このあたりは中世・近世には「四塚《よつづか》」という庶民の共同墓地となっていたのである。

地蔵堂の本尊は石造の地蔵菩薩で、「矢取地蔵」と呼ばれている。江戸時代の地誌には、西寺の守敏僧都が弘法大師の徳を妬み、油断をみすまして矢を射かけた。しかしこの地蔵菩薩が大師の身代りになってその危難を救った、という話が書かれている。これもまた、空海をヒーローとし、守敏を悪役とする庶民信仰が生み出した伝説なのである。

羅城門跡の現在の様子（四塚）

## 文学と史書の名場面 5

# 藤原道長が紫式部の局を訪れる。『紫式部日記』

『源氏物語』の著者に敬意を表して、最後は作者の紫式部に登場願うことにしたい。

彼女には、ひらかなで書かれた日記が残っていて、寛弘五年（一〇〇八）七月ごろ、主人である一条天皇の中宮藤原彰子が、出産のために父道長の土御門殿《つちみかどどの》に帰るのに伴う場面からはじまっている。御産のための後夜《ごや》の御修法《みすほう》が終わり、僧侶が宿所に退去すると、ようやく夜明け前のわずかばかりの静けさを取り戻す。

紫式部は、東の対と正殿《せいでん》の間を結ぶ渡殿《わたどの》の一番西寄りの局《つぼね》を自室に宛われていた。部屋から見ると、朝霧の中にこれから露が落ちようする初秋の気配である。気がつくと、道長が御随身《ずいしん》に壺庭の遣り水に溜まった芥を払わせている。橋廊の南に盛んに咲いていた女郎花《おみなえし》の一枝を折らせたかと見ると、式部の部屋の几帳《きちょう》の上から顔をちょっとのぞかせ、「この花の歌を早く作らなくてはいけないよ」と仰せになる。式部は起きたての顔も恥ずかしいけれども、硯のもとに寄って、

　女郎花さかりの色を見るからに露のわきける身こそしらるれ

（女郎花のように盛りの殿様からは隔てられて、露の恵みのないわたしの身の上が思い知られます）

と書き付けた。道長は「なんとまあ、早いこと」と微笑んで、式部から硯を受け取って返歌を認めた。

　白露はわきてもおかじ女郎花心からにや色のそむらむ

（白露が差別などしないでしょう。女郎花はその心から自然と色がつくのです）

栄華の頂点にある権力者と物語の才女との出合の場面である。

### 『紫式部日記』

『源氏物語』の作者紫式部が、一条天皇中宮彰子に仕えていた時の様子を書いた日記。内容は、寛弘五年（一〇〇八）秋から同七年正月までの三年間を記し、敦成親王（のちの後一条天皇）出産前後の様子が特に精細な筆致で描かれ、全体の三分の二を占める。

彼女の視線から捉えられた宮廷行事や儀式作法を詳述した記録的な部分は、当時の風俗を伝える貴重な資料である。また自己の感懐などを述べた随想的な部分からは、紫式部特有の内省的性格の実像を鑑みることができ注目される。

# 平安京関係の石碑

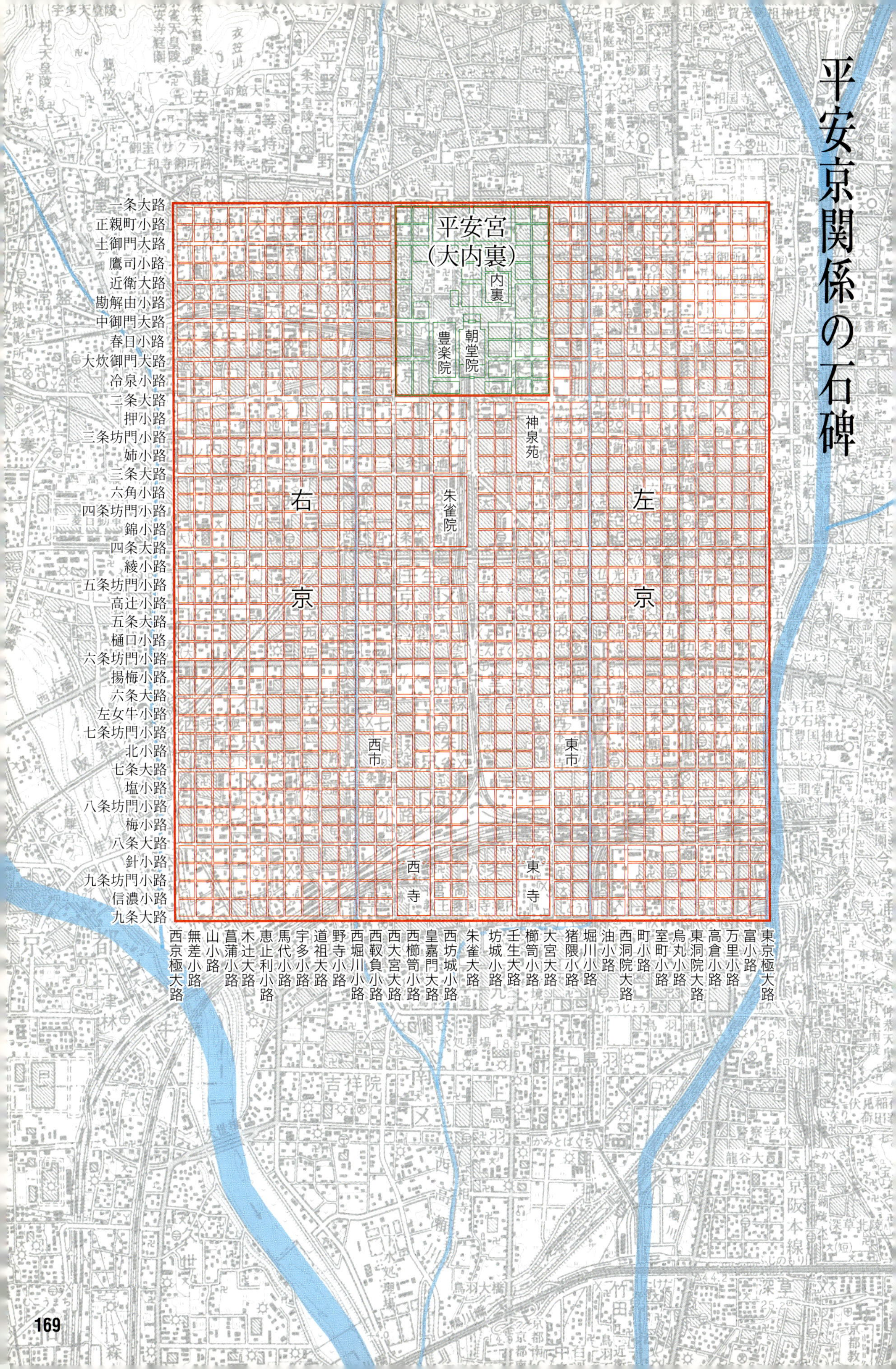
平安宮
(大内裏)
内裏
朝堂院
豊楽院
神泉苑
朱雀院
右京
左京
西市
東市
西寺
東寺
一条大路
正親町小路
土御門大路
鷹司小路
近衛大路
勘解由小路
中御門大路
春日小路
大炊御門大路
冷泉小路
二条大路
押小路
三条坊門小路
姉小路
三条大路
六角小路
四条坊門小路
錦小路
四条大路
綾小路
五条坊門小路
高辻小路
五条大路
樋口小路
六条坊門小路
揚梅小路
六条大路
左女牛小路
七条坊門小路
北小路
七条大路
塩小路
八条坊門小路
梅小路
八条大路
針小路
九条坊門小路
信濃小路
九条大路
西京極大路
無差小路
山小路
菖蒲小路
木辻大路
恵止利小路
馬代小路
宇多小路
道祖大路
野寺小路
西堀川小路
西靫負小路
西大宮大路
西櫛笥小路
皇嘉門大路
西坊城小路
朱雀大路
坊城小路
壬生大路
櫛笥小路
大宮大路
猪隈小路
堀川小路
油小路
西洞院大路
町小路
室町小路
烏丸小路
東洞院大路
高倉小路
万里小路
富小路
東京極大路

## 平安宮内

**平安宮大極殿跡**　上京区千本通丸太町上ル内野児童公園内　大極殿は平安宮の中心である朝堂院の正殿。

**平安宮朝堂院跡**　上京区丸太町通千本西入ル北側　朝堂院は大内裏の正庁。

**大極殿跡・小安殿跡ほか**　上京区丸太町通千本西北角・西南角　千本丸太町交差点を北に上舗道の縁石に、大極殿跡・小安殿等が示されている。

**平安宮豊楽殿跡**　中京区聚楽廻西町　外国使節などを迎える公の宴会場である豊楽院の正殿。

**平安宮内裏承明門跡**　上京区下立売通浄福寺西入ル南側　平安宮内裏内郭の正門。

**平安宮内裏内郭回廊跡**　上京区下立売通土屋町西入ル南側　内裏を取り囲む廻廊。

**平安宮主水司跡**　上京区丸太町通日暮西入ル南側　飲料水、氷室のことをつかさどる役所。

**平安宮中務省東面築地跡**　上京区丸太町通智恵光院西入ル　天皇の秘書官としての職務と内廷関係の諸雑務を担当した役所。発掘調査によって東面の築地跡が検出された。

**宴松原**　上京区出水通六軒町南東角　平安宮の中央部にあった松林。

**平安京内酒殿跡**　上京区智恵光院通下立売上ル　内裏に納める酒を醸造する役所。

**平安宮造酒司跡**　上京区丸太町通七本松西入ル（京都アスニー内）　内裏に納める酒や酢を醸造する役所。

**平安宮待賢門跡**　上京区猪熊通下立売下ル西側　平安宮の東側面、中御門大路の突き当たりの門。ただし、この石碑はもともとの待賢門跡からは位置がずれている。

**平安京大内裏朱雀門址**　中京区西ノ京小堀町　朱雀門は平安宮（大内裏）南面中央の門。

**平安京朱雀大路と朱雀門跡**　中京区西ノ京栂尾町(ＪＲ二条駅東口)　朱雀大路は平安京の中心軸となる大路。

## 平安京内

**平安京検非違使庁址**　上京区葭屋町通出水上ル亀屋町　警察・裁判などを司る役所。

**土御門内裏跡**　上京区烏丸通下長者町上ル西側(京都ガーデンパレス前)　土御門内裏（土御門烏丸内裏）は、鳥羽・崇徳・近衛の三代にわたって利用された里内裏。

**清和院并土御門内裏址**　上京区室町通中長者町下ル東側　土御門内裏（土御門烏丸内裏）は、鳥羽・崇徳・近衛の三代にわたって利用された里内裏。

**菅家邸址**　上京区烏丸通椹木町上ル西側(菅原院天満宮前)　菅原道真の父是善の邸宅跡。

**勧学院址**　中京区西ノ京勧学院町　藤原氏一族のための大学別曹。

**弘文院址**　中京区御池通千本東入北側　和気氏が私邸に設けた大学別曹。

**奨学院址**　中京区西ノ京南聖町　在原行平が創建した諸王・同族子弟教育のための大学別曹。

**大学寮址**　中京区西ノ京北聖町　官僚養成のための教育機関。

**神泉苑東端線**　中京区押小路通大宮交叉点北側　平安京造営とともに造られた天皇の遊宴の地。発掘調査により、その東西幅が確認されている。

**閑院内裏址**　中京区押小路通小川西北角　藤原冬嗣によって創建された邸宅。平安時代末期から鎌倉時代にかけての里内裏。

**高松殿址**　中京区姉小路通釜座東入北側(高松神明社前)　醍醐天皇の皇子・源高明の邸宅。平安時代後期には後白河天皇の内裏となる。保元の乱の舞台として著名。

**橘逸勢邸址**　中京区姉小路通東堀川東入上ル東側　三筆の一人橘逸勢の邸宅跡。

**東三条殿址**　中京区押小路通釜座西北角　藤原良房によって創設され、藤原摂関家の本邸として伝領されていった名邸。

**堀河天皇里内裏跡**　中京区堀川通二条下ル東側(京都国際ホテル前)　藤原基経が開いた堀河院の跡であり、歴代天皇の里内裏となった。特に堀河天皇によって愛された。

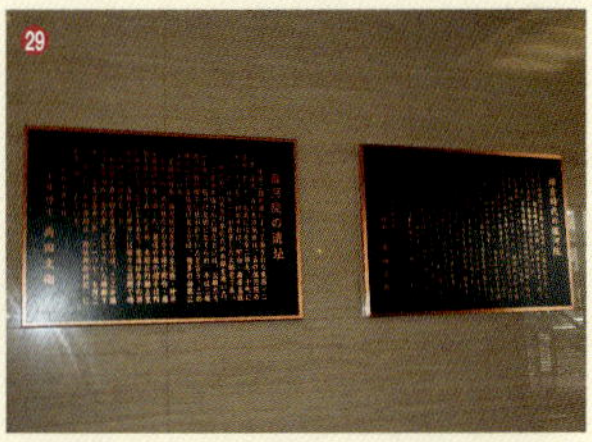

**堀河院跡**　中京区堀川通二条下ル東側(京都国際ホテルロビー内)　藤原基経が開いた堀河院の跡であり、歴代天皇の里内裏となった。特に堀河天皇によって愛された。

**堀河院跡庭園石組復元**　中京区堀川通二条下ル東側(全日空ホテル駐車場内)　ホテル建設にともなう発掘調査で、平安時代後期の池が検出された。これはその池の石組を復元したものである。

**冷然院跡**　中京区竹屋町通堀川西入(二条城北側)　平安京内に設けられた上皇御所のひとつ。嵯峨上皇の後院となり、その後も歴代天皇によって使用された。10世紀には「冷泉院」と改められた。

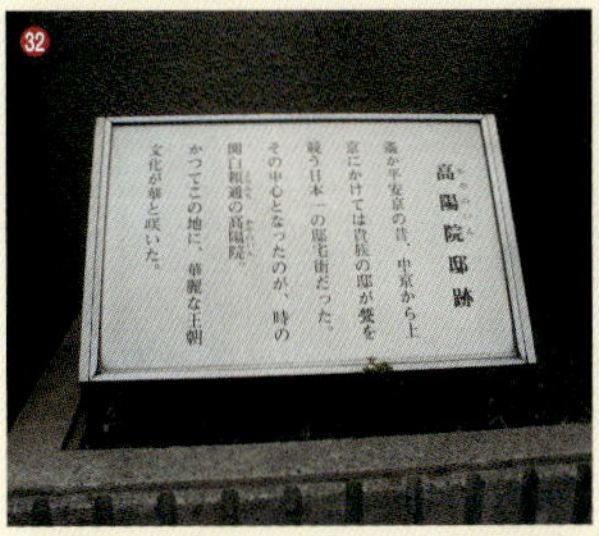


**高陽院跡**　中京区丸太町通堀川東入ル北側　藤原頼通の本邸。4町を占める大邸宅で、後朱雀天皇から白河天皇にいたる各天皇の里内裏ともなる。

**三条東殿遺址**　中京区姉小路通烏丸東入南側(新風館前)　白河天皇をはじめとする歴代天皇の里内裏。「平治の乱」の戦場となったことでも著名である。

**三条西殿跡**　中京区三条通烏丸西入ル北側　白河法皇、鳥羽上皇、待賢門院の御所として院政時代の政治の中心であった。

**三条烏丸御所跡**　中京区三条通烏丸西入南側　三条烏丸御所（三条烏丸殿・三条桟敷殿・三条南殿）は左大臣藤原実能の邸宅であり、後に鳥羽法皇・上西門院統子内親王・七条院藤原殖子等の御所となった。

**三条南殿跡**　中京区烏丸通三条下ル西側　三条烏丸御所、三条烏丸殿、三条桟敷殿等とも呼ばれ、左大臣藤原実能の邸宅であり、後に鳥羽法皇・上西門院統子内親王・七条院藤原殖子等の御所となった。

**在原業平邸址**　中京区間之町通御池下ル東側　六歌仙の一人在原業平の邸宅跡。

**高倉宮趾**　中京区東洞院通三条上ル(こども相談センターパトナ内)　後白河天皇の皇子以仁王の御所。

**平安京東洞院大路跡**　中京区東洞院通三条上ル(中京郵便局内)　東洞院大路は平安京を南北に走る道路。発掘調査によって鎌倉時代の道路遺構が検出された。

**平安京高倉小路側溝遺構表示**　中京区高倉通三条上ル(京都文化博物館前)　高倉小路は平安京を南北に走る道路。1986年の発掘調査で平安時代の道路遺構が検出された。

**四条東洞院内裏跡**　下京区四条通東洞院西入ル北側（大丸百貨店西南隅）　鳥羽法皇や近衛天皇の御所跡。

**四条坊門小路跡**　中京区壬生馬場町(壬生坊城団地前)　四条坊門小路は平安京を東西に走る道路。1975年の発掘調査で道路の遺構が検出された。

**朱雀院跡**　中京区壬生花井町(日本写真印刷中央研究所内)　平安京内に設けられた上皇御所のひとつ。宇多上皇や朱雀上皇の後院として知られる。

**三善清行邸跡**　下京区醒ケ井通松原下ル東側(醒泉小学校内)　平安時代前期の漢学者・参議三善清行の邸宅跡。

**菅家邸址**　下京区仏光寺通西洞院東入南側　菅家累代の邸宅跡。白梅殿と称される。

**源融河原院址**　下京区木屋町通五条下ル東側　嵯峨天皇皇子・左大臣源融の邸宅跡。

**東鴻臚館址**　下京区西新屋敷揚屋町(角屋前)　外国使節を接待するための施設。

**左女牛井跡**　下京区堀川通五条下ル西側　左女牛井(醒ヶ井)は、京の名水のひとつ。源頼義の源氏六条堀川邸内の井戸であったと伝える。

**八幡太郎義家誕生地**　下京区若宮通六条下ル東側(若宮八幡宮前)　源頼義の父源義家の邸宅跡。

**菅家邸址**　下京区仏光寺通西洞院東入北側　菅原道真邸跡。紅梅殿と称される。

**西寺大炊殿跡**　南区唐橋西寺町　西寺の食堂と推定される場所。

**西寺旧跡**　南区唐橋平垣町(西寺前)　平安京建都時に建立された二大官寺のひとつ。

**西寺阯**　南区唐橋西寺町（西寺児童公園内）平安京建都時に建立された二大官寺のひとつ。大きな礎石が残るのみとなった。

**西八条第跡**　下京区歓喜寺町(梅小路公園内）六波羅と並ぶ、平清盛とその一族の邸宅の集住地。

**元六条御所長講堂**　下京区富小路通六条上ル東側(長講堂前)後白河法皇の持仏堂。もとは西洞院六条にあった院御所・六条西洞院殿内に建立されたもの。

**淳和院跡**　右京区西院高山寺町（高山寺前）淳和天皇の譲位後の離宮。

**東寺**　平安京建都時に建立された二大官寺のひとつ。現在も人々の信仰を集めている。

**羅城門遺址**　南区唐橋羅城門町(花園児童公園内)　朱雀大路南端にあった平安京の正門。

**平安京東洞院大路東側溝跡**　南区東九条南山王町(京都市南図書館内)　東洞院大路は、平安京を南北に走る道路。発掘調査によって道路遺構が検出された。

**綜芸種智院蹟**　南区西九条池ノ内町（西福寺前）　空海が開設した私立学校。

## 平安京隣接地

**紫式部邸宅跡**　上京区寺町通広小路上ル東側(廬山寺内)　紫式部の曾祖父藤原兼輔の邸宅。

**法成寺址**　上京区荒神口通寺町東入ル北側　法成寺は、摂政藤原道長が建立した寺。

**賀茂斎院跡**　上京区上御霊前通智恵光院東入ル(櫟谷七野神社内)　賀茂社に奉仕する斎王が常住した所。

**淳和院跡**　右京区春日通四条東北角（J＆P内）淳和天皇の譲位後の離宮。発掘調査によって大規模な建物遺構が検出された。

**延勝寺跡**　左京区岡崎成勝寺町(疏水畔）近衛天皇の御願寺。

**法勝寺金堂跡**　左京区岡崎法勝寺町　法勝寺の金堂の基壇跡が高台となって残存している。

**法勝寺九重塔布石**　左京区岡崎法勝寺町(京都市動物園内)　六勝寺の筆頭寺院で、白河天皇の御願寺。八角九重塔に使われた石材が残されている。

**法勝寺九重塔址**　左京区岡崎法勝寺町(京都市動物園内)　院政期に建立された六勝寺のひとつ。白河天皇の御願寺。寺内には八角九重塔が建っていた。

# 平安京外

**延勝寺跡**　左京区岡崎成勝寺町（京都市勧業館内）近衛天皇の御願寺。

**円勝寺跡**　左京区岡崎成勝寺町（京都市美術館内）　鳥羽天皇中宮待賢門院璋子の御願寺。三基の塔が並ぶ異色の寺院であった。

**成勝寺跡**　左京区岡崎成勝寺町（京都市勧業館内）崇徳天皇の御願寺。

**尊勝寺跡**　左京区岡崎最勝寺町（京都会館前）堀河天皇の御願寺。六勝寺の中でも、法勝寺に次ぐ巨大な寺院であった。

**尊勝寺跡**　左京区岡崎西天王町　堀河天皇の御願寺。発掘調査により、観音堂跡が確認された。

**白河街区発掘の井戸**　左京区聖護院山王町（京都市武道館内）　平安時代末期に造られた石組みの井戸が移築保存されている。

**白河院跡**　左京区岡崎法勝寺町　白河院は、摂政藤原良房が平安京外に営んだ別業で、代々藤氏長者に伝えられたが、のち白河天皇へ献上されて法勝寺となった。

**白河北殿址**　左京区東丸太町（京都大学熊野寮内）白河上皇の院御所。

**白河南殿跡**　左京区聖護院蓮華蔵町　白河上皇の院御所。保元の乱で焼失している。

**得長寿院跡**　左京区岡崎徳成町　鳥羽上皇の御願寺のひとつ。平忠盛が寄進した三十三間堂はこの寺のことである。

**俊寛僧都故居碑**　左京区岡崎法勝寺町（満願寺内）　後白河上皇の近臣俊寛は、六勝寺の筆頭寺院である法勝寺の執行であった。

**平氏六波羅第・六波羅探題府址**　東山区門脇町（洛東中学校内）六波羅一帯には平氏の邸宅があった。平氏滅亡後、鎌倉幕府の六波羅探題がおかれた。

**法住寺殿蹟**　東山区三十三間堂廻り（法住寺門前）　後白河法皇の院御所。写真の石碑の背後には、法皇の御陵がある。

**法住寺殿址**　東山区三十三間堂廻り（三十三間堂内）　後白河法皇の院御所。三十三間堂はその中心的な御堂として建立された。

**北野廃寺跡**　北区北野上白梅町（京都信用金庫支店前）　京都で最古の寺院跡。

**白河法皇・鳥羽法皇院政地**　伏見区竹田浄菩提院町　白河法皇・鳥羽法皇の院政の地である鳥羽離宮の跡を示す。

**鳥羽離宮田中殿跡**　伏見区竹田田中殿町（田中殿公園内）　鳥羽離宮の殿舎のひとつ。鳥羽法皇の皇女八条院の御所として造られた。

**鳥羽離宮南殿跡**　伏見区中島御所ノ内町（鳥羽離宮跡公園内）鳥羽離宮の殿舎のひとつ。跡地は史跡公園として整備され、離宮の築山であった「秋の山」が残る。

**歌の中山清閑寺**　東山区清閑寺山ノ内町清閑寺は平安時代中期の創建で、歌の中山とも呼ばれている。

**大沢池附名古曽滝趾**　右京区嵯峨大沢町　離宮嵯峨院の庭園に設けられていた滝で大沢池の北方に位置する。

**西行法師旧跡**　西京区嵐山山田町（西光院前）

写真データ提供：
京都市歴史資料館
平安京探偵団

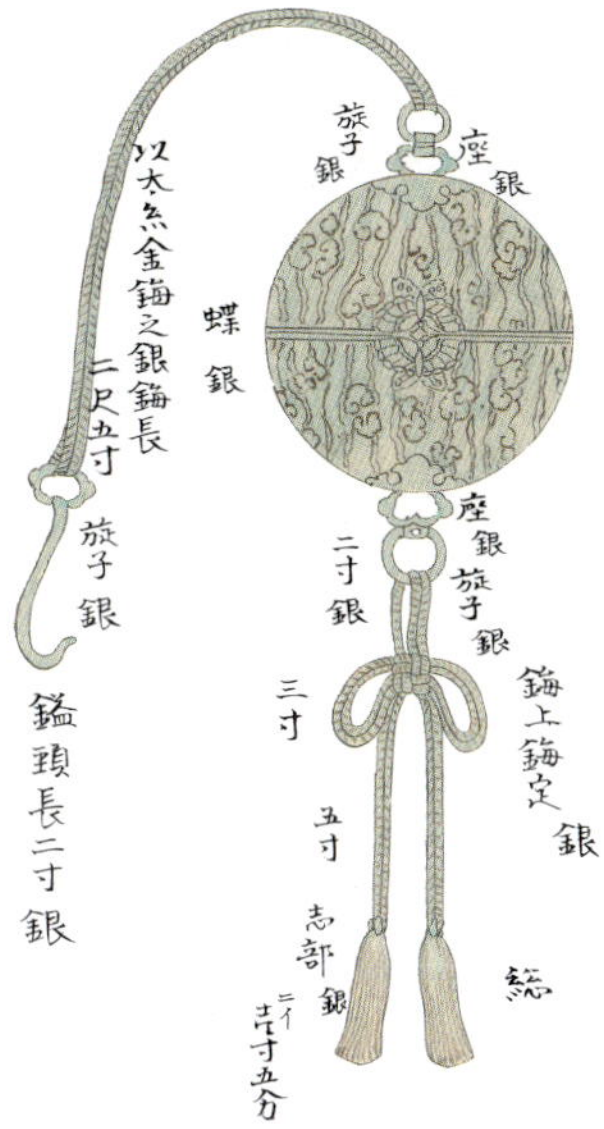


# 第四部　風俗博物館展示記録

平成十年秋から
平成十七年初夏までの展示記録

◆写真による紹介
◆視点を変えてみる「春の御殿」
風俗博物館で具現した六條院「春の御殿」を
様々な視点からながめてみた様子を紹介

## 五節の舞姫選び（「乙女」より）

「汗衫姿の童女 2」
正装である躑躅重ねの汗衫を着た童女。

「汗衫姿の童女 1」
光源氏が 新嘗祭に奉仕する五節舞姫に付き従う童女を選ぶところ。正装である桜重ねの汗衫を着た童女。

「五節舞」
11月の中の辰の日（「新嘗祭」翌日）に行なわれる「豊明節会」の際に舞われる舞。

「五節舞姫 」
裙帯 比礼をつけた舞姫の姿。結い上げた髪には宝冠をつける。

「下仕えの女房」
光源氏が 五節舞姫に付き従う下仕えの女房を選ぶところ。扇と帖紙を翳して 筵道をいく女房。髪には釵子を挿す。

# 斎宮の姫君の下向（「賢木」より）

**「潔斎中の斎宮」**
斎宮として先東宮の皇女（六條御息所の娘）が下向することが決まった。皇女は潔斎の白の装束に身を包み、奥の斎殿にて祈りを捧げる日々を過ごす。潔斎の装束及び木綿の鬘を着けた斎宮 。

**「斎宮」**
「伊勢神宮斎王発遣の儀（別れの櫛の儀）」に臨む斎宮。唐衣：羅地摺袷襠長袖、裳：目深（『江家次第』参考）。

**「別れの櫛の儀 1」**
宮中において「伊勢神宮斎王発遣の儀（別れの櫛の儀）」が執り行われた。

**「別れの櫛の儀 2」**
写真は朱雀帝が髪上げした斎宮の髪に、黄楊の櫛を挿すところ。

**「壺装束の女孺 1」**
伊勢へ下向する斎宮に付き従う女孺。

**「壺装束の女孺 2」**
髪は後ろで輪にしてとめ、袿をからげ 懸帯をかける。

**「榊に木綿を付ける女房」**
斎宮として下向する姫君に仕える女房たちは、姫君の潔斎生活に必要なものを用意する。写真は女房が神に捧げる榊の葉に木綿を付けているところ。

# 秋好む中宮主催の「季の御経読」（「胡蝶」より）

「季の御読経 1」

「季の御読経 2」

「法会の様子」
手前は行香の役人。閼伽の具の側に供花の花瓶を供えている。

「演奏を待つ楽人」
桜の下、後の舞楽のため 楽人が控えている。

「迦陵頻　女童」
迦陵頻の姿をした女の童。桜を活けた銀の花瓶を持つ。

「供花」
桜を活けた銀の花瓶を持つ、迦陵頻の姿をした女の童と殿上人。

「胡蝶　女童」
胡蝶の姿をした女の童。山吹を活けた金の花瓶を持つ。

「鷁首の船」
胡蝶の姿をした女の童たち。鷁首を付けた双胴船に乗る。

# 玉鬘主催の「源氏四十賀」（「若菜上」より）

「四十の賀」

「琴を捧げ持つ殿上人」

「落蹲 1」
「落蹲」を舞う舞人。緑色の袍に裲襠を着け、面を付けて舞う 。

「落蹲 2」
「落蹲」「納曽利」は一人舞、二人舞で呼び名が変わる
この展示では『枕草子』『舞楽図巻』に従い「落蹲」を
二人舞として展示した。

「入り綾」
南庭では「落蹲」の舞いが終わると共に、権中納言（夕霧）と
衛門督（柏木）が庭上にて「入り綾」を舞った。
夕霧は従三位（薄紫）布袴姿、柏木は従四位下（濃緋）布袴姿。

「平張りの中の楽人」
庭前の舞楽台の左右に設けられた、平張り（天井のある
幄舎）では、楽人達が舞楽に合わせて奏楽を行なう。
写真は右方の楽人達。

「屯食」
楽人や下人のために用意された屯食（強飯を固く球形に
握ったもの）。

「武官」
緋の闕腋の袍を着た五位の武官。

## 灌仏会

「散華」
散華を行う七条袈裟を着た伴僧。

「誕生仏」
儀式で用いられる誕生仏（※この誕生仏に香水を注ぐ）。右手を天に 左手を地に「天上天下唯我独尊」を説く釈迦に青龍・赤龍の2基の山形から五色の水が注ぐ様子をかたどったもの 。

「裘体姿の僧」
五条袈裟を着た裘体姿の僧。
※裘体姿は法王、法親王、もしくはそれに準じた人が着る衣裳である。

「閼伽棚にて 尼削ぎの女房」（「鈴虫」より）
尼削ぎをした女房が 閼伽棚で供えの準備をするところ。

「五十日の祝」（「柏木」より）
薫の五十日の祝。
薫を抱く光源氏。
（※ 右側の御簾内、几帳の奥に女三宮の姿）

「三日夜餅を準備をする女房」
「三日夜餅の儀式」とは、「露顕」として結婚式第三日目の夜に、新郎新婦がそろって祝いの餅を食べる儀式。今で言う、披露宴にあたる儀式である。

**「髪削ぎ　紫の君」（「葵」より）**
加茂の祭の見物に出掛ける折、光源氏は紫の君の髪削ぎを行う。細長姿（細長は衣桁にかける）の紫の君と冠直衣姿の光源氏。

**「絵合わせ」（「絵合」より）**
（内裏清涼殿・後涼殿と見立てて展示）
斎宮の女御（後の秋好む中宮）と弘徽殿の女御の絵合わせ。御引直衣姿の冷泉帝が御椅子に着座するところ。

**「玉鬘と蛍」（「蛍」より）**
玉鬘に思いを寄せる兵部卿宮を六條院に招いた源氏は、隠していた蛍を放ち、几帳の陰からその姿を垣間見させる。

**「春秋優劣論」（「乙女」より）**
紫の上と梅壺中宮（秋好む中宮）が春秋の優劣をめぐり歌の応酬を行ったその際、梅壺中宮は紫の上へ文を届けさせる。紫苑の重ねに、赤朽葉の沙の汗衫を着た童女。

**「端午の節句　女の童」（「蛍」）**
節句端午の節句の折、夏の御殿の馬場では 競射が行なわれ、玉鬘付きの女房たちは青（緑）の衣裳を、花散里付きの女房たちは赤の衣裳をそれぞれ着て観戦する。撫子重ねの汗衫を着た女の童（花散里側）。

**「女房たちの日常」**
衣裳を準備したり、着付け合ったり、具合を見たり…。日常の一場面である。

# ◆視点を変えてみる「春の御殿」

## ■裳着（「行幸」より）

●**寝殿の母屋**
玉鬘、光源氏、内大臣、花散里
女房たち

●**寝殿の西廂**
裳着に際して贈られてきた品々

●**寝殿の前庭**
公達

源氏の養女として育てられていた玉鬘が、実父の内大臣を腰結役《こしゆいやく》に迎え、裳着《もぎ》の式を行っている。裳着とは女性の成人式にあたる儀式であり、初めて正装し、一人前の女性として認められる。女性の正装である唐衣《からぎぬ》・裳《も》のうち、裳は絶対に欠かすことの出来ない礼服であった。

裳着に際して様々な祝いの品が届けられるが、中宮からは白き御裳、御装束、唐衣が届けられた。

裳に付いている後ろに引く紐を引腰という。写真一番手前の萌黄地に花菱の丸文の女性は玉鬘の母親役の花散里。

女子成人式は平安時代以前の時代には髪を結い上げることに重点が置かれていた（「初笄」「髪上」）。垂髪になってから、髪上げの儀式は形だけ行われる様になった。

薄緑色の衣が玉鬘。黄色い衣が花散里である。御帳台のすぐ脇に控えている女房は百合の重ね。左手にあるのは御帳台である。

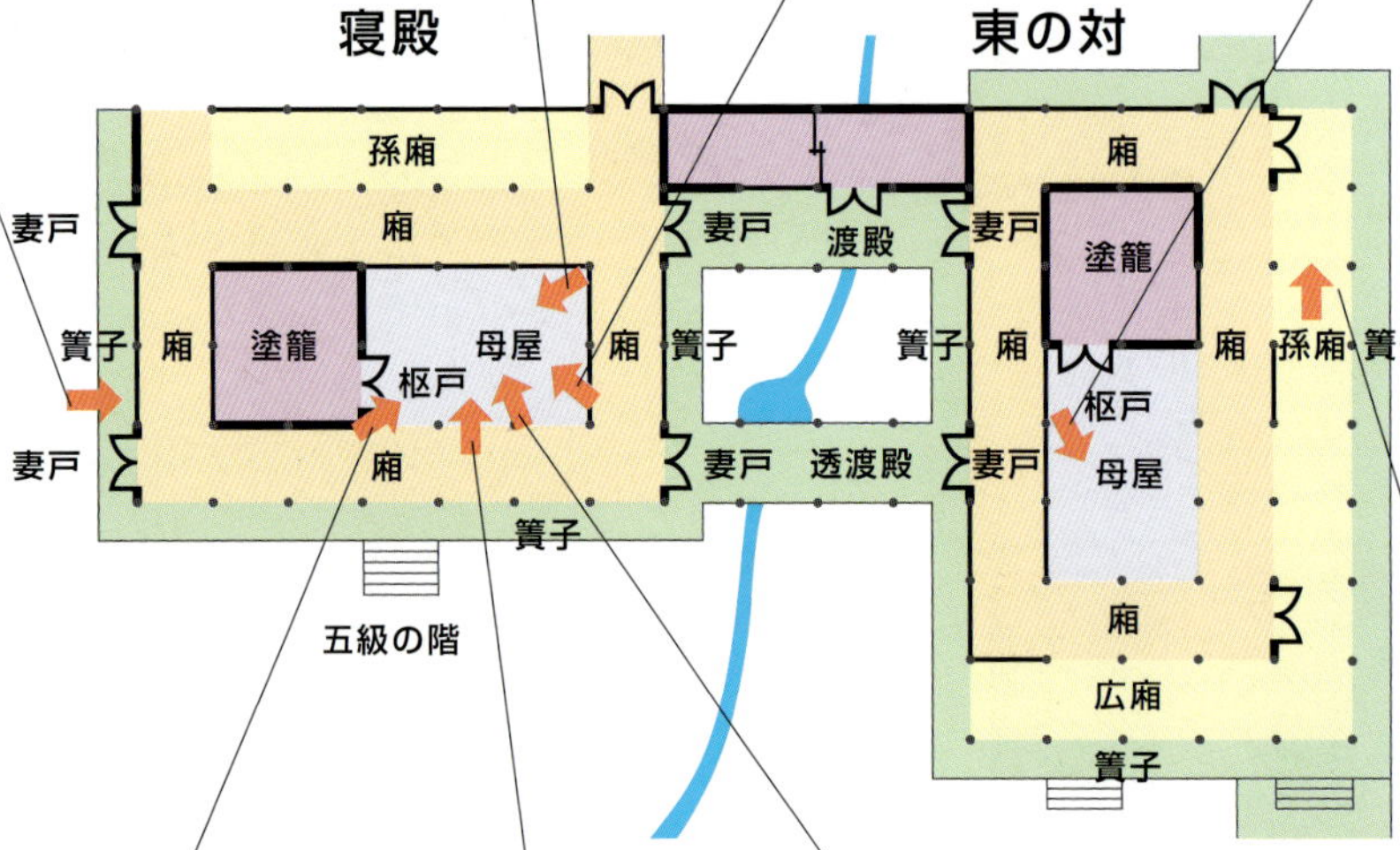

玉鬘の背後の内大臣は二つ色重ねに臥蝶の丸文の直衣。玉鬘は白地に亀甲文の唐衣を着る。

裳着は亥の刻や子の刻といった深夜（午後9時～午前1時）に行われる行事である。年齢は12～14歳。玉鬘の23歳は異例である。

裳着と同時に額の前髪を上げる「髪上」が行われる。正面に平額という飾りをつけ、その下に櫛を挿し、笄・釵子と呼ばれるピンのようなものでとめる。

女房が禄に使う衣裳を品定めしている。不備がないか点検し、丁寧に畳んでいく。女房の背後、廂の端に置かれているのは移動可能な衝立状の馬形障子。

玉鬘は薄緑色の破菖蒲重ね。花散里は黄色の菖蒲重ね。手前の女性は百合重ね。後ろには二階棚、二階厨子が並び、屏風が置かれている。

この2人の官人は近衛府に属し、高貴の人達の護衛の随身として、目的により弓箭（＝矢）を帯びる。他に馬副・手振も褐衣を着る。

女性が持つ檜扇は日本独特のものである。檜の薄板に胡粉を塗り、その上から金銀泥で唐絵や大和絵を描いたものがある。

裳着の祝いの品の中で薫物は重要な位置を占めた。源氏が明石の姫君の裳着の際、様々な人々に薫物の調合を依頼しているのがいい例である。

本来は腰結役である内大臣が前で紐を結ぶべきであるが、男性であるので 女房が代わりを務めている。逆に内大臣は後ろで裳を腰に合わせる役をしている。

裳着の儀式は女性が初めて腰に裳を着ける儀式である。玉鬘は薄縹色の裳を、今、まさに着けてもらっている処である。

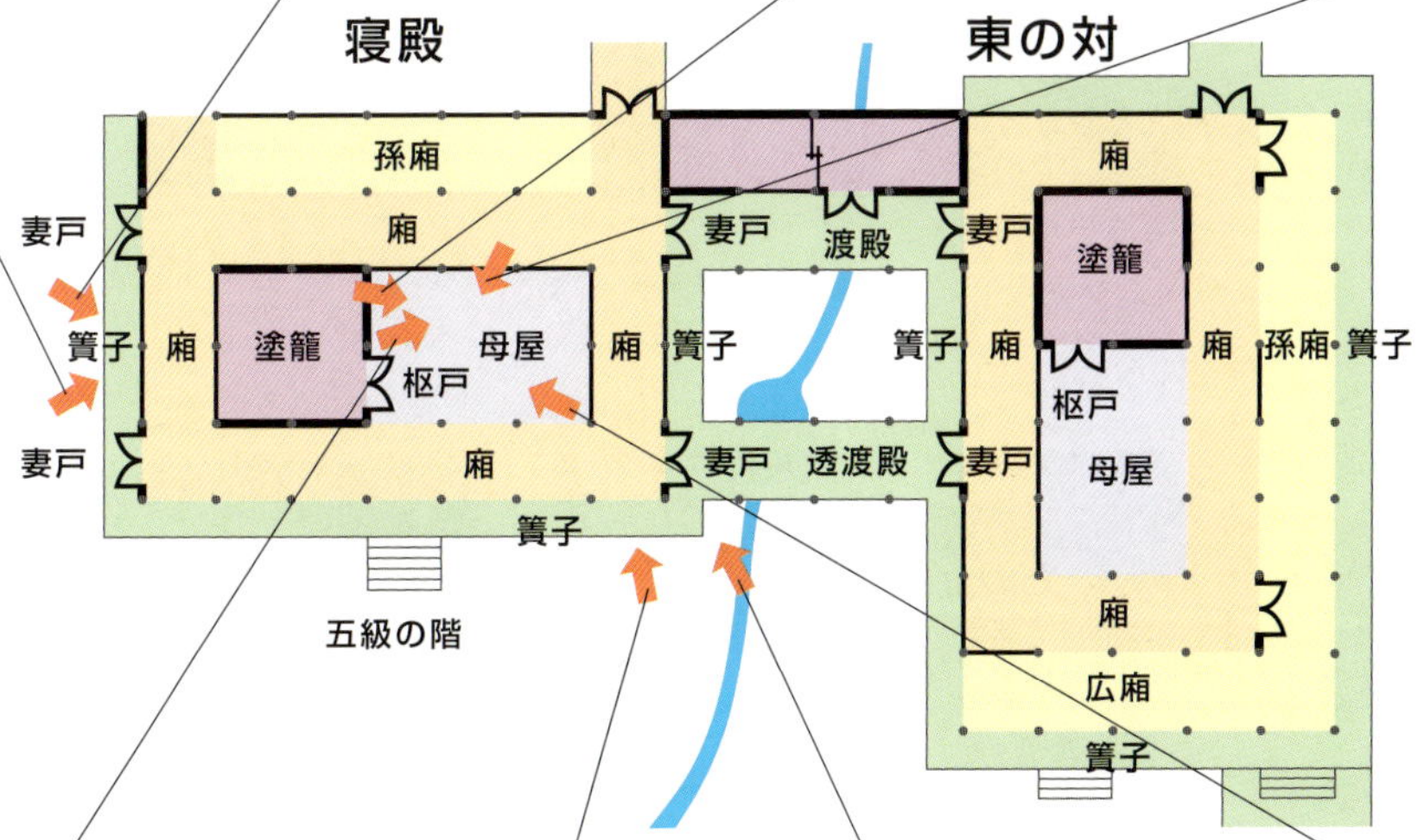

裳の上部両端には長い紐が付いている。この紐を小腰と呼ぶ。裳を付けるため、この紐を前で結んでやるのが腰結役の役目である。

柏木はじめ内大臣の息子たちが座す。冠直衣姿。当時、個人的な儀式の折には親族や兄弟も呼ばれ、酒食が振る舞われ、宴会が催された。

祝い事の折には、祝詞を述べに参上した五位・六位を始め、随身や雑色などに禄が与えられた。禄は今で言う引き出物である。

中央に立っているのが玉鬘。画面左手の白い直衣姿の男性が養い親の光源氏。
玉鬘の後ろに立っているのが実父の内大臣である。

禄を受け取った上達部は、作法（三條實冬の故実作法によれば）に従って、頂いた衣裳を左肩にかけ右手で抑え、さらに左手で補って帰途につく。

当時、女性が男性に顔を見せることはないので禄の受け渡しは御簾の下の隙間から…ということになる。中を明るくするとこの様な感じ。（本来、中は暗くここまで見透かせない）

禄の受け渡しは写真の様になる。御簾内、女房が禄の衣裳を用意して控えている。別の女房が御簾の下から衣裳を出し、外の上達部が受け取り、写真右奥の様に肩にかけて帰る。

角度を変えるとよく分かるが、母屋につながる一段下がっている部分が廂。この前方には、さらに濡れ縁の簀子がつながる。

透渡殿を渡る女童が持つのは汗衫と呼ばれる衣。上に着ているのは袿を裾短に仕立てた袙という衣。

簀子に隠れて武官と透渡殿の女の童の姿をうかがっている女の童。正装の汗衫の片袖を脱いでいる。

近衛府の官人の後ろ姿。地面を引きずらないよう下襲の裾を上に括り上げている。その向こうに見えるのが褐衣姿の武官。

近衛府の官人は御所の警護が仕事で、武官の装束を着るが、中でも五位以上の官人は武官用の束帯を着る。袍は脇の開いた闕腋袍。

# 出産（「若葉上」より）

用意された白木の御帳台。御帳台の帳も周りの几帳も部屋の四方にめぐらした壁代も女房達の衣裳も全て白一色である。

御帳台の天井の端から内部の様子を覗いてみた。中には出産を間近に控えた女性（ここでは明石の女御）が白木の脇息にもたれて座っている。下に敷かれた茵も畳の縁の全て白である。

出産の日が近づくと白木の御帳台に移ったが、『紫式部日記』によると出産自体は御帳台から出て、北廂で行われた様である。当時の出産は"座産"である。

白い衣裳を着た女房達は御帳台を囲む様に控えている。女房の姿は廂にも見られるが、『紫式部日記』によると中宮彰子の出産の折は40人の女房がひしめき合っていたとある。

当時は几帳や屏風が立てめぐらさる中で、女房が参集し僧が集い護摩が焚かれ読経の声が響き、散米（米をまく）、甑落としが行われ…と、大変賑やかかな（おどろおどろしい）中で出産が行われていた。

邸には安産祈願の御修法（密教の行法）を行なう僧が呼ばれた。廂には祈祷を行なう為の壇が設けられ、僧達が怨霊を妨げるために祈っている姿が見える。

僧達は寝殿の南面に参集し、実際には護摩木も焚かれ大音声で祈りが捧げられていた。母屋の御帳台の中には出産を控えた明石の女御の姿が見える。

五壇の御修法のうち、ここでは不動明王をまつり、祈祷する姿を表わした。「五壇の御修法」とは五大尊（五大明王）を本尊として各壇にすえ行われる修法である。

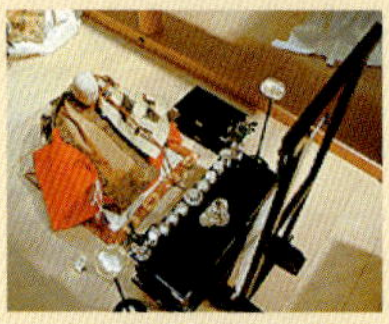

赤い袍裳を着た僧侶は僧綱襟を立て七条袈裟と横被をつける。前の卓には密教法具が並べられている。脇僧は白の素絹（長素絹）に横五条袈裟を着用している。

寄りましの女童は白い几帳で囲まれている。物の怪や怨霊の存在を信じ恐れていた当時、"苦しみ"はそれらの力によるものと考えられていた。祈祷によって物の怪が乗り移ると少女はトランス状態となる。

僧だけでなく陰陽師も呼ばれた。陰陽師は白の祭服に身を包み悪霊退散の祓えを行なう。出産が近づき通常の室礼から白一色の室礼に模様替えする日は、この陰陽師の卦によって吉日が選ばれた。

陰陽師は陰陽道や五行説に基づいて、日時・方位等に関する吉凶を占ったり、祓えを行なう。律令制のもとで陰陽寮が設けられ、役人である。

庭でも悪霊除けの試みが行われる。殿上人や五位の武官達が手にした弓の弦を弾いて鳴らす、「鳴弦」は、その音によって悪霊を追い払うために行われるものである。

廂には同じく白い衣裳を着た女房達が控える。当時貴族の赤ん坊にはほとんど乳母がつけられ、養育をまかされた。天皇の皇子の乳母には受領の妻が選ばれることが多い。

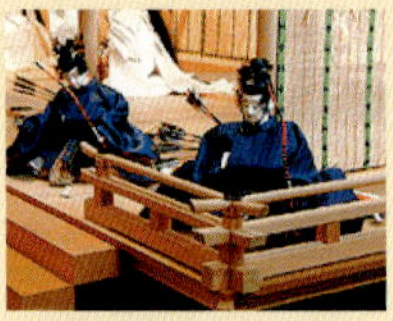

簀子では弓の弦を打ち鳴らし、邪気を祓う「鳴弦」を行なう武官の姿がみえる。縹色の闕腋の袍を着ている。

赤ん坊を抱く紫の上。奥の御帳台の前には明石の女御の姿。女御は「産養」の後、身体の調子が戻ると赤ん坊（皇子）を連れ、宮中に戻る。

白い衣裳を着た紫の上が赤ん坊を抱き、源氏はその側に立つ。紫の上の後ろには実の祖母である明石の御方（明石の女御の母）が控えている。

赤ん坊を抱く源氏と御剣を持って後に従う女房。この他に邪気を祓うまじないとして"撒米"も行われる。

赤ん坊を抱いた源氏の前を"虎の頭（『本草綱目』には"頭骨"とある）"を持った女房が先導する。

"虎の頭"を持った女房は白の唐衣・裳姿である。誕生後の7～9日間の「産養」の間は白一色の世界が続けられた。

「御湯殿の儀」ではこれからの順調な成育を祈り、吉方の井戸から汲んだ水を用いて儀式的に赤ん坊に湯を浴びせかけることが行われた。

「書読始め」の儀は通常は紀伝明経の博士3人が行なうもので、赤ん坊を入浴させる間、毎回一人ずつ交代して行なった。

### ●寝殿の母屋

明石女御、紫上、寄りまし女童（出産）

### ●東の対の広廂

紫上、明石女御、光源氏、女房たち
（御湯殿の儀）

### ●寝殿の廂

安産祈願のための修法を行なう僧

東宮《とうぐう》（皇太子）のもとに入内していた明石の女御が六條院で男子（皇子）を出産した様子を展示した。

赤ん坊が生まれてから七日間、朝夕二回行われるものに「御湯殿《おゆどの》の儀」がある。これは産湯とは別に儀式として行われるもので、虎の頭や剣、犀角《さいかく》等が用いられる。同時に、「読書始めの儀」や「鳴弦《めいげん》」も行われる。

「出産」は生死をかけた大事業である。出産が近づくと、陰陽師の卦により吉日を選び産室の室礼全てを白一色に改め、安産祈願のための様々な試みが行われた。

## 喪（「藤袴」より）

●東の対の母屋
玉鬘、女房たち

●東の対の東廂
夕霧

●東の対の北廂
女房たち

喪に服している玉鬘のために、部屋の室礼の全てが喪にふさわしいものとなった。母屋の中心に置かれた御帳台《みちょうだい》を始め、几帳《きちょう》、御簾《みす》、調度類の全てが純色とされ、女房をはじめ喪に服する者の衣裳もすべて純色・萱草色となった。

服喪中ということで、女房は薄い鈍色の袿に、萱草色の袴を履いている。畳の縁も鈍色である。

女房達は練り香を作っている。様々な香料を好みによって配合し、丸め、オリジナルの香を作っていた。当時の教養の一つである。

翁はお爺さん、嫗はお婆さんのことである。老人の衣裳は通常の衣裳に比べて、規範はより緩やかになっていただろうと思われる。

御帳台が喪にふさわしい様に、帳を鈍色の布に変えている。全体的に通常の室礼と違った雰囲気が伺える。

女房が座っているのは孫廂。巻き上げられた御簾の縁や帽額、几帳には鈍色の布が使われている。

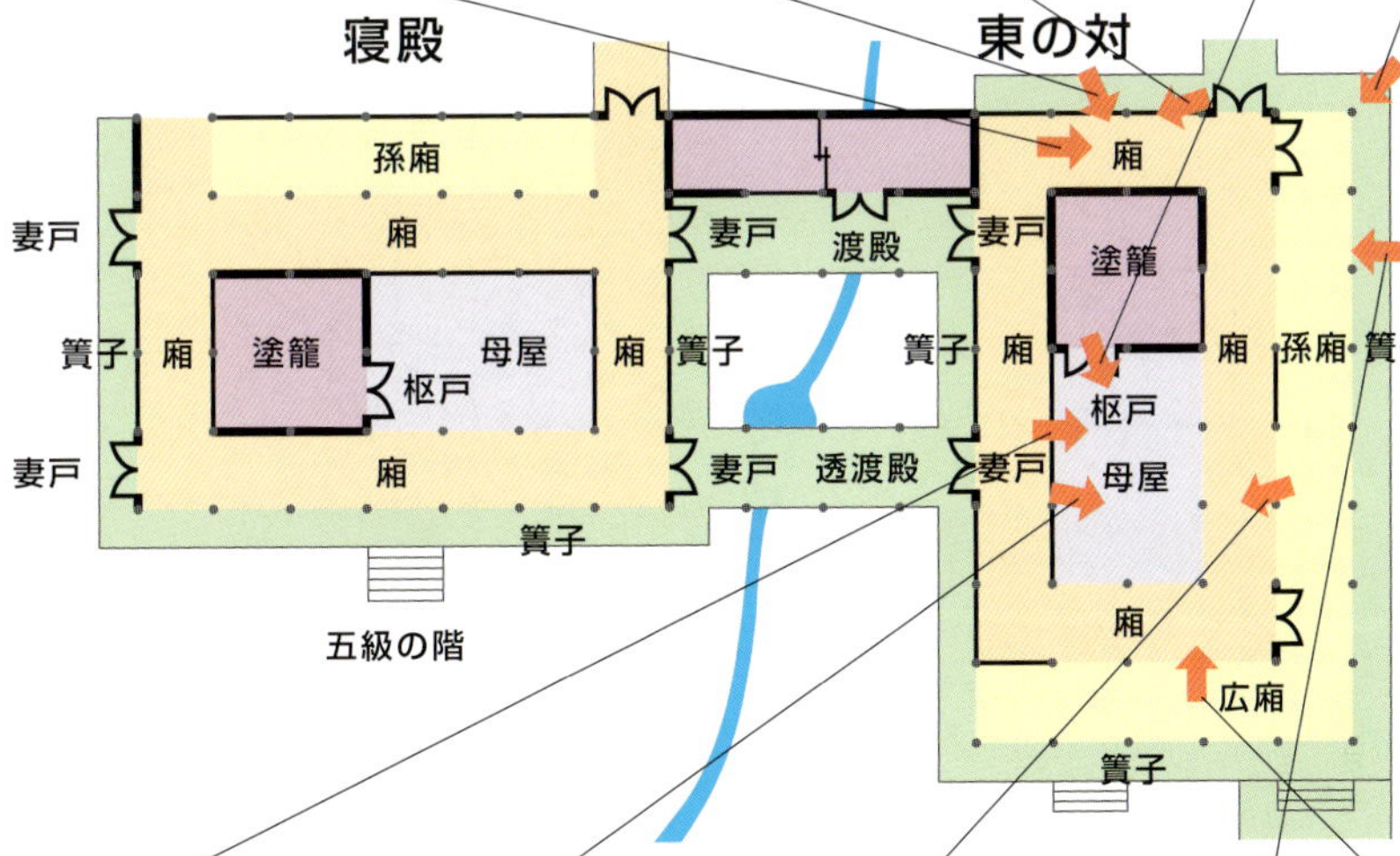

衣を畳んでいる女房が着ているのは鈍色の袿。衣の色の濃い・薄いで、死者との親疎や服喪の期間を表わした。

写真の右手奥で御簾の前に座る玉鬘は、御簾越しに夕霧と対面している。大宮の喪に服している女主人（玉鬘）にならって、手前の女房も喪に服している。

廂（ひさし）に座し、御簾越しに母屋に座す玉鬘と対面している夕霧は、同じく大宮の喪に服している。片手に藤袴の一枝。「藤袴」の一場面である。

女房が着ているのは薄鈍色の袿。履いているのは萱草色の袴。萱草色は服喪中に着る凶色とされていた。

長櫃から常の衣裳を出している女房は、薄い鈍色の袿を着ている。鈍色は今のグレー。

女房が座っているのは孫廂。巻き上げられた御簾の縁や帽額、几帳には鈍色の布が使われている。

御帳台の中から女房の背面を捉える。一番手前に茵の縁が映る。左手の几帳、御簾の帽額も、また女房の衣も色が薄いが鈍色である。

衣に焚きしめる香は「薫物」と呼ばれ、必需品であった。個人で香料の配合が違い、秘伝の調合法が代々伝えられたほどである。

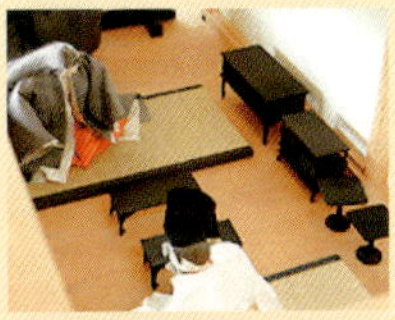

翁と嫗が座す畳は喪にふさわしく縁に鈍色の布を使っている。調度類も全て墨色のものが使われている。調度類は嫗側から二階棚、二階厨子である。

# 行幸と宴（「藤裏葉」より）

冷泉帝、朱雀院は、繧繝縁の畳の上に座している。

親王方は束帯の上の袍を直衣に変えた大君姿である。その下に着ている白の下襲の裾を後ろに長く引いている。

台盤には、酒や料理が並べられている。準備している女房たちは源氏と親王方という貴人方の集まりなので裳をつけている。

食事の皿は台盤の上に並べられるが、そこから一人づつのお膳に分けられた。懸盤折敷、高坏などが使われた。

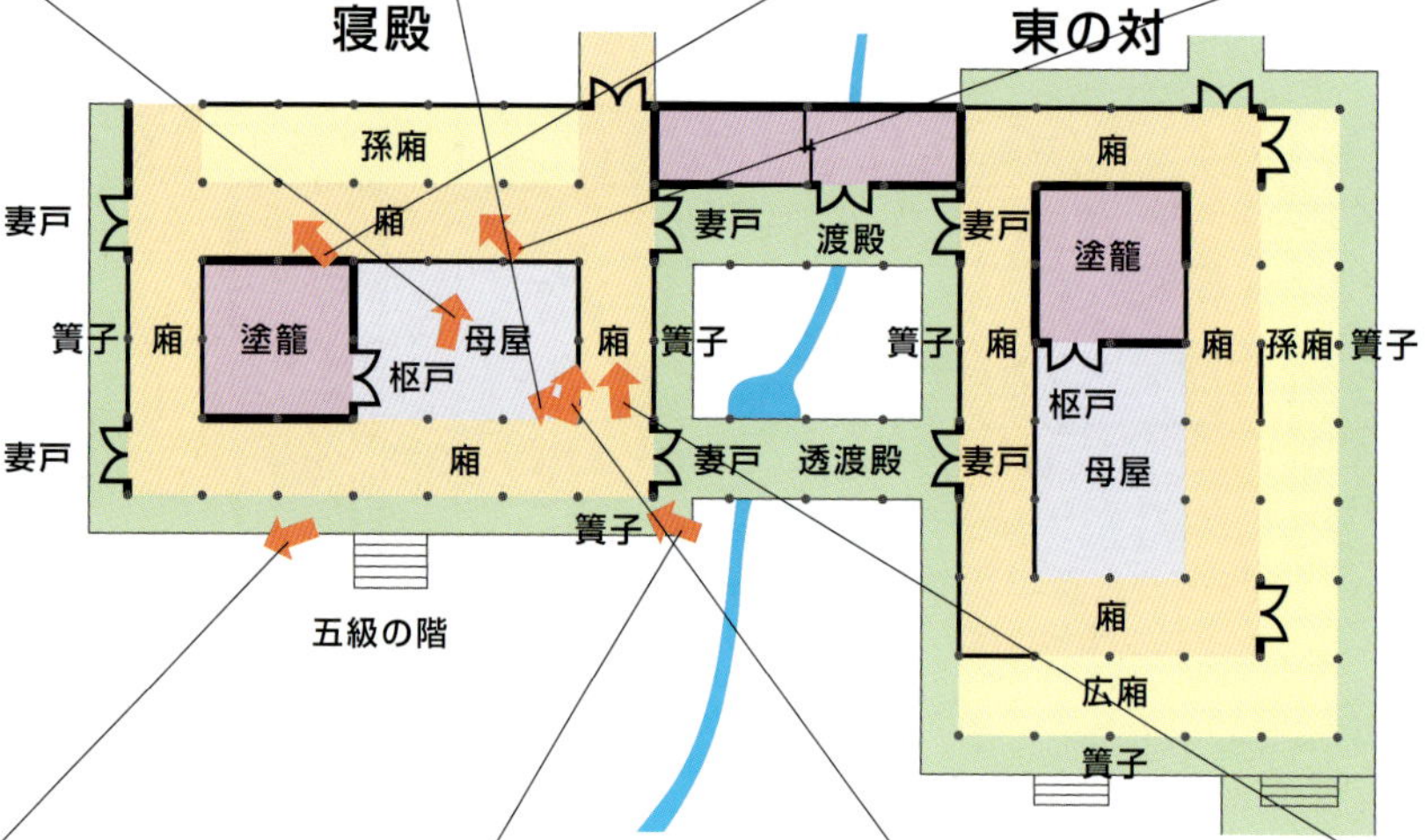

母屋の隣、廂の間では女房が料理の御膳を運んでいる。母屋の中には朱雀院の姿と天皇の直衣の裾、几帳の陰に控える女房の姿がうかがえる。

上達部は黒の束帯姿。黒の袍の下に着ている下襲の華やかな裾を高欄にかけている。

御膳を運んでいる女房達は御膳を母屋内にいる女房に渡す。彼女達は部屋内に入らないので裳だけの略装である。（部屋内の女房は裳唐衣の正装である。）

女房が御膳を運んでいる東の渡殿と母屋の間は障子で隔てられている。障子は、ほとんどが左右引き違い戸になっており、今日の襖に当たる襖障子である。

**●寝殿の母屋**
冷泉帝、朱雀院、光源氏、親王方、上達部、女房たち

**●寝殿の北廂（台盤所）**
宴の準備をする女房たち

**●寝殿の母屋・廂**
御膳を運ぶ女房たち

**●寝殿の前庭**
打毬楽、胡蝶、迦陵頻

神無月（今の十一月頃）に冷泉帝、朱雀院が揃って六條院にお出ましになられた。

紅葉の盛りの六條院の寝殿には錦が敷き詰められ、中央に帝、帝の左手に院、右手に源氏の席が設えられた。廂《ひさし》には同じく左手に親王方、右手に内大臣。簀子《すのこ》には左手に上達部《かんだちめ》、右手に殿上人《てんじょうびと》が居並んでいる。

寝殿の前庭では殿上童《てんじょうわらわ》による胡蝶《こちょう》、迦陵頻《かりょうびん》の舞が演じられ、賑やかな宴の一日となった。

右手に座す殿上人は四位、五位以上の廷臣のうち、内裏清涼殿の殿上の間に昇ることを許された人々。天皇の側近でもある。

帝より見て左手に座す上達部は、官職で言えば摂政、関白、大臣、大・中納言、参議など貴族の中でも最高の地位にあるグループの人達である。

中央に座す冷泉帝は御引直衣姿。御引直衣は行幸や宴の折に用いられた天皇の常服である。写真の左側の上皇(院)と右側の源氏は直衣姿。

御引直衣姿は通常の直衣姿(上皇と源氏が着ている姿を参照)と違い、直衣を腰でとめず、羽織ったまま、裾を長く引く形で着用する。

童達は童髪に桜の花を挿した天冠をつけ、背中に色鮮やかな鳥の羽の造り物をつけて舞う。

童達が着ているのはこの舞にだけ用いる装束で、袍には極楽の霊鳥迦陵頻伽が刺繍されている。ここで用いた色は「赤き白つるばみ」(吉岡幸雄『日本の色辞典』紫紅社刊　を参照した)である。

上達部の着る下襲は通常は白だが、行幸や儀式の際にだけ、様々な色や柄、唐織物を用いることが許された。これを「一日晴」という。

写真左から迦陵頻を舞う殿上童、赤の袍を着た楽人、建物の内部、左から黒の束帯姿の上達部、その奥に白の袍に長い裾をひいた親王方、そして天皇の姿が見える。

廂の間を台盤所に見立てたが、中央の柱(御簾)の左側が廂の間、右側が孫廂である。

殿上人の位置から楽人、殿上童を見下ろしたもの。楽人達は次の出番を待って脇に控えているところである。

胡蝶を舞う童が着ているのは蝶の刺繍された特別の装束で、「青き白つるばみ」色である。

胡蝶は、童髪に山吹の花を挿した天冠をつけ、背中に色鮮やかな蝶の羽の造り物をつけ、手には右手に山吹の花の枝を持って舞う。

唐櫃から出された衣裳は、客人に渡しやすい様に一領ずつ広蓋の様な御衣筥に入れられる。女房は邪魔にならない様に髪を束ねている。

女房達が宴に参集した人々にお土産として渡す禄の準備をしている。禄には衣類が選ばれることが多く、女房達は唐櫃にしまわれた衣裳を出している。

舞人は赤地の闕腋袍を着て、上に貫頭衣の裲襠を着る。腰には擺腰という帯を締めている。

御膳を運ぶ女房を別角度から捉えてみた。廂は廊下を幅広くしたような細長いスペースで、部屋として、廊下として使用した。

御簾下から差し出された禄を受け取る上達部は黒の束帯姿。下襲の裾を後ろに引いている。階に浅靴が置かれている。

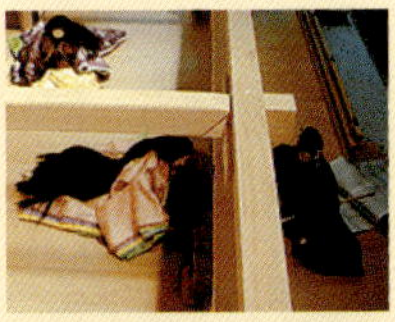

女房は用意した禄の衣類を広廂と簀子の間を仕切る御簾の下から差し出す。簀子には上達部が禄を受け取るべく座している。

女房達が紫上の指図に従って衣を選んでいる。

禄の準備は大切な仕事。客人に失礼がない様、禄の品は主人が指図して用意した。紫上は紅梅の匂い重ね。高麗縁の畳に座す。後ろには几帳や屏風が並べられている。

# 柏木と猫と女三宮（「若葉上」より）

御簾の跳ね上がった様子を上から捉えてみた。女三の宮が着ている細長という衣裳は前と後ろが分かれており、どちらも裾を細く長く引く形となっている。

簀子を逃げ走る首紐のつけられた小猫。この紐が御簾に引っ掛かり…。簀子から降りる階に夕霧の着ている衣裳の一部が見える。

手前の女房は「二つ色」重ねの袿に「氷重」の表着。奥の女房は「紅の匂」重ねの袿に「梅重」の表着を着ている。

女房達が廂の端近くに寄って、御簾の内から蹴鞠に興じる若者達を透かし見している。

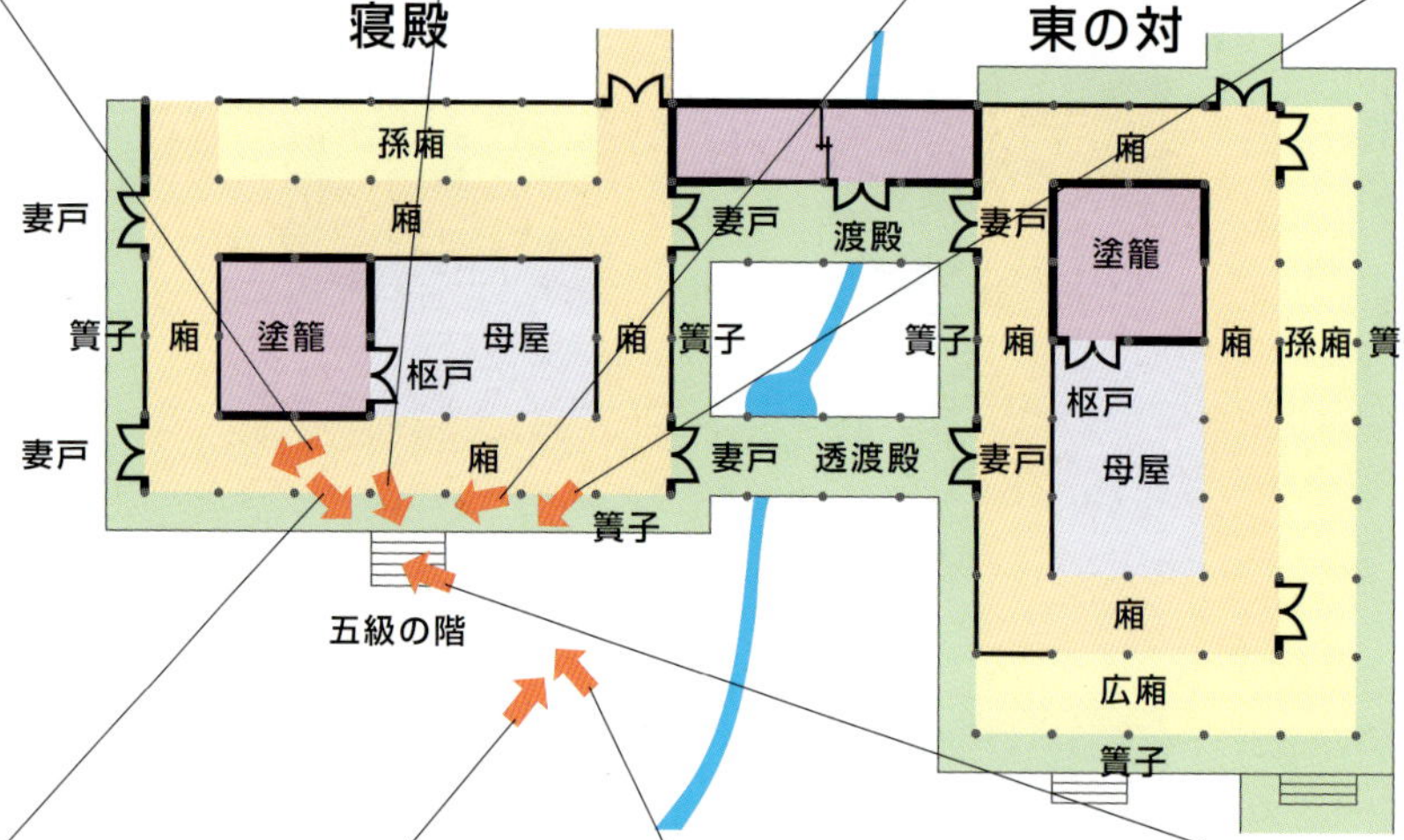

女三の宮は紅梅重ねの袿の上に、「櫻襲ね（表:白、裏:白）」の細長を着ている。御簾の下には今にも走りだそうとしている猫の姿が見える。

藤色の狩衣を着た若者がちょうど鞠を蹴り上げた。簀子には源氏、蛍兵部卿宮が座し、高欄から身を乗り出して見物している。

桜萌黄色の狩衣を着た若者が、藤色の狩衣の若者が蹴った鞠を打ち返そうと待ちかまえている。階上、御簾の中からは女房達が蹴鞠の様子を見物している。

夕霧と柏木が寝殿から地面に降りる階に腰掛けて蹴鞠で疲れた身体を休めている。夕霧は白色の櫻襲ねの直衣、柏木は香（薄茶色）色の直衣を着ている。

女三の宮の住まう寝殿西面を向いて座る柏木。香色の直衣は小葵文様。下には藤唐草文様の濃蘇芳（赤紫）色の下襲を履いている。

細長は不明な所が多くあるが、高貴な若い女性が日常的な晴れの装いとして着る衣裳として考えた。衽がなく、腋のあいた衣裳で、先の分かれた裾を後ろにひく。

御簾があるお陰で、女房達はかなり端近くに寄って外を眺めることが出来た。（外からは逆に内部ははっきり見えない。）それでも念を入れて女房達は姿を隠すため几帳を並べている。

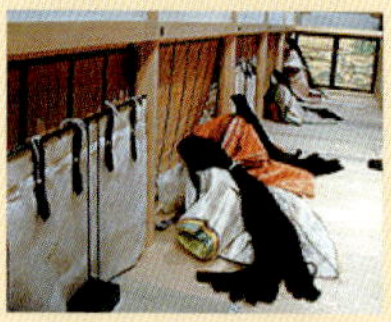

御簾の下からは女房達の華やかな衣裳の袖が窺えることだろう。御簾を通して外から仄かに窺えるこうした女性達の姿や形を「御簾の透影」と表現するが、多分に男性の好奇心を刺激するものであった。

### ●寝殿の廂・簀子

女三の宮、蹴鞠を見物する女房たち、光源氏、蛍兵部卿宮

### ●寝殿の階

夕霧と柏木

### ●寝殿の前庭

蹴鞠の場の様子

蹴鞠《けまり》の遊びで疲れた夕霧と柏木が寝殿西面の階《きざはし》（階段）に腰掛けて休んでいたちょうどその時、首紐の付けられた小猫が大きい猫に追いかけられて飛び出した。首紐は御簾の端を捉え、ちょうど女三の宮が立っている前の御簾を跳ね上げる。柏木の目に源氏の正室となった女三の宮の姿がはっきりと飛び込んでくる。

女三の宮の足下には小猫を追いかける猫の姿。小猫の首紐によって御簾は引き上げられ、宮の姿が夕霧と柏木の前にあらわとなる、その瞬間である。手前に写っているのは簀子の高欄である。

女三の宮は蹴鞠に興じる若者達を眺めるかのように、部屋の端近くにたたずんでいる。高貴な身分の女性が外から見透かせるほどの場所に、しかも立っているということは当時としては行儀の悪いこととされていた。女三の宮の稚なさが表れ出ている場面である。

柏木は夕霧の背後に見える御簾が猫によって引き上げられたことに気付いた。簀子には逃げ走る子猫の姿がみえる。

柏木は御簾内に立つその女性が、着ている衣裳（細長等）から女三の宮その人だと確信する。女三の宮の姿は柏木の、脳裏にくっきりと焼き付けられることとなる。

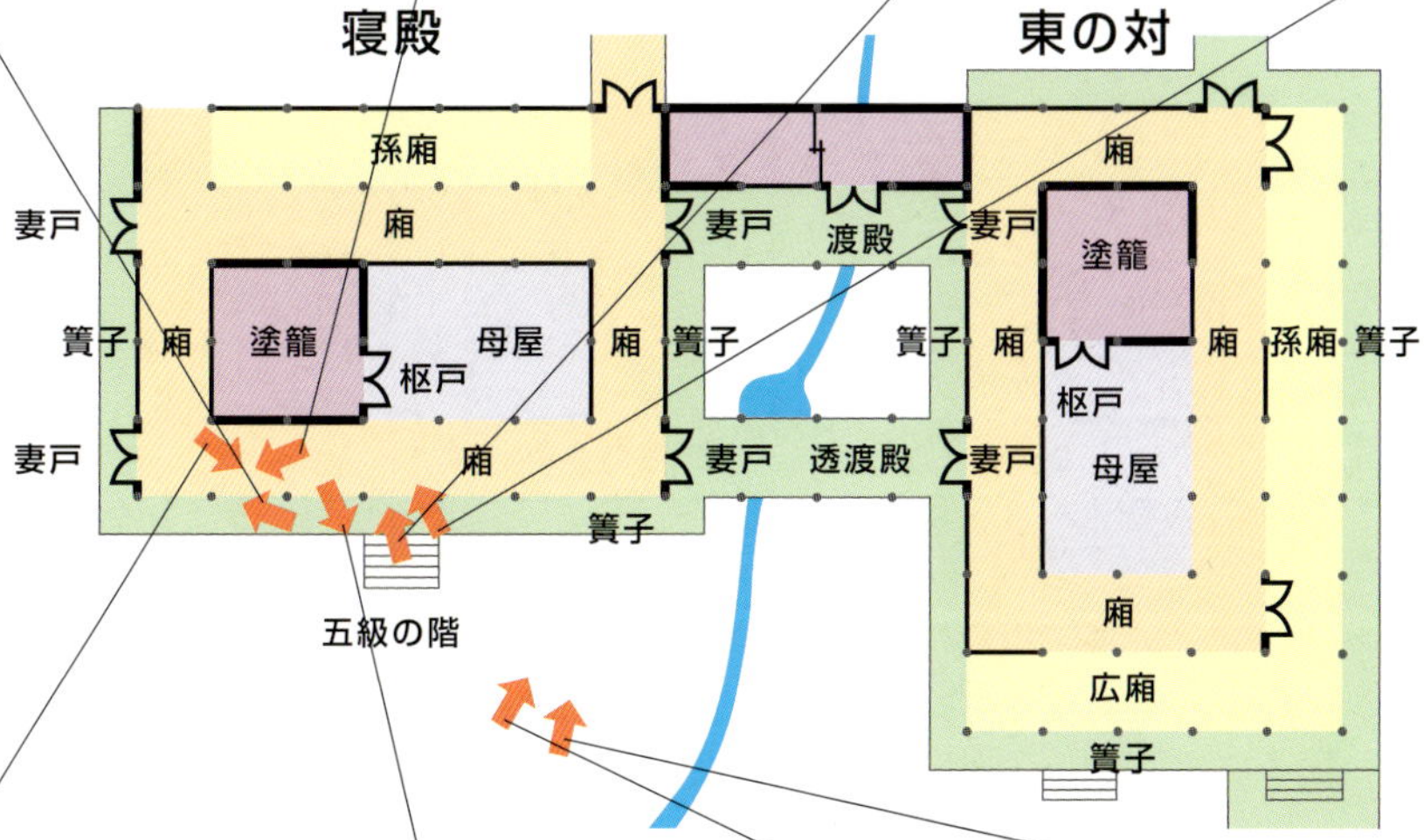

逃げ出した小猫の首紐で御簾がはね上げられたその瞬間の女三の宮の位置から見た眺めである。階にはこちらを向いて柏木、背を向けて夕霧が座している。

宮は夕霧と柏木の姿に気を留めていなかった。これは隣の御簾から見た柏木の姿である。これぐらい近ければ女三の宮も自分の姿が見透されない様に気を配ったかもしれない。

現在、蹴鞠を行う正式な施設を「懸」と言い、四隅に4本の樹（東北:桜、東南:柳、西南:楓、西北:松）を植え、その中で儀式を行うが、ここでは桜の一木を懸かり樹として選び、蹴鞠を行っている。

当時の装束には特に規定はなく、束帯姿・直衣姿でも蹴鞠を行った様である。ここでは狩衣に指貫をはき、足には皮製の烏皮沓を履いているものと思われる。

蹴鞠で使われる鞠は鹿皮製で半球状の皮を真中で2枚縫い合わせたもの。（真中が少しくびれたようになっているのはそのため。）中は空で、蹴り上げると紙風船の様に空気が入って弾力を生じる。

蹴鞠は当時の生活の中では、馬術を除くと数少ない身体を動かす競技である。動くうちに衣服も乱れ烏帽子も乱れてくる。写真の下側には階に腰掛けて休んでいる柏木中将の姿がみえる。

廂には外から内部が見透かせない様に御簾が降ろされている。写真は、御簾を通して眺める時と、御簾を通さない時とが分かりやすい様にしてみたもの。

御簾を通して蹴鞠の様子を眺めるとこの様に見える。「御簾」は細かく割った竹を絹糸で編んで作られており、女性達がいる場合等は降ろされるが儀式等の際は上に巻き上げられた。

跳ね上がった御簾の内に、女三の宮の姿を見つけた柏木。その瞬間の柏木の姿を逃げ走る猫の目の位置から見たもの。

逃げ走る小猫から女三の宮と大きめの猫の方を振り返って見た光景。

大きめの猫に追いかけられて逃げる小猫。猫は当時から貴族の間で愛玩動物となっており、日本猫は尾が短かくてポンポン（飾り房）の様になっている。

女三の宮の足下にいる猫。目では逃げ去る小猫の姿を捉えている。

# 持仏開眼供養（「鈴虫」より）

花机を覆っている布は鹿の子に染めた纐纈。上には閼伽の具、お香、経典が置かれている。

御帳台（厨子）の前に閼伽の具を並べた花机が置かれ、講師と読師が対面する形で座っている。

御帳台（厨子）の前に、仏から見て右（仏に向かって左）に講師、左に読師が座す。

廂には帝、朱雀院からの供物も並べられた。後ろには親王、殿上人、公卿の姿がみえる。

集まった女房達で西廂がいっぱいになったため、北廂も開放された。女房達は唐衣裳姿。

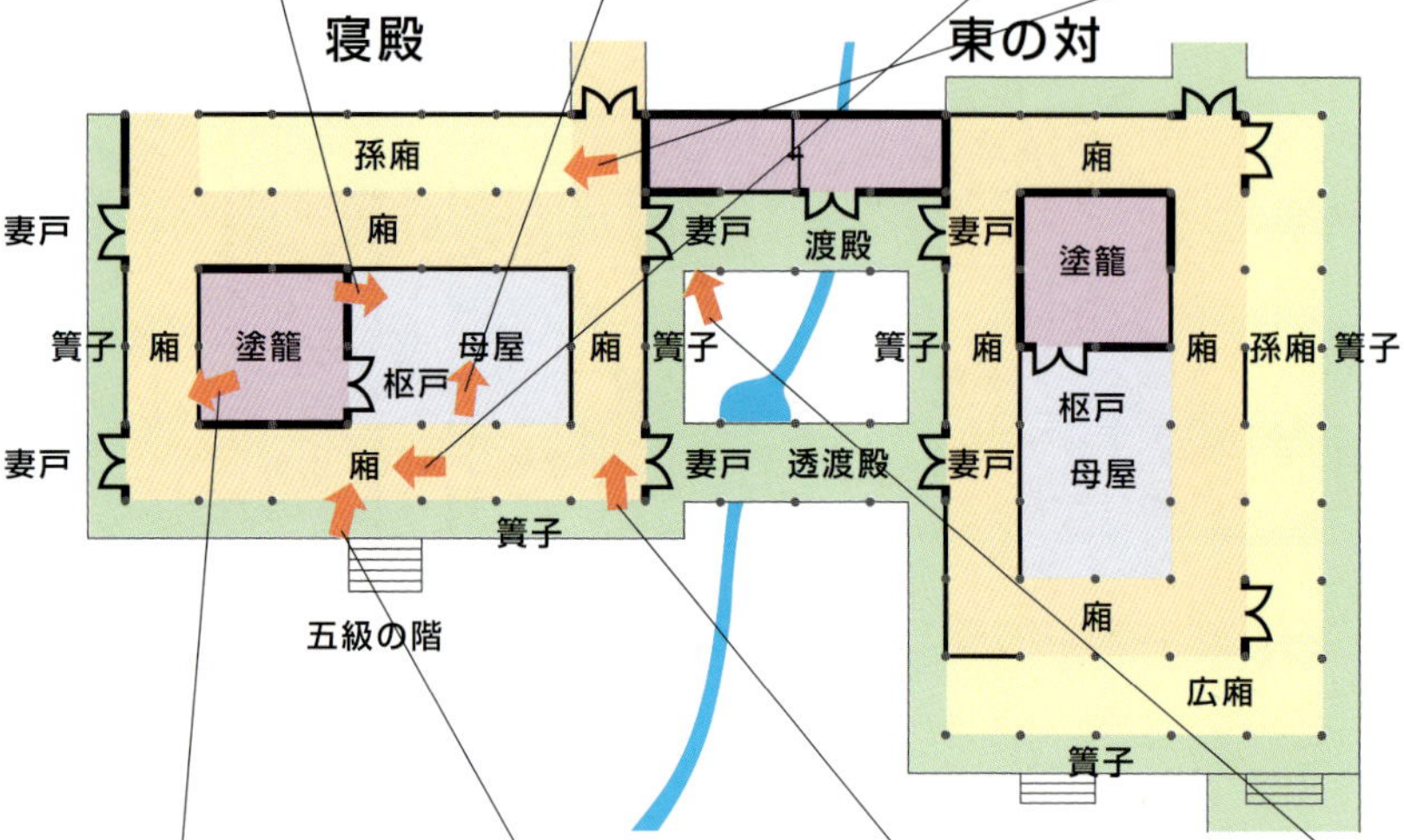

講師は深い支子（黄丹）の、読師は青白橡（掬塵）の法服、上には七条袈裟と横被を着用。

尼僧姿の女三の宮。髪を肩の下で切りそろえ、横五条袈裟を着ている。

廂には供物の品々が並ぶ。奥に見えるのが光源氏。

廂を渡る呪願師。
※横被と七条袈裟が別のものだということが分かる。

妻戸をくぐる唄師。
※法服の僧綱襟を立てて着用していることが分かる。

## ●寝殿の母屋

開眼供養を行う僧の姿、光源氏、女三宮

## ●寝殿の東廂・簀子

開眼供養に参集する僧たち

## ●寝殿の北廂

開眼供養に集まった女房たち

夏の盛りに行われた女三の宮の持仏開眼供養の様子を展示した。

御堂念誦堂が竣工していないことから、御帳台が仮の持仏堂（厨子）とされ 白檀で作られた御本尊（阿弥陀如来像）が安置された。

御帳台の前の花机には絞り染めの覆いが掛けられ、閼伽の具、紅白の蓮の花が活けられた銀製の花瓶、六巻の経典が供えられる。

講師、読師を始めとする七僧、公卿、殿上人が参集、西廂にも多くの女房達が集まり法要の進行を見守った。

西廂・北廂には50～60人の女房達が集まり、御簾向こうに見える法会を見守っている。

北廂との間の障子がはずされ御簾がかけられた。北廂から御簾を通して母屋の内部（開眼供養の様子）をみる。

寝殿正面の庭から母屋の様子を眺める。

寝殿の前の池では蓮の花がちょうど盛りとなっている。

# 女房の日常 ―冊子作り―

紙を切るのに使う「刀子」は今でいう小刀である。両側から紙を抑え、竹尺に沿って紙を切っている。

女房達は紙を折る作業をしている。料紙を一枚ずつ中央で縦に2つ折りにし、重ね合わせて、この後、糊を付ける。

紙を折る女房達。手前の女房の衣は「女郎花」の重ね。奥の女房は「初紅葉」の重ね。

絵を書き写す女房の衣は「木賊」の重ね。机として用いている長方形の低い台を文台という。

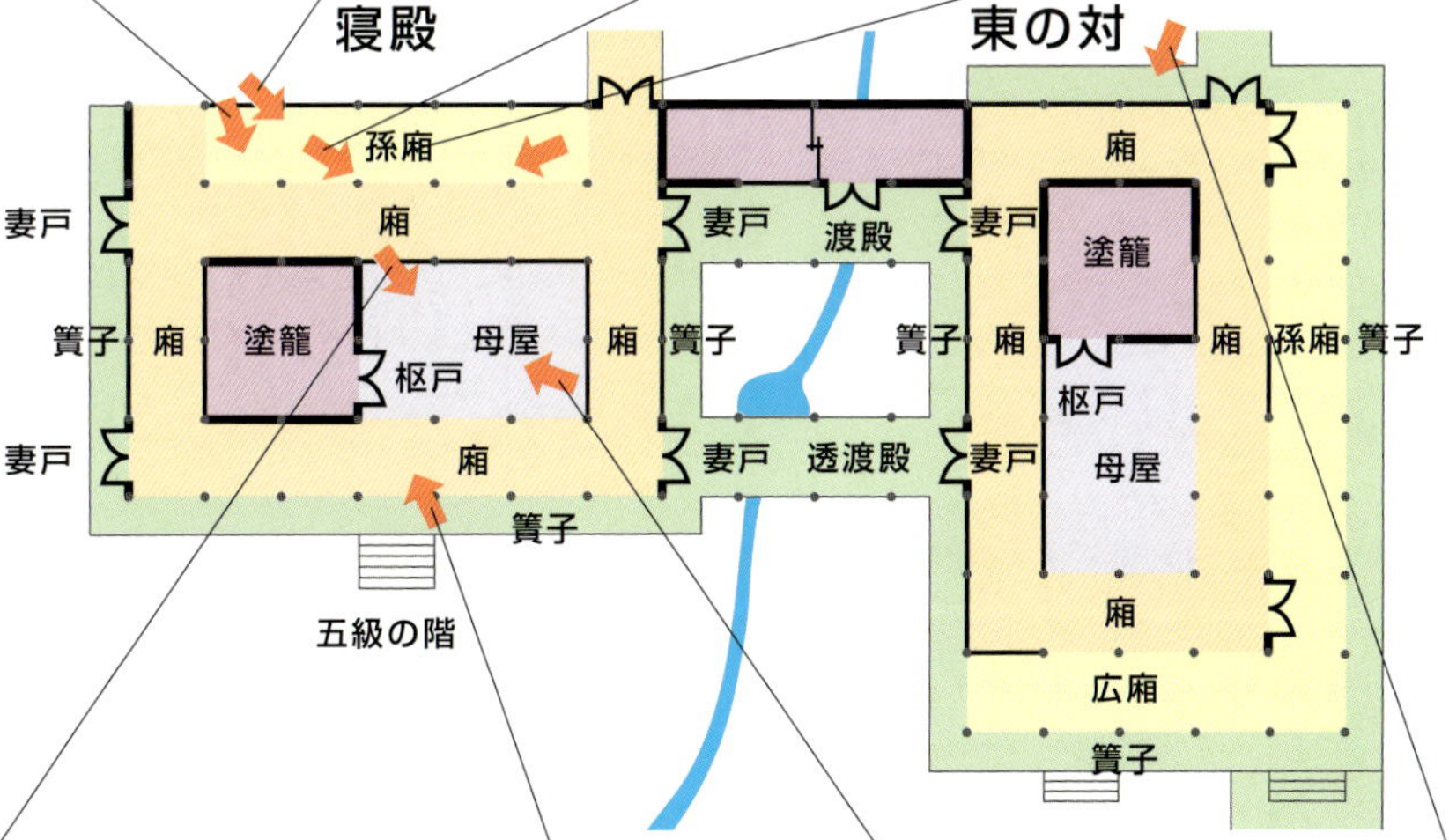

源氏と紫の上。明石の姫君の教育にふさわしい物語についての話をしている。紫の上の右手では明石の姫君が昼寝をしている。

女房が絵冊子の絵を写している。当時は印刷ではなく、自分達の手で絵や文章を書き写すのが基本であった。

写真、手前の源氏は高麗縁の畳に座す。二藍の直衣に指貫姿。頭には烏帽子をかぶる。

絵冊子を楽しむ女房。「粘葉綴」の冊子は最後に表紙でその外側を包んだ形で完成する。

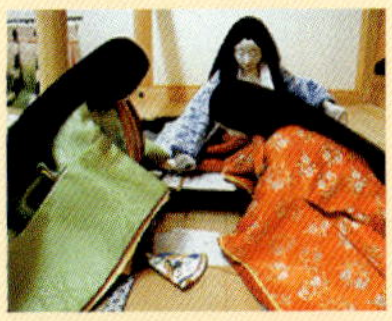

紙を切る女房達。写真、右の女房の衣は「萿菊」重ね、左の女房は「忍」の重ね。

紙を切る作業。当時、鋏は既にあったが、主に整髪用で、紙を切るのには刀子が使われた。

女房達は絵冊子を楽しんでいる。物語や絵冊子は楽しみでもあり、子供たちにとっては良い教科書でもあった。

糊付け作業を行なう女房。糸や紐を使わず、一枚ずつ折り目の外側に糊を付けて綴じ固めていく。

## ●寝殿の母屋

絵冊子を眺める女房、光源氏、紫の上

## ●寝殿の北廂

絵冊子作りを行なう女房

女房達は染め物や縫い物の他に、絵巻ものの書き写し、冊子《そうし》作り等も行なった。

ここでは女房達が紙を折り、粘糊《のり》で貼りあわせて作る「粘葉綴《でっちょうとじ》」の冊子を作っている姿を表わした。

# あとがき

今回、京都文化博物館での展示にあわせて本を出そうとおもい『源氏物語と京都　六條院に出かけよう』をつくっている。七年前に『源氏物語―六條院の生活―』を書いてもらった時にはまだ展示のための衣裳、調度の類が十分に揃っていない不自由さの中でなんとか五島先生に纏めてもらった感がある。この七年の間の展示を通じて随分と資料や調度や衣裳が整い、又その設定のための経験を積んできている。六條院にまつわる事が解ってきたと云う訳ではないけれども、これも載せたい、あれも撮りたい、もっと上手く表現したい、と思うものや事が数多くあり、ページ数が増えた。この数年の風俗博物館の歩みを見るようだ。

今やっと全ての原稿が揃い、急拠製作した牛車も清水寺を背景に撮ることができた。何よりこうしてあとがきを書いている。この間まで博物館での写真撮影に皆でわーわー言っていたところである。今は、出来上がってくる本を楽しみにしている。

こんな形でこんな世話しなく、井筒　創業三百年の記念すべき年を感謝するに相応しい本ができあがることを嬉しく思う。

世界各地の文化の影響を受け、かつ取り入れ日本独自の風土と文化を築き上げていった様子を源氏物語を通して見ていこうという思いは変わらない。これからは、そんな視点をもって今の京都を見てみようとおもう。一歩ふみだして今の京都にある六條院的なものに気づいてみよう触れてみよう歩いてみようと思う。二十一世紀の観光である。そんな本になればよいと考え五島先生に監修をお願いした。

すぐさま全体の構成案をデッサン付きでお持ちいただいた。メンバーに加わっていただいた小倉先生に京都の行事、山田先生に京都にのこる平安京を案内していただき、藤井先生には色や衣裳のことをお書きいただいた。奥村先生には『類従雑要抄』にのこる平安王朝料理を再現していただいた。池先生には六條院の建築について再度考察いただいた。

我儘に作ってきた本の出版をこころよく引受けて頂き丁寧なアドバイスを賜った、光村推古書院の編集長　上田啓一郎さんと営業部部長　浅野泰弘さんには本当に有難く御礼申し上げる。

きっといい本になるに違いない、と思っている。五島先生を始め諸先生方に感謝申し上げる。スタッフのみんなには申し訳ない気持ちと共にありがたく思う。左記にあげてお礼にかえたい。

平成十七年八月二十六日

風俗博物館　館長　井筒　與兵衛

監修と構成および一部・三部担当
五島　邦治
園田学園女子大学　国際文化学部　教授

二部担当
小倉　嘉夫
池坊短期大学　文化芸術学科　助教授

三部担当
山田　邦和
花園大学　文学部　教授

文学関係の諸項目
西　いおり
大谷女子大学　研究科修士課程修了
（日本文学専攻）

建　築
池　浩三
中部大学　工学部建築学科　教授

衣　裳
藤井　健三
財団法人　西陣織物館

料　理
奥村　彪生
伝承料理研究家

石　碑
山田　ちさ子

写真撮影
永田　陽
日本写真家協会会員

化粧、かつら
奥野　珠美、萬野　敬子
株式会社　丸善かつら

人形製作
磯垣　とも子
人形作家

表紙イラスト
松原　健治
イラストレーター

以下は博物館のスタッフ
設定　他
落　里美、宮井　順子、大槻　美知子

写真および諸項目　他
林屋　緑

小道具、調度作成および着付け　他
橋本　初江、林　よしこ、兵庫　幹子

衣裳、調度、設営　他
川合　一也、山本　信之、寺石　勲
および　株式会社　井筒

印刷および編集デザイン
杉浦一蛙堂

協力　賀茂御祖神社
貴船神社
清水寺
御霊神社
財団法人　藤田美術館
京都市歴史資料館
宇治市歴史資料館
平安京探偵団
井筒　制作室

源氏物語と京都
六條院へ出かけよう

平成十七年十月二十九日初版一刷発行

監修　五島　邦治
編集　風俗博物館
発行者　井筒　與兵衛
発行所　財団法人　宗教文化研究所
〒六〇〇-八四六八
京都市下京区西中筋六条下る住吉町四十二番地
PHONE 〇七五（三四三）〇〇〇一
FAX 〇七五（三五一）六九四七
http://www.iz2.or.jp
発売　光村推古書院株式会社
〒六〇三-八一一五
京都市北区北山通堀川東入ル
PHONE 〇七五（四九三）八二四四
FAX 〇七五（四九三）六〇一一
http://www.mitsumura-suiko.co.jp
印刷　杉浦一蛙堂


ISBN4-8381-9931-7 C0039